空气污染治理下
中国经济质效提升研究

KONGQI WURAN ZHILI XIA
ZHONGGUO JINGJI
ZHIXIAO TISHENG YANJIU

马栋栋　著

中国财经出版传媒集团
经济科学出版社
Economic Science Press
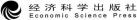

图书在版编目（CIP）数据

空气污染治理下中国经济质效提升研究 / 马栋栋著 .
—北京：经济科学出版社，2023. 9
ISBN 978 – 7 – 5218 – 4954 – 7

Ⅰ. ①空…　Ⅱ. ①马…　Ⅲ. ①空气污染控制 – 影响 –
经济控制论 – 研究　Ⅳ. ①F224. 11

中国国家版本馆 CIP 数据核字（2023）第 132167 号

责任编辑：张　燕
责任校对：郑淑艳
责任印制：张佳裕

空气污染治理下中国经济质效提升研究

马栋栋　著

经济科学出版社出版、发行　新华书店经销
社址：北京市海淀区阜成路甲 28 号　邮编：100142
总编部电话：010 – 88191217　发行部电话：010 – 88191522
网址：www. esp. com. cn
电子邮箱：esp@ esp. com. cn
天猫网店：经济科学出版社旗舰店
网址：http://jjkxcbs. tmall. com
固安华明印业有限公司印装
710 × 1000　16 开　15. 75 印张　240000 字
2023 年 9 月第 1 版　2023 年 9 月第 1 次印刷
ISBN 978 – 7 – 5218 – 4954 – 7　定价：82. 00 元
（图书出现印装问题，本社负责调换。电话：010 – 88191545）
（版权所有　侵权必究　打击盗版　举报热线：010 – 88191661
QQ：2242791300　营销中心电话：010 – 88191537
电子邮箱：dbts@ esp. com. cn）

前　言

改革开放 40 多年来，中国 GDP 以 10% 的年均增长速度创造了一个又一个奇迹。然而，随着经济社会的快速发展消耗了大量的资源、能源，周围的环境污染也在不断加重，不利于实现中国经济的绿色、高质量、高效率增长。为了破解难题，党的二十大报告强调，"我们要推进美丽中国建设……协同推进降碳、减污、扩绿、增长，推进生态优先、节约集约、绿色低碳发展"，为我国经济社会绿色转型提供了新的发展思路和着力点。经济增长是经济发展的主体和核心，作为实现经济增长的两个途径，提高效率相较于增加要素投入而言，不仅可以实现经济总量的累积，同时还能提升经济发展质量，因此，本书遵循"理论机理分析—空气污染特征规律归纳—效率测度—实证分析—政策建议"的研究思路，旨在通过效率分析以优化环境经济政策，实现中国经济的高质量发展。本书在梳理相关理论及影响机理的基础上，首先，深入分析了中国空气污染的整体特征及其治理成效，总结了国外空气污染及其治理经验；其次，在传统环境效率及全要素生产率研究的基础上，引入空气污染这一约束条件，构建了考虑非期望产出的 SBM – DEA 区间模型，分别对中国各省份的环境效率、区间环境效率、全要素生产率进行了测度及比较；最后，检验了空气污染的"库兹涅茨曲线"及 FDI 的"污染天堂效应"在中国的存在性，实证分析了环境规制等因素对环境效率的实际影响效果，尝试研究了环境效率视角下空气污染与公众健康的关联程度，探讨了数字经济等因素对全要素生产率的影响效果及其传导机制。本书的主要研究结论如下。

（1）考虑空气污染下的环境效率平均值为 0.711，无约束下技术效率值为 0.848，两者有显著差异，空气污染下的环境效率到生产前沿面的距离远于无约束下的技术效率。基于变异系数及秩和检验的结果均显示不考虑空气污染的技术效率评价是有偏的。

（2）总体来看，中国各省份在不改变投入产出的前提下，能源消耗、水资源消耗、空气污染减排空间以及缩减从业人员的潜力较大。样本考察期间，各地区节能潜力、节水潜力、空气污染的减排潜力、从业人员缩减潜力的平均值分别为 28.92%、30.25%、22.51% 和 32.13%。节能减排应成为中国各省份提升环境效率的工作重点。

（3）SBM-Undesirable 区间模型的构建及应用使效率评价更加全面。考虑空气污染浓度高低区间数的环境效率测度表明，区间 DEA 部分有效、有效、无效省份数依次减少，分别占比 62.22%、29.44% 和 8.33%。模糊左关系排序法显示，横向截面上各省份区间 DEA 环境效率差异明显，具有较大提升空间；纵向时序上区间 DEA 环境效率有效年份较少且有效性省份数呈减少态势。

（4）空气污染约束下的全要素生产率平均增长率为 3.9%，其中，技术效率贡献了 -1.1%，技术进步的贡献率为 5.0%；东部、中部、西部地区全要素生产率的增长率依次降低。技术效率在一定程度上抑制了中国全要素生产率的提升，而技术进步则成为全要素生产率提升的主要源泉。

（5）空气污染约束下的环境效率与经济规模存在倒"U"型曲线关系，但与传统的环境库兹涅茨曲线的意义恰好相反。环境规制、产业结构、人口密度与环境效率显著负相关。技术创新、贸易依存度、地区发达程度与环境效率之间显著正相关。FDI 对环境效率有负向影响但不显著。

（6）空气污染约束下的环境效率与公众健康具有显著的正相关性。一方面，农村居民健康支出能力、千人卫生技术人员数、人口密度及城市化水平与公众健康呈正相关性。另一方面，教育程度、城镇居民健康支出能力与公众健康之间并不存在显著的相关关系。

（7）数字经济对空气污染约束下的全要素生产率具有正向的显著

影响，并且通过科技创新对全要素生产率产生正向调节作用。全要素生产率与经济发展水平之间呈现"U"型关系；外商直接投资对全要素生产率具有负向的显著性影响；科技创新水平、要素禀赋结构、城镇化水平均对全要素生产率具有正向的显著性影响；产业结构高级化对全要素生产率也具有正向影响，但不显著。

因此，在此研究结论的基础上，从汲取国外空气污染治理经验、加强区域之间联防联控、提升能源资源环境的配置效率、实施差异化市场化的空气污染治理策略、提高空气污染治理技术的创新能力、调整外资的准入门槛和投资方向、将公共健康纳入环境经济政策制定的框架、发挥数字经济优势有效治理空气污染八个方面提出相关政策建议，为中国环境效率及全要素生产率的提升、经济的高质量发展提供决策依据。

目　　录

第1章 绪 论

1.1 研究背景及问题提出

改革开放 40 多年来，中国 GDP 以 10% 的年均增长速度创造了一个又一个奇迹，2022 年中国 GDP 相对于 1978 年增长了 327.08 倍，世界排名第 2 位[①]。然而，随着经济社会的快速发展，资源和能源在不断消耗，环境污染也在不断升级。进入 21 世纪，2000 年 11～12 月，2009 年 11 月，尤其是 2011 年初以来，以可吸入颗粒物（PM_{10}）、细颗粒物（$PM_{2.5}$）为特征污染物的区域性空气污染事件多有发生，波及中国将近 30 个省份。大面积爆发的空气污染严重影响了当地交通以及居民的生产生活状况，对居民的健康和国民经济更是构成了严重威胁，影响了社会的和谐稳定（Han et al.，2014；Zhuang et al.，2014；马丽梅和张晓，2014；邵帅等，2016；黄寿峰，2016；陈诗一等，2018；邵帅等，2019；庞雨蒙等，2020）。2007 年世界银行对中国空气污染导致的经济损失估算得出，空气污染导致的健康损失占 GDP 的 3.8%（World Bank，2007）。长期以来，各地过于盲目追求 GDP 增速的单一目标，而忽视了空气污染等环境污染及其所引致的公众健康问题，不利于实现中国经济的绿色、高质量、高效率增长。2017 年 10 月，党的十九大报告明确指出，"我国经济已由高速增长阶段转向高质量发展阶段"。经济高质量

---

① 资料来源：根据历年《中国统计年鉴》数据，经笔者计算所得。

发展要实现以较少的生产要素投入、较低的资源环境治理成本获得较高的经济效率和社会效益（刘思明等，2019；张跃等，2021），然而，当前的经济发展正面临着生产投入要素浪费、经济效率低下、空气污染严重等一系列问题，这些问题已严重制约经济的可持续增长与高质量发展。一般来说，想方设法地提升经济效率是我国保持经济增长速度和推动经济高质量发展的重要途径之一。因此，将空气污染纳入中国环境效率及全要素生产率的评价框架具有重要的理论和现实意义。

在空气污染治理的问题上，中央政府自 2013 年起颁布了一系列环境保护政策和法规，如《大气污染防治行动计划》《重点区域大气污染防治"十二五"规划》《禁止环保"一刀切"工作意见》《打赢蓝天保卫战三年行动计划》《关于构建现代化环境治理体系的指导意见》《关于优化生态环境保护执法方式提高执法效能的指导意见》《新污染物治理行动方案》等，要求地方政府加强环境保护工作，避免"一刀切"现象，确保能够"精准治污、科学治污、依法治污"。地方政府在回应公众及中央环境保护压力和维持经济增长时，采取关闭工厂、交通限号、建筑停产等具体的空气污染治理措施。然而，这种政府环境规制政策的治理效果是否显著，亟待需要我国现实数据的实际检验。

目前，世界许多国家已将数字经济发展视为经济高质量发展的路径之一，中国也在其中。2022 年 4 月，习近平总书记强调"数字经济发展速度之快、辐射范围之广、影响程度之深前所未有，正在成为重组全球要素资源、重塑全球经济结构、改变全球竞争格局的关键力量"。[①]中国信息通信研究院发布的《中国数字经济发展白皮书（2022 年）》指出，2021 年我国数字经济规模达到 45.5 万亿元，占 GDP 比重达45.0%，已成为国民经济的核心增长极之一，不可否认的是，数字经济对中国经济高质量发展的影响不可忽视。经济高质量发展也是一种经济

---

① 【每日一习话·新征程】释放数字经济推动全球增长的潜力［EB/OL］.中共中央网络安全和信息化委员会办公室和中华人民共和国国家互联网信息办公室网站，http：//www.cac.gov.cn/2022 - 12/11/c_1672400423485256.htm.

效率的表现，而数字经济具有速度快、高创新、成本低、低污染、可复制、可共享等鲜明特点，已渗透到农业、工业与服务业之中，是提高整体社会资源配置效率的新引擎。那么，数字经济等因素对于空气污染约束下的中国全要素生产率具有何种影响效果？其传导机制如何？

面对当前经济增长、资源能源枯竭与环境污染的窘境，转变经济增长方式，注重经济的绿色、高质量、高效率发展，节能减排业已成为全社会的共识，作为经济增长的一个重要引擎，纳入环境因素的全要素生产率日益成为衡量国家或地区经济增长"质"的方面的核心指标。中国必须改变过去"高能耗、高投入、高污染、低效率、低效益、低技术"的增长局面，降低投入产出比，并提升环境效率与全要素生产率，从而步入经济绿色、可持续、高效率、高质量发展的轨道上。因此，本书重点关注以下几个问题：空气污染作为现阶段中国最令人关注的环境问题之一，是否能够将其纳入环境效率评价与全要素生产率评价框架中？如果可以，又如何衡量空气污染约束下的中国各省份环境效率与全要素生产率？我国省际区域空气污染减排潜力有多大？若空气污染的浓度不确定，如何测度区间视角下的环境效率？区间环境效率如何进行排序？环境规制等因素可否改善当前的空气污染及环境效率？环境效率视角下空气污染与公众健康之间会有怎样的一个关联性？数字经济等因素如何影响空气污染约束下的全要素生产率？等等，这些都值得展开深入研究。

综上所述，本书旨在考察空气污染与经济发展之间协调发展的关系，测度及比较空气污染约束下中国各省份环境效率与全要素生产率，测度及排序不确定性空气污染下中国区间环境效率，验证空气污染的"库兹涅茨曲线"和"污染光环效应"在中国的存在性，探索环境规制政策是否可以改善空气污染和环境效率，考察环境效率下空气污染与公众健康的关联程度，实证分析数字经济等因素对全要素生产率的影响效果，最终为加强空气污染治理、保障公众健康、实现经济的持续、绿色、高效率、高质量发展等提供量化信息和决策参考。

1.2　研究意义

　　区域性空气污染治理给中国未来的经济发展带来了严峻的挑战。2000 年修订的《中华人民共和国大气污染防治法》、2012 年第三次修订的《环境空气质量标准》及《大气污染防治行动计划》、《环境空气细颗粒物污染综合防治技术政策》等一系列国字号政策的制定，以及《四川省灰霾污染防治实施方案》、《北京市大气污染防治条例》、《兰州市实施大气污染防治法办法》、《山西省落实大气污染防治行动计划实施方案》、2014 年《大气污染防治先进技术汇编》、2015 年《江苏省煤炭消费总量控制和目标责任管理实施方案》、2016 年《"十三五"环境监测质量管理工作方案》、2017 年《"十三五"节能减排综合工作方案》、2018 年《打赢蓝天保卫战三年行动计划》、2019 年持续实施重点区域秋冬季大气污染综合治理攻坚行动计划、《2020 年挥发性有机物治理攻坚方案》、2021 年《中共中央 国务院关于深入打好污染防治攻坚战的意见》、2022 年《新污染物治理行动方案》等政策的出台，就空气污染治理作出了明确规定，空气污染治理迫在眉睫。可见，一系列政策的出台也反映出国家对空气污染和经济发展质量的高度重视。因此，在未来相当长一段时间内，对中国环境效率及全要素生产率的提升展开研究，合理评估各省份空气污染的减排潜力，提高资源及能源利用效率，减少污染物的排放，提高国民经济增长质量等都有着十分重要的现实意义和理论意义。

1.2.1　现实意义

　　展开效率分析下的中国空气污染治理研究，对于经济环境协调发展、空气污染治理政策优化、经济高质量发展具有重要的现实意义。

　　（1）有利于经济与环境的协调发展。可持续发展是社会永恒的主题，是现代人类的自觉意识。传统的发展模式是建立在单纯的"高能耗、高投入、高污染、低效率、低效益、低技术"发展模式基础上的，走的是先污染后治理甚至不治理的路子，然而，"增长而无发展"的模式带来了严重的环境污染、资源能源危机等问题。资源能源的贫乏以及环境污染将会对经济发展产生约束作用，在这个层面上研究环境效率及全要素生产率，对于经济和发展具有现实意义。因此，探索空气污染与经济发展之间的关联及空气污染的发展规律，测度环境效率及全要素生产率，分析空气污染治理影响因素，考察环境效率及全要素生产率提升的影响因素，能够促进经济与环境的协调发展。

（2）有利于区域性空气污染的治理。作为中国现阶段最主要的污染问题，空气污染严重影响了居民的生活、交通、健康和工作。无论是污染治理企业、汽车相关行业等具体相关利益企业，还是社会大众及政府部门等公共部门，对空气污染治理都给予了足够的重视，并采取了短期内关停污染企业、汽车出行限号等行动，但效果并不显著。本书通过测度空气污染约束下的环境效率，实证分析政府环境规制对空气污染及环境效率的影响效果，有利于为各地区"空气污染减排"政策提供决策支持。

（3）有利于环境效率及全要素生产率的提升。技术效率在本质上是一种投入产出比，是竞争力和经济效益的坚实基础。低技术效率和环境约束下的技术效率水平问题若得不到有效解决，即使宏观经济环境再好，中国经济发展整体竞争优势也得不到保证。另外，加入时间因素下的全要素生产率作为地区经济增长"质"的方面的核心指标，有必要考察其提升的众多因素，诸如数字经济、产业结构高级化、资源禀赋等。因此，研究空气污染约束下环境效率及全要素生产率提升的主要影响因素的实际效果，寻找提升的路径，能够为环境效率及全要素生产率的提升、经济高质量发展提供决策参考。

（4）有利于为相关政策及公共卫生预防决策提供参考。区域性空气污染给国民经济造成一定的损失，甚至会对公众健康造成一定的威胁。长期以来，中国各地方政府追求 GDP 单一增长的目标，忽视绿色经济高质量增长，而对公众健康及空气污染等环境污染考虑不足。若一味追求 GDP 增长的经济效益，会忽略空气污染等环境污染及其所引致的公众健康问题，因此，本书需要准确地评价环境效率视角下空气污染与公众健康的关联程度，从而可以指导下一步的政策调整和空气污染治理工作，为相关政策的制定提供量化信息，有利于为相关经济环境政策的健全和公共卫生预防决策提供一定的参考。

1.2.2 理论意义

研究空气污染约束下的环境效率、区间环境效率、全要素生产率不仅具有重要的现实意义，而且对传统绩效评价及数据包络分析（data envelopment analysis，DEA）方法拓展具有重要的理论意义。

（1）拓宽了效率理论的研究范畴。中国经济增长的环境绩效评价一直是国内外学者研究的热点之一。传统的环境效率大多是基于传统的环境污染物状态下测量的，而空气污染对中国环境绩效的影响则鲜有提及。将空气污染纳入环境效率及全要素生产率的评价框架中，对环境效率及全要素生产率理论和模型的应用，不仅可以为促进中国经济增长提供依据，还可以丰富效率的研究范畴。

（2）组合构建了 DEA 效率评价工具并进行大规模应用，使 DEA 技术效率评价更加全面。在研究方法上，大多数研究基于传统的 DEA 和松弛变量测度（slack-based measure，SBM）模型，投入和产出数据都是确定数值，区间 CCR 模型或是区间 BCC 模型也仅仅以算例的形式将非期望产出作为投入来考量，同时也缺少一定的实证分析。本书构建了考虑非期望产出的 SBM-DEA 区间模型，首次从区间数角度将非期望产出空气污染作为产出来测度 2001～2018 年中国省际区间环境效率，评价过程更符合实际生产过程。因此，SBM-Undesirable 区间模型方法视角下的环境效率评价理论是对传统技术效率评价理论的有益补充，有助于各省份环境政策的制定和调整。

1.3　国内外研究综述及评价

资源、能源与环境约束下的技术效率是衡量我国经济增长质量的重要标志，已经成为影响我国经济能否可持续发展的关键问题。为了科学合理地测度空气污染约束下我国的环境效率、区间环境效率及全要素生产率，有必要从新的污染物及不确定数据的区间视角对环境效率研究、区间效率理论、全要素生产率研究以及流行病学下的空气污染与公众健康的应用研究文献进行梳理和总结。

1.3.1　环境效率研究进展

随着对资源、能源的消耗以及对环境的重视，非期望产出的出现逐渐引起了人们的重视。环境效率是一个复杂的概念，所涉及的因素是在经济效率或者说是技术效率的基础上将环境因素囊括进来。根据国内外对环境效率的研究，环境效率的定义可以分为两类：（1）环境效率是反映资源环境压力总量的指标，用经济总量与环境或荷或者环境负荷之比值表示（WBCSD，1996），这种定义是从资源、能源以及环境的压力来分析环境效率的，测度方式并没有考虑投入效率，而是采用污染排放强度的倒数即价值增加值与污染排放的比值表示（Schaltegger and Sturm，1990；Kortelainen，2008）。（2）环境效率是指在一定时间内，生产者利用各种生产要素进行经济活动产出的环境影响（Färe and Grosskopf，1996；Zaim and Taskin，2000）。此种定义为一种投入产出比，这种意义上的环境效率又称为环境综合效率，使用较少的投入获得较高的产出以及尽可能地减少对周围环境的影响，测度的是投入产出效率。

随着环境效率概念的提出，DEA 模型得到了大量的推广和应用，在 DEA 的测算方法中出现了涉及非期望产出的方向距离函数法 DDF

（Chuang et al.，1997）、基于松弛变量的 SBM 方法（Tone，2004）、基于松弛量的效率损失测算方法 SBI（Fukuyama and Weber，2010）、考虑整数约束的 MOISBMSE 模型（宋马林等，2014）、考虑非期望产出弱可处置性的随机 DEA 模型（李永立和吴冲，2014）。环境效率也因此成为环境经济学领域内的一个热点问题，并相继出现了一定的理论与实证研究成果。国内外学者对环境效率的研究主要基于传统的双投入变量和经济产出。投入变量的选择范围则比较局限，传统的双投入变量包括劳动和资本（Kaneko and Managi，2004；胡鞍钢等，2008），随着对环境保护和能源的重视，学者将能源消耗纳入投入变量（王群伟和周德群，2008；王兵等，2010；Wang et al.，2013；朱德米和赵海滨，2016；吴旭晓，2018；吕晓剑和邓秋玮，2020），曾贤刚（2011）将地区年用水总量考虑进来，基于投入导向的 VRS 模型，将环境污染物"工业三废"进行线性转化之后放入常规 DEA 模型中，以 2000～2008 年我国 30 个省份面板数据为基础，测度了期间的环境效率，发现 2000～2008 年，我国 30 个省份环境效率在 0.7～1 波动，并呈现下降趋势。

产出主要可分为经济产出和环境产出，经济产出主要为地区生产总值，环境产出主要在于污染物的选择上面，污染物的选择涉及单一指标、两个指标、工业三废指标、多项指标以及经过加权合成的单一指标。单一指标污染物的选择主要是二氧化硫（SO_2）或者二氧化碳（CO_2）作为环境污染物的代理变量。渡边和田中（Watanabe and Tanaka，2007）选择 SO_2 作为非期望产出，选择中国 1994～2002 年的各省份工业数据为研究对象，使用方向性距离函数测算单一环境污染物 SO_2 约束与否下的环境效率，发现忽视非期望产出 SO_2 测算出来的效率值是被高估的。何为等（2016）选取了 SO_2 为非期望产出，测算了天津市的大气环境效率，发现非期望产出 SO_2 排放过量和资源投入冗余是导致大气环境效率偏低的主要原因。容建波等（2015）选取了 CO_2 排放量为非期望产出，基于非期望产出的 SBM 模型测度分析了 2000～2012 年我国西部地区的静态环境效率，发现碳排放约束下的西部地区环境效率明显低于无碳排放约束下的环境效率，两者之间的差距呈先增大后缩小的倒

"U"型关系。程等（Cheng et al.，2018）将 CO_2 作为非期望产出测度了 1995~2015 年中国省级环境效率，发现如果允许某些省份随着时间的推移重新分配生产决策，它们可以在经济增长和碳减排之间实现双赢。环境效率较高、人均 GDP 较高、人口较少、能源强度较低的省份可能会遭受较大的 GDP 损失。

王兵等（2011）选取了 CO_2 和 SO_2 排放量作为非合意产出指标，利用方向性距离函数测算了 1998~2007 年的中国省际全要素能源效率，研究发现我国全要素能源效率在样本期间整体处于持续下滑状态，其中西部地区下降的幅度最大。王等（Wang et al.，2012）选择了 SO_2 和 CO_2 作为非期望产出，比较选择了处理非期望产出的方法，发现转换数据法更适合中国环境绩效评价，同时研究结果表明中国能源和排放绩效在 2000~2003 年保持稳定，在 2004~2006 年呈现下降状态，在 2007 年以后开始逐渐上升。王锋和冯根福（2013）以 SO_2 和 CO_2 作为非期望产出，基于 DEA 窗口模型，评估了 2000~2010 年中国各省份的能源和环境效率，结果表明华东地区目前的能源与环境效率依次高于东北地区、华北地区、西南地区、中南地区和西北地区，一个省份的能源与环境效率持续提高的显性动态标志是，实现了以较低的资源投入增速，获得较高的经济增速，并能产生较低的排放增速。陈（Chen，2014）将废水和废气作为中国 1985~2012 年的 31 个省份非期望产出的代理变量，运用 SBM 模型测度环境效率，发现生态发展指标水平研究样本期间在 2003 年达到高点，2007 年下降到最低水平，之后开始重新上升。黄永春和石秋平（2015）构建了包含 R&D 投入的 SBM 模型，以 SO_2 和化学需氧量（COD）作为坏产出测算了我国区域环境效率，研究结果表明，东部地区环境绩效高于中西部地区，且三大地区无效率来源有差异。此外，汪克亮等（2010）、潘文砚和王宗军（2014）、邵汉华等（2015）、黄杰（2018）等也选择了 SO_2 和 COD 作为不产出进行了研究。

工业"三废"为非期望产出也同样受到各学者的青睐。程丹润和李静（2009）使用各省份"三废"作为非期望产出的代理变量，使用 SBM 模型测度了 1990~2006 年中国各省份环境效率，发现非期望产出的存在会对效率评估产生巨大的影响，忽略环境污染代价计算出的经济效率是不准确和不全面的。杨杰和宋马林（2011）将工业"三废"作为环境污染物的代理变量，并从投入角度放入生产函数，运用Super-SBM模型测度了我国区域环境效率，发现我国环境效率发展不平衡，各省份数据呈现波动趋势。宋等（Song et al.，2013）选择了工业"三废"作为非期望产出，运用SBM模型测度了1998～2009年的中国环境效率，发现研究样本期间环境效率呈现下行趋势且在各省份之间呈现明显差异。陈黎明等（2015）采用工业废水、工业SO_2以及工业烟尘作为非期望产出，运用混合方向性距离函数模型测度了2011年"两横三纵"城市的生态效率，发现62个城市的效率水平有很大差异，存在较大的改进空间。朱等（Zhu et al.，2020）使用工业"三废"作为非期望产出测度了中国省际环境效率，结果表明，区域环境效率存在较大差距，东部和东北部地区的环境状况明显好于中西部地区，西部地区明显不平衡，发展潜力巨大。此外，杨青山等（2012）、宋马林等（2012）、钱争鸣和刘晓晨（2013）、张等（Zhang et al.，2014）、林江彪（2021）等也采取了"三废"作为非期望产出的代理变量进行了实证研究。

除了选择"三废"之外，还有一些学者例如李海东等（2012）还考虑了工业粉尘、工业烟尘、化学需氧量等污染物排放量，采用改进的ISBM-DEA模型对中国30个省份2009年的环境效率进行了测度，发现我国东部地区环境效率明显高于中部、西部地区，中部地区略高于西部地区。雷明和虞晓雯（2013）选取了碳排放、SO_2、COD、废水、废气和固体废物排放物为非期望产出，运用含有动态要素的SBM方向性距离函数测度了资本动态效应下中国30个省份1998～2011年的能源—经济—环境（3E）效率，表明环境排放效率都是3E效率提升的制约因素，能源投入效率对3E效率的限制作用远小于环境排放效率，考虑资本跨期效应，可以从技术上避免资本存量和其他要素的效率被低估。苑清敏等（2015）选取三大城市群——京津冀、长三角和珠三角35个城市2005～2012年的面板数据，以工业废水排放量、工业烟尘排放量、工业二氧化硫排放量作为非期望产出的衡量指标，运用SBM-Undesirable

模型对环境效率进行了测算，发现环境效率的平均值珠三角＞长三角＞京津冀。季义和袁（Sueyoshi and Yuan，2015）第一次将 PM_{10} 同 SO_2 以及二氧化氮（NO_2）作为非期望产出纳入环境效率评价中来，测度了中国四种不同城市类型的环境效率，结果显示中国只有合理地分配城市资源并且加强环境保护，才能缩小区域间的差距及保障城市的可持续发展。侯等（Hou et al.，2019）使用 CO_2、SO_2、一氧化氮（NO）和其他的传统污染物作为非期望产出，测度了中国区域生态经济治理效率，结果表明我国生态经济治理得到大力推进，对绿色增长升级有显著的促进作用。然而，由于区域异质性，该过程具有较大的发展范围。同时，监管程度较弱将通过空气污染的强制效应促进区域生态经济治理效率的提高压力。除此之外，吴琦和武春友（2009）、潘等（Pan et al.，2013）、岳良文等（2014）、费威等（2015）、王连芬和戴裕杰（2017）、朴胜任（2020）、许等（Xu et al.，2020）等也将多项污染物作为非期望产出的代理变量进行了环境效率的研究。

　　将各种污染物进行综合加权形成一个污染物综合指数进行环境效率评价，也是众多学者关注的重点。杨俊等（2010）以中国 1998～2007 年 30 个省份为研究对象，选取二氧化硫、粉尘、烟尘、废水、固体废物等 5 种具体污染物，并利用主成分分析法对 5 个污染物子指标进行降维处理形成一个综合污染物指标，发现全国环境效率总体水平较低，省际、区域环境效率之间的差距从 2003 年、2005 年开始逐渐缩小，存在收敛性。陈玉桥（2013）选取工业废水排放量、工业废气排放量、工业 SO_2 排放量、工业烟尘排放量、工业粉尘排放量、工业固体废物产生量 6 类具体的环境污染度量指标，采用熵权法将其拟合成污染综合指数，采用 SBM 非期望产出模型测度了我国 29 个省份 2000～2009 年的环境效率，表明一个地区的环境效率与其所处位置及周边环境密切相关，并且受到邻近省份结构性差异误差冲击。王兆华和丰超（2015）采用改进的熵值法将七项指标合成一个综合指标作为环境产出代理变量，结合四阶段 DEA 和方向性距离函数，探讨了中国能源效率现象，发现中国区域能源效率整体下降。周杰琦和汪同三（2017）运用 TOPSIS 综合评价法将六种环境污染物拟合成地区工业环境污染综合指数测度了中国环境效率，实证考察了 FDI 影响环境效率的机理和效果，得出了一些有意思的结论。除此之外，还有其他学者如原毅军等（2011）、王志平等（2014）、郭四代等（2018）也对此种方法有所研究。

1.3.2 区间 DEA 效率研究进展

区间 DEA 模型解决了传统 DEA 中不能解决的测量误差、数据噪声以及随机性影响等不确定性因素的问题。库珀等（Cooper et al. , 1999）首次讨论了具有不精确投入产出数据 DEA（imprecise DEA）的模型求解，其中的不精确数据包括序数和区间数两种，他们对区间数据进行规范化处理和变量替换将区间 DEA 转化为确定型 DEA 再进行求解。基于原始的 CCR 分式模型，恩塔尼等（Entani et al. , 2002）分别从乐观和悲观的角度分别评价确定型的 DEA 模型，从而得到一个区间效率值，如果得到的区间效率值的范围较大，说明从乐观的角度看，决策单元（DMU）的效率较好；从悲观的角度看，DMU 的效率较差；如果区间效率值接近 [0, 1]，说明 DMU 的效率评价结果不明确。阿齐兹（Azizi, 2011）认为，在评价每个 DMU 时，不论有多少投入产出数据参与其中，在求解过程中只选择一个投入和一个产出获得效率值的下界，导致在评价 DMU 时其他决策单元信息丢失。恩塔尼和田中（Entani and Tanaka, 2006）得到的区间效率值的下界是悲观角度得到的最差效率值，而其他区间 DEA 模型都是在对被评价单元最不利的情况下得到最优相对效率值作为区间效率值的下界。

为了避免评价单元中信息缺失的问题，王等（Wang et al. , 2005）对输入输出数据为区间数或者模糊数的情形进行了效率评估。其建立了一对新的区间 DEA 模型，该区间 DEA 模型是一个非线性优化模型，需要对其进行线性变化才能求解，并且其生产前沿面是变化的，对于所求得的区间效率值，用最大最小后悔值法对其进行排序和分类，并通过两个数值算例验证了该模型的可行性。考（Kao, 2006）在 CCR 模型的基础上，构建了一对双层数学规划模型，并将其转化为普通的单层线性规划问题，最后将该方法应用到中国台湾初级技术学院的教育绩效评价中。斯米尔斯等（Smirlis et al.，2006）认为，区间数的上下界可通过统计方法或经验方法估计出来，提供了一种求解输入输出指标中含有缺失值的 DEA 方法。对希腊雅典的 29 所公立中学进行效率评价，选取了 3 个投入指标和 3 个产出指标，对指标中的缺失值用区间数的形式估计得出，运用区间 DEA 模型进行求解。朱（Zhu，2003）指出，一般情况下处理含有不精确数据（区间数、序数和比例区间数）的 DEA 模型有两种方法，并通过将其应用到电话公司的效率评价中进行对比和分析。贾汉沙鲁等（Jahanshahloo et al.，2004）将 FDH 模型拓展为区间 FDH模型，为了得到区间效率值，将其转化为两个确定型的线性规划模型进行求解，从而得到效率值的上下界。李志亮等（2005）在数据包络分析的 CCR 模型的基础上，提出了一种基于模糊数变换的 DEA 模型，拓展了传统 DEA 的应用范围，并将其应用于综合评价，取得了很好效果。郭均鹏和吴育华（2004）将区间 DEA 转化为一个确定型 DEA，并将其分为主观和客观两种方法，这两种方法在求解过程中涉及数据一致性问题，即每一个 DMU 的区间投入或产出在确定型 DEA 中的所有出现要保持相同的投影点。贾汉沙鲁等（2009）将广义 DEA 模型拓展为广义区间 DEA 模型（interval generalized DEA 模型，简称 IGDEA 模型），并对 IGDEA 模型和其他各个区间分模型（区间 CCR 模型等）的关系进行了理论探讨。许皓等（2010）提出一种基于整体效率的区间 DEA 方法。该方法能够在多决策单元系统整体效率最大化的同时，得到统一的各决策单元投入/产出的精确数据及各指标权重，一次性求解出所有决策单元的效率。成达建和薛声家（2017）提出了获得区间效率值下限的新方法，该方法是通过求传统 DEA 线性规划模型多个基最优解的，目的是改善交叉效率值不唯一而存在的需要解多个附加的辅助线性规划问题的缺陷，提出通过了求传统 DEA 线性规划模型多个基最优解以获得区间效率值下限的新方法，从而大大减少了计算工作量。郭子雪和王增超（2018）提出了三参数区间交叉效率 DEA 的评价方法，目的是提高效率评价的有效性。刘金培等（2018）提出了一种基于交叉效率 DEA 和随机模拟的排序计量计算方法，用以解决区间加性语言偏好关系的排序问题，通过该方法的应用算例，这种方法是可以避免信息损失的。安建业等（2021）构建了三种带有权重约束的广义区间数 DEA 模型，分析了其与传统 DEA 模型之间的关系，解决了决策单元中包含区间数并且评价指标有偏好的问题。

随着 DEA 理论的不断丰富和完善，DEA 也逐渐应用到各种行业、区域评价，如工业企业、交通、区域经济、宏观经济等。区间 DEA 的应用研究相对较少。贾汉沙鲁等（2009）选取了伊朗地区的 20 个商业银行分行，用 IDEA 模型效率评估的结果，证明了 IGDEA 模型比 IDEA 模型对多个绝对有效的决策单元有更好的辨别力。陆志鹏等（2009）将决策单元的变量区间划分为若干个子区间，分别计算决策单元在各子区间上的 DEA 效率，进而求得综合效率区间，将新算法应用于投资项目的效率评价，便于对投资项目的效率大小进行比较，进而为项目投资决策提供科学依据。贾汉沙鲁等（2011）提出了一种能够弥补传统 DEA 模型缺陷的模型，从对被评价决策单元最有利和最不利的情形下分别进行效率估计，从而得到一个区间效率值。基于此，其评价了 30 个德黑兰社会保障保险组织的分支机构。每个分公司均选取 3 个区间数投入指标和 4 个区间数产出指标，但文中并未给出具体的投入产出指标。贾汉沙鲁（2011）对伊朗 6 个城市进行了评价，目的是找出最适合建立现代化工厂的城市。选取了 2 个投入指标（离边境的距离、建造工厂的成本）和 2 个产出指标［融资（finance）、生产的产品数］，其中离边境的距离是个确定的数值，其他 3 个指标数值均为区间数，并对其进行归一化处理，运用区间 TOPSIS 方法对其进行排序。哈利利－达姆加尼等（Khalili-Damghani et al.，2015）以伊朗联合循环发电厂为例，将污染物作为投入要素比较分析了 BCC 区间模型和 CCR 区间模型下的乐观及悲观情形下的区间效率。此外，在解决实际问题中，获取数据且保持数据的真实可靠性是做好研究非常重要的一步，而现实经验告诉我们，往往有些数据是无法获取的，或因为某些原因缺失了，在这种情况下，将缺失值用区间数表示其可能存在的范围，区间数的上下界可通过统计方法或经验方法估计出来，并运用到区间 DEA 模型中求解（Cherchye et al.，2011；Zha et al.，2013；He et al.，2014；He et al.，2015）。蓝以信等（2017）构建了区间 DEA-Malmquist 指数模型，该模型基于有效前沿面，并经该模型应用到 2006～2009 年全国 11 个沿海省份工业行业的生产率分析上，提出了一种考虑可能度所有位次的区间数排序方法。蓝以信等（2021）为了解决传统 DEA 内评价尺度不一致且计算复杂的问题，提出了一种新的公共权重区间 DEA 模型，这是同时最大化所有决策单元的效率上下界的模型，并给出了一种考虑决策者偏好信息的可能度排序方法，最后使用中国 11 个沿海省份的工业效率测度进行了实际应用研究，结果表明该方法具有有效性和实用性。

1.3.3　全要素生产率研究进展

经济的增长归结于两个方面的原因：一是持续不断地投入各种生产要素；二是生产率水平的显著提高。由于边际报酬递减规律的原因，生产要素投入超过一定水平会引起边际产出水平的下降，而此时长期的经济增长就需要依靠生产率水平的不断提升。生产效率不仅表现为经济总量的提升，同时还伴随着经济质量的提升。在经济增长理论的不断发展过程中，生产率理论不断丰富和发展，单一要素的生产率比如劳动生产率、资本生产率等无法全面深刻地反映出生产率的真实水平（张军等，2003），而学者们也从单要素的生产率理论扩展到全要素生产率的整体认识。随着经济发展趋缓、环境污染和资源消耗等问题的日益突出，绿色高质量发展的重要性成为社会各界关注的核心问题。鉴于此，学者们也将资源环境因素纳入全要素生产率框架之中，用以解决资源短缺、环境污染问题，实现经济的高质量发展。

早期对全要素生产率的测度并未将环境要素考虑进来，重点关注的是经济高速增长下的技术效率的变化。资源和能源的不断消耗所带来的环境恶化问题使得各界开始关注考虑环境问题下的全要素生产率，这种全要素生产率一般被称为环境全要素生产率或绿色全要素生产率（Chuang et al，1997；胡鞍钢等，2005）。DEA 方法用于测度环境全要素生产率时，大致分为两种类型：一种全要素生产率的测度是把环境污染要素作为投入要素进行处理，但这种方法与实际生产过程不符合（Hailu et al，2000）；另一种是在测度全要素生产率时将环境污染要素视为非期望产出进行处理，这种角度的研究主要区别在于环境污染变量弹性的选择上面。非期望产出可以分为单一污染物、两种污染物、工业"三废"、三种以上环境污染物或多种污染物加权成环境污染综合指数几个方面。单一的环境污染物大多是将 CO_2 排放量或 SO_2 排放量作为非期望产出对环境全要素生产率进行了测度与分解，如匡远凤和彭代彦（2012）选取了 CO_2 作为非期望产出，测度了 1995～2009 年中国省际全要素生产率，发现我国节能减排工作通常会导致环境全要素生产率的增长大于传统的全要素生产率，但遗憾的是，环境全要素生产率和传统全要素生产率对经济增长的贡献率均比较低。不少学者选取了 SO_2、COD 或 CO_2 中的两两组合形式的环境污染物作为非期望产出测度了中国 30 个省份的环境全要素生产率，杨福霞等（2018）发现，我国的能源价格对环境全要素生产率变动的提升作用比较弱，能源价格诱导性技术进步主要偏向于 SO_2 的减排，对 CO_2 减排的诱导作用不太明显；此外，王兵等（2015）、唐李伟等（2016）采用该两两组合作为非期望产出测度环境全要素生产率已有所研究。废水、废气和废渣"三废"作为常见的环境污染物代表之一，被选作坏产出变量的文献较多，如卡内科等（Kaneko et al.，2004）、马男木等（Managi et al.，2006）、张逸昕和张杰（2020）等。其中，李平等（2017）使用"三废"作为非期望产出测度了长三角和珠三角 25 个城市 2000～2010 年的环境全要素生产率，发现纯技术进步和技术规模变化两个指标对生产率增长的贡献比较显著，规模效率变化对全要素生产率的贡献较小，而纯效率变化对全要素生产率的贡献为负值。此外，周亮等（2019）选取了工业废水排放量、工业 SO_2 排放量和工业烟尘排放量的组合作为环境污染产出评价了中国城市 2005～2015 年的绿色发展效率，结果显示，中国城市绿色发展效率稳步提升，并且呈现东部、中部、西部地区依次阶梯型递减的区域差异特征，并且中国城市绿色发展效率具有空间集聚性特征。然而，DEA模型要求投入产出指标不宜过多，采用熵权法将"废水排放量、SO_2、工业烟（粉）尘排放、化学需氧量（COD）等环境污染的众多排放指标"凝合成一个综合指标，并将其作为非期望产出进行测度环境全要素生产率也有不少研究，如陈阳等（2019）利用该种方法构建了环境污染综合指数并将其作为非期望产出测度了中国 285 个城市 2004～2015年的城市绿色全要素生产率，显示中国城市绿色全要素生产率存在的空间关联性特征比较明显，并且具有显著的先增强后减弱的趋势特征；陈晓峰和周晶晶（2020）利用该方法构建了环境污染的综合指标作为坏产出测度了长三角城市群 2006～2017 年绿色全要素生产率，结果显示，服务业的集聚性特征对绿色全要素生产率均具有显著的正向促进作用，但是中心城市具有更为明显的空间溢出特征，同时，高端生产性服务业的作用效果也相对明显。另外，任阳军等（2019）、李博等（2022）也对该方法进行了相关研究。

1.3.4　空气污染与公众健康研究

空气污染属于环境污染的一种，而空气污染与公众健康的研究则是目前环境流行病学中众多学者关注的对象之一。改革开放以来我国在保持经济高速增长的同时也付出了高昂的环境代价，环境的恶化也突出体现在居民的公众健康上。空气污染被排在中国人十大致死因子的第 4 位（Wang et al.，2013）。与空气质量紧密相关的肺癌在各类癌症中最为普遍，年肺癌死亡人数约占中国癌症总死亡人数的 1/4。陈等（Chen et al.，2013）研究发现，高浓度颗粒物下的长期暴露导致北方居民较南方居民缩减 5.5 年的预期寿命。众所周知，公众健康水平的降低意味着人均预期寿命的缩短，这将对国家的长远发展带来负面影响。同时，该问题的急迫性也随着国家医疗保险体系的建立及完善而日益突出，公众健康水平的提高意味着公共资源和国家财政的节约。

皮尔等（Peel et al.，2005）发现，空气污染导致呼吸系统相关疾病的主要原因之一是空气中的二氧化硫浓度过高。1952 年 12 月 5 ~ 9 日的伦敦烟雾事件主要是二氧化硫及粉尘导致的环境灾难。这次事故共导致超过 12000 人死于呼吸系统相关疾病（Bell and Davis，2001）。该事件引发了学术界对空气质量和公众健康间关系的关注。国外对空气污染的健康效应研究在不同地区、不同人群、不同年龄阶层、不同空气污染物、不同呼吸道相关疾病等各种类型的问题之间展开，开展范围较大，研究初始时间较早。20 世纪 80 年代以来，发达国家快速城市化及工业化中产生的大量的废气污染进一步加剧了空气污染与公众健康关联问题研究的急迫性。布伦内克雷夫和霍尔盖特（Brunekreef and Holgate，2002）基于美国居民健康调查数据，研究发现城市化或工业化程度较高地区的居民患呼吸系统相关癌症，特别是肺癌的概率要比其他地区高出 0. 3 ~ 1. 5 倍，其患动脉硬化及缺血性心脏病的概率同样高于其他地区（Künzli et al.，2005）。同时，这种负面作用还会随着时间延长而逐渐变大（PopeIII et al.，2002）。美国环境保护署（U. S. Environmental Protection Agency，EPA）（2011）评估了 1990 ~ 2020 年美国因空气污染而造成的健康损失，指出因 $PM_{2.5}$ 浓度升高而增加的过早死亡损失比重将高达 85%。美国国家空气污染与发病和死亡效应研究（National Morbidity，Mortality and Air Pollution Study，NMMAPS）涉及 1987 ~ 1994 年美国 20 个最大的城市的 5000 万名居民，结果表明 PM_{10} 浓度每增加 10 微克/立方米（$\mu g/m^3$），全因死亡率增加 0. 5%（Samet et al.，2000）。卡苏扬尼等（Katsouyanni et al.，2001）以 PM_{10} 为污染因子，对居住在欧洲 29 个城市的 5 年间 4300 万人口的死亡情况进行研究，得出相似的结论：PM_{10} 浓度每增加 $10\mu g/m^3$，全因死亡率增加 0. 6%。从经济评估角度，$PM_{2.5}$ 颗粒物浓度造成的过早死亡带来的损失包含三类：由污染直接影响产生的直接经济损失、因直接经济损失所引发的间接经济损失和污染导致的精神、心理等无形损失（Pervin et al.，2008）。

与现有的基于发达国家利用大规模随机抽样数据的研究相比，采用中国数据实证检验空气污染带来的健康效应主要局限于特定地区。例如，基于 1998～2000 年北京市空气污染与居民相关疾病死亡率数据样本，常桂秋等（2003）发现，大气中 CO、SO_2、氮氧化物（NOx）、总悬浮颗粒（TSP）浓度与呼吸系统、心脑血管疾病、慢性阻塞性肺病和冠心病死亡率之间的正相关关系均有显著意义，总悬浮颗粒物每增加 $100\mu g/m^3$，呼吸系统疾病死亡率增加 3.19%，循环系统死亡率增加 0.62%。何丽芸等（2014）以 2004～2012 年上海市青浦区心脑血管疾病发病率、大气污染浓度数据为样本，发现 PM_{10} 和 NO_2 与心脑血管疾病发病率呈正相关，而 SO_2 与之无线性相关。黄等（Huang et al.，2012）发现，在颗粒造成的各类健康影响中，因颗粒物所致过早死亡的健康损失占健康总损失的 90%。戴海夏等（2004）在上海市 A 城区大气 PM_{10}、$PM_{2.5}$ 污染与居民日死亡数的相关分析中发现，在控制了时间长期趋势、气象、季节、一周日效应混杂因素的影响后，当大气 PM_{10}、$PM_{2.5}$ 浓度每上升 $10\mu g/m^3$ 时，总死亡数分别上升 0.53% 和 0.85%。杨等（Yang et al.，2012）利用在广州市开展的统计结果进行了研究，发现细颗粒物浓度与日死亡率存在关联，且随着细颗粒物浓度升高，日死亡率明显增加。王临池等（2015）对苏州市居民心脏病死亡和大气颗粒物污染的关系进行了探究，发现 $PM_{2.5}$ 不是心脏病死亡的独立危险因素，对冠心病死亡数的影响也需要和 PM_{10}、NO_2 相互作用才能发挥效应。随着大气颗粒物污染浓度的增高，呼吸道症状的出现率、肺功能减退、心肺系统疾病的发病率和死亡率均显著上升，二者存在直接关联，这种关联在老年人、孕妇、青少年、婴儿及有心肺疾病病史者等易感人群中更为明显（王燕侠等，2007；陈晓等，2012；de Oliveira et al.，2012）。就样本选择来说，陈等（Chen et al.，2013）使用全国样本发现，我国冬季燃煤取暖造成的总悬浮颗粒增加降低了人均寿命，平均来说，每立方米大气中总悬浮颗粒浓度上升 100 微克会导致预期寿命缩短 3 年。陈硕和陈婷（2014）基于地级市面板数据检验了火电厂二氧化硫排放对公众健康的影响。二氧化硫排放量每增加 1%，万人中死于呼吸系统疾病及肺癌的人数将分别增加 0.055 和 0.005。该气体每年造成的死亡人数在 18 万人左右，导致的相关治疗费用超过 3000 亿元。曲卫华和颜志军（2015）基于 Grossman 的生产函数加入了环境污染等因素，实证分析了中国 1997～2010 年环境污染等因素对居民公众健康的影响，发现工业烟尘排放量与人口死亡率呈正相关，工业二氧化硫排放量只在中部地区与人口死亡率呈正相关。孙猛和李晓巍（2017）以烟粉尘排放量为代理变量，实证分析了 2000～2015 年中国空气污染对居民公众健康的影响，发现烟粉尘排放造成的大气颗粒物污染对我国居民公众健康的损害非常显著，当加入经济发展等控制变量以后，影响程度明显减弱。王玉泽和罗能生（2020）以 2015 年中国健康与养老追踪调查为研究样本，考察了空气污染的健康折旧效应与医疗成本效应，发现空气污染加速了健康资本折旧，并且空气污染会导致医疗成本上升。刁贝娣等（2021）估算了 2008～2018 年中国 $PM_{2.5}$ 浓度下产生的早逝和相关疾病发病率，发现 $PM_{2.5}$ 污染对健康的影响会经历恶化、缓解和改善这样的过程，但由污染导致的早逝、呼吸系统等疾病发病人数基数仍然比较庞大，城市类型的不同也会改变 $PM_{2.5}$ 对居民健康的影响结果。

1.3.5 研究述评

通过梳理环境效率、全要素生产率、区间效率以及流行病学理论的文献，发现在以下四个方面还存在一定的研究空间。

（1）有关技术效率研究文献较多，但涉及环境效率的文献较少，且研究空间较大。现有我国区域环境效率的研究虽然进行了一些有益的尝试，为本书研究奠定了理论基础，但仍存在进一步改进的空间。第一，在投入变量的选择上。从文献方面来看，传统的双投入变量涉及劳动和资本，也有学者在传统投入变量的基础上考虑了能源消耗，较少有学者站在区域的角度将用水总量纳入投入指标当中（Kaneko and Managi，2004；胡鞍钢等，2008；王兵等，2011；Wang et al.，2013）。因此，本书综合考虑各投入变量，将能源消费量、用水总量及劳动、资本一起纳入投入指标体系中，避免忽略投入变量带来的效率估计偏差。第二，在产出变量的选择上。经济产出主要为地区生产总值，环境产出主要为污染物的排放，但污染物选择的弹性比较大，例如 SO_2、工业"三废"、工业粉尘、烟尘排放量、COD 以及环境污染综合指数等（荣建波等，2015；Chen，2014；Zhang et al.，2014；Sueyoshi and Yuan，2015；王兆华和丰超，2015；朱德米和赵海滨，2016；Cheng et al.，2018；Hou et al.，2019；Xu et al.，2020；林江彪等，2021），较少有文献涉及空气污染变量，这将导致现有研究很难真实反映出我国空气污染约束下的环境效率水平，效率评价结果很可能存在失真性。在大多数既有文献中，随着所选取的污染物不同，污染物和经济增长之间的实证结论也会有所不同，而且以不同污染物作为非期望产出的影响是线性不可加的，只能通过维度的增加来考察结果（胡鞍钢等，2015）。同样，由于所选取的地区等样本不同，所得到的结论也会有变化。从这个角度来看，空气污染作为一种环境污染物，近年来对经济、社会和环境造成了巨大的损失，将其作为新约束性指标纳入环境效率综合评价的框架中，其评价结果将更符合实际生产过程。

（2）关于区间 DEA 的相关文献主要是针对建立的区间 DEA 模型提出切实可行的方法，之后将提出的方法简单地应用到实践中。目前不少文献也只是用一些数值算例验证方法的可行性（李志亮等，2005；Jahanshahloo et al.，2009；成达建和薛声家，2017；郭子雪和王增超，2018；安建业等，2021）。总之，在区间 DEA 的应用研究中，现有的研究很少使用较大规模数据进行实证分析，且涉及将非期望产出作为产出进行研究的文献几乎没有。由此可见，在中国省际区间环境效率研究方面仍有较大改进空间。在研究方法上，大多数研究基于传统的 DEA 和 SBM 模型，投入和产出数据都是确定数值，区间 CCR 模型或是区间 BCC 模型也仅仅以算例的形式将非期望产出作为投入来考量，同时也缺少一定的实证分析（Jahanshahloo，2011；Khalili-Damghani et al.，2015；蓝以信等，2017；刘金培等，2018；蓝以信等，2021）。构建考虑非期望产出的 SBM-Undesirable 区间模型，从区间数角度将非期望产出空气污染作为产出来测度 2001 ～ 2018 年中国省际区间环境效率，评价过程更符合实际生产过程，并从截面和时序性两个维度对各省份区间环境效率进行排序，有助于各省份环境政策的制定和调整。在变量选取方面，大多基于传统的投入变量、经济产出以及非期望产出，较少有文献涉及空气污染变量，评价结果可能存在失真性及估计偏差。空气污染作为现阶段中国最主要的环境污染物，不同的空气污染高低浓度对环境效率及经济发展的影响结果有很大不同，将其纳入环境效率框架中来是非常有必要的，一方面能够充实环境效率理论，另一方面对于实现经济、资源能源以及环境的协调发展具有现实意义。

（3）全要素生产率的研究存在一定的提升空间。现有文献在测度全要素生产率时的区别主要在于将环境污染物作为非期望产出时，如何选取环境污染物是有不同观点的，诸如非期望产出可以选取单一的环境污染物（匡远凤和彭代彦，2012）、两种污染物的组合（王兵等，2015；杨福霞等，2018）、工业"三废"（Kaneko et al. , 2004；李平等，2017；张逸昕和张杰，2020）、三种以上环境污染物（周亮等，2019）或多种污染物加权成环境污染综合指数（陈晓峰和周晶晶，2020；任阳军等，2019；李博等，2022），当非期望产出不同时，所测度的全要素生产率结果也有所不同，无论是测度中国省际的全要素生产率还是城市的全要素生产率。可见，现有全要素生产率的测度较少有涉及现阶段新的焦点污染物——空气污染，这将很难真实反映出空气污染约束下中国各省份的全要素生产率水平，进而与之相应的经济政策将存在偏差，将不利于甚至是抑制中国经济的高质量增长。

（4）空气污染与公众健康的研究仍存在进一步研究的空间。和现有基于发达国家利用大规模随机抽样数据的研究相比（Peel et al. , 2005；Brunekreef and Holgate，2002；Pervin et al. , 2008），采用中国数据实证检验二者关系的近期文献主要局限于特定地区，例如以城市居多，如北京、上海、广州等发达地区（常桂秋等，2003；何丽芸等，2014；Yang et al. , 2012），大面积的城市类群，以省份为整体代表的研究较少（Chen et al. , 2013；陈硕和陈婷，2014；王玉泽和罗能生，

2020）；另外，在污染物方面，针对 SO_2、氮氧化物、TSP 等常见空气污染物对健康的影响研究较多（何丽芸等，2014；Chen et al.，2013；曲卫华和颜志军，2015；孙猛和李晓巍，2017），对以 $PM_{2.5}$ 为首的空气污染对公众健康的影响研究较少，国外的研究提供了相关的研究基础。以中国省份为研究样本，基于环境效率视角考察空气污染与公众健康水平的关联程度，为决策者提供量化信息，为相关经济政策的干预及公众健康政策的制定提供决策参考。

1.4　研究方法与技术路线

本书在梳理国内外文献研究的基础上，涉及资源经济学、环境经济学、计量经济学、技术经济学、区域经济学、发展经济学等多个学科的理论与方法，综合运用数据包络分析、计量分析方法等多种量化技术，借助于 MAXDEA 及 DEASOLVER 数据包络分析软件、ARCGIS 地理信息系统软件、Stata 计量软件等分析工具，主要采用了实证分析与规范分析相结合、定性分析与定量分析相结合的研究方法，以效率分析下的中国空气污染治理为研究核心，遵循提出问题、分析问题、解决问题的研究思路和逻辑，最后为中国空气污染的有效治理及经济高质量发展提供决策建议。

（1）实证分析与规范分析相结合。本书以生产率相关理论、数据包络分析理论为指导，对中国省际环境效率、区间环境效率、全要素生产率进行细致深入的实证分析，在此基础上对考虑空气污染因素后中国省际环境效率、区间环境效率、全要素生产率的发展变化进行评价，进而形成具有可操作性的政策建议。

（2）定性分析和定量分析相结合，以定量分析为主。定性分析中国经济增长的特点以及空气污染的状况，总结中国空气污染的区域性现状、特征以及趋势分析，分析国外空气污染治理的经验以及对我国的启示。定量分析中，采用 BCC-DEA 和包含非期望产出的基于规模报酬可变的松弛变量模型 SBM-Undesirable 模型对有无空气污染约束下的环境效率进行测度及比较；构建 SBM-Undesirable 区间模型，测度空气污染约束下区间环境效率；使用包含非期望产出的基于规模报酬可变的松弛变量模型 SBM-Undesirable 模型与 Luenberger 生产率指数相结合的模型测度全要素生产率；并采用 TOBIT 模型对环境规制等因素影响环境效率的实际效果进行实证分析；根据格罗斯曼（Grossman，1972）建立的健康生产函数，采用面板固定效应方法探讨环境效率视角下空气污染和公众健康之间的关联程度；采用熵值法对数字经济发展水平进行测度，并采用面板固定效应方法实证分析数字经济等因素对全要素生产率的影响效果，等等。

　　本书技术路线如图 1 - 1 所示。

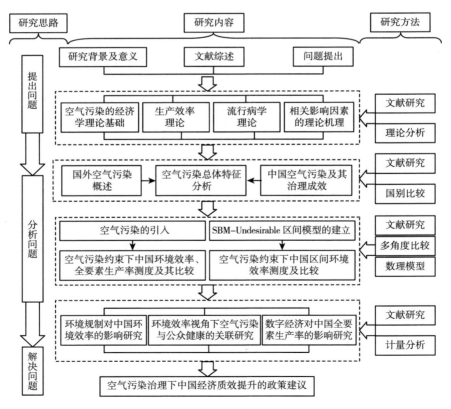

图 1 - 1　本书技术路线

1.5　主要研究内容

以 2001～2018 年中国 30 个省份的面板数据为研究对象，运用数据包络分析方法，将空气污染纳入效率及生产率理论框架中来，并构建了考虑非期望产出的 SBM-DEA 区间模型，对有无空气污染约束下的省际环境效率、区间环境效率、全要素生产率进行测度及比较，实证分析了环境规制等因素对空气污染及环境效率的影响效果，利用中国的经验证明探讨环境效率视角下空气污染与公众健康的关联程度，以及数字经济等因素对全要素生产率的影响效果及传导机制。其主要研究内容如下。

第 1 章，绪论。简要阐述本书研究选题的背景、研究意义、国内外研究综述及其评价、研究方法与技术路线、研究内容与创新点。

第 2 章，相关理论基础及影响机理分析。首先对本书研究所涉及空气污染的经济学理论基础、技术效率理论、区间效率理论、全要素生产率理论进行阐述，对研究所涉及的方法和模型进行梳理；其次介绍了流行病学理论及其研究方法，并对现有空气污染及公众健康方面的文献研究进行梳理与总结；最后分别对相关因素影响环境效率、公众健康、全要素生产率的理论机理进行分析归纳。

第 3 章，中国空气污染治理现状及国际比较。首先，对空气质量标准和空气污染的测度指标进行了介绍，并在此基础上对中国 30 个省份的空气污染进行详细分析与阐述，根据 $PM_{2.5}$ 数值的高低，详细描述归纳中国空气污染整体性、区域性及省域性特征；其次，对中国自 2013 年以来采取的空气污染治理措施及成效进行归纳总结；最后，分析英国、美国、欧盟、日本以及印度的空气污染状况，并简要介绍带给中国的空气治理经验。

第 4 章，空气污染约束下中国环境效率测度及其比较。首先，在资源和能源约束下，运用 BCC-VRS 模型测度中国省际技术效率。其次，引入空气污染这一新的约束条件，运用 SBM-Undesirable-VRS 模型测度空气污染约束下中国省际环境效率，比较分析有无空气污染约束下中国省际环境效率的差异，并进行全国、东中西部、省份之间的效率差异比较，并重点测度了各省份的能耗、水资源消耗、空气污染及人员投入等变量的冗余程度，分析了空气污染约束下中国环境效率的改善方向。

第 5 章，空气污染约束下中国区间环境效率测度及其比较。为了更好地分析中国各地区环境效率的差异，本章构建了以区间数和非期望产出为基础的 SBM-Undesirable 区间 DEA 模型，将不确定性因素纳入环境效率评价模型之中。首次将非期望产出作为产出角度来测度中国各省份区间环境效率，分析了区间数视角下各地区受空气污染影响的差异大小；接着利用模糊左关系排序法对区间 DEA 进行有效性排序；最后将区间视角下的效率测度与 SBM-Undesirable 模型的测度结果进行了对比分析，使评价结果更加全面丰富。

第 6 章，空气污染约束下中国全要素生产率测度及其比较。本章进行空气污染约束下的中国全要素生产率的测度及比较，一方面可以反映纳入时间动态因素的全要素生产率的变化，另一方面可以衡量中国经济高质量发展水平的高低。基于上述分析，本章重点将空气污染纳入全要素生产率的评价框架，并将全要素生产率分解为水平的技术效率指数与纵向的技术进步指数，并进行中国整体、东中西部地区、各省份的全要素生产率的比较研究。

第 7 章，环境规制对中国环境效率的影响研究。本章试图验证空气污染的"库兹涅茨曲线"和 FDI 的"污染天堂"效应在中国的存在性，重点考察环境规制等因素能否改善空气污染以及提升环境效率，并探索产业结构、贸易依存度、人口密度及地理位置等因素对环境效率的影响效果，以分析空气污染约束下的环境效率提升的实际路径。

第 8 章，环境效率视角下空气污染与公众健康的关联研究。本章着重探索在环境效率视角下空气污染与公众健康之间的关联程度，并考察教育变量、卫生医疗变量、社会变量以及生活方式变量等因素对公众健康的影响效果，为相关经济政策及公共政策的制定提供决策参考。

第 9 章，数字经济对中国全要素生产率的影响研究。本章重点考察

数字经济对中国全要素生产率的直接影响效果及间接作用机制，并综合
考虑外商直接投资、科技创新水平、要素禀赋结构、城镇化水平、产业
高级化水平等因素对全要素生产率的实际影响效果。

　　第 10 章，空气污染治理下中国经济质效提升的政策建议。首先对
本书研究结论进行总结，并基于上述研究结论，从汲取国外空气污染治
理经验、加强区域之间的联防联控、提升能源资源环境的配置效率、实
施差异化市场化的空气污染治理策略、提高空气污染治理技术创新能
力、调整外资的准入门槛和投资方向、将公众健康纳入环境经济政策、
大力发展数字经济的基础设施八个方面提出中国空气污染治理政策建
议。最后，对未来研究进行展望。

1.6　创新点

　　与以往的研究相比，本书研究的创新点主要体现在以下五个方面。

　　（1）将空气污染作为新的约束条件纳入环境效率及全要素生产率
评价框架之中，有利于客观准确地反映中国经济增长的质量。同时，空
气污染具有较强的区域分布特征，从这个层面上讲，探讨空气污染约束
下的中国区域层面上的环境效率及全要素生产率是有意义的。本书以空
气污染为约束条件，比较了有无约束下中国省际环境效率的差异，并详
细分析了各地区的节能减排潜力以及环境效率改善方向，测度了考虑动
态水平下的中国省际全要素生产率及其分解效应，为各地区空气污染治
理相关政策的制定提供理论支持。

　　（2）构建了考虑非期望产出的 SBM 区间模型，首次以空气污染作
为非期望产出从产出角度进行大规模区间数角度下的实证研究，用以综
合考虑投入产出的不确定性因素以及空气污染约束的问题，测算了空气
污染约束下中国省际区间环境效率。与 SBM-Undesirable 模型相比，考
虑了空气污染这一新约束条件，使技术效率评价更为全面；与区间
CCR-DEA 模型相比，将空气污染作为非期望产出进行考虑，与实际生

产过程相符；且现有的区间 DEA 模型大多以算例的形式考察模型的正确性，本书研究首次将模型进行实证研究，结果更具有参考价值。

（3）验证了空气污染的"库兹涅茨曲线"以及 FDI 的"污染天堂"在中国的存在性；同时，考察环境规制政策等相关因素能否改善当前的空气污染现状。在空气污染约束下中国环境效率测度结果的基础上，运用面板 TOBIT 模型，探讨了环境效率与经济增长之间的曲线关系以及与 FDI 之间的线性关系，同时实证分析环境规制政策、技术创新等因素对环境效率的影响，从数据上观测环境规制政策、技术进步等因素能否改善空气污染以及能否提升环境效率。

（4）探索环境效率视角下空气污染与公众健康的关联程度，不仅有助于促进经济的绿色、高质量、高效率增长，而且有助于提高经济政策和公共政策的质量和效率。另外，中国空气污染、居民生活方式和发达国家有很大差别，探索中国空气污染的特征与规律，以中国范围内的经验量化空气污染约束下环境效率与公众健康之间的关联程度，可为经济绿色发展、环境治理及公众健康卫生政策提供决策建议。

（5）探索数字经济对于空气污染约束下的全要素生产率的影响效果，从直接影响和间接影响两方面分析数字经济影响全要素生产率的作用机制，纳入外商直接投资、科技创新水平、要素禀赋结构、城镇化水平、产业高级化水平等因素，综合这些因素对全要素生产率的实际影响效果，为全要素生产率的提升提供决策建议。

第 2 章　相关理论基础及影响机理分析

2.1　空气污染的经济学理论基础

2.1.1　外部性理论

外部性又可称为外部效应或者溢出效应，它是指当经济主体的经济活动对其他经济行为主体有溢出成本或者溢出收益时，就会出现外部性。当然，外部性又可分为正外部性和负外部性。正外部性指的是经济行为主体的生产和消费行为给他人带来利益，又未获得补偿。负外部性指的是经济行为主体的生产和消费行为给他人带来损失，但又未对此损失付出相应的成本。在现实生活中，外部性到处存在，尽管一个经济主体的行为可能不足以产生较大的影响，但若所有的经济主体同时行动的话，所带来的外部性影响是巨大的，诸如，各种高污染高排放高耗能企业排放大量的废气、严重的汽车尾气、建筑扬尘等，各种空气污染物就是所谓的负外部性下的环境问题，这些环境问题将可能反作用到人类自身的生存环境上，进而威胁到人类的生命安全问题。

许多经济学家专注于外部性的研究，对外部性理论的发展作出了重要贡献。关于外部性理论的里程碑式的经济学家就是特别需要介绍的，他们分别是马歇尔、庇古和科斯。首先，马歇尔的"外部经济"理论。马歇尔是英国剑桥学派的创始人，外部性这一概念则源于其 1890 年所著的《经济学原理》中的"外部经济"的概念。事实上，负外部性是指外部不经济，而正外部性则是指外部经济。外部不经济是指生产费用和成本降低的原因是企业外部的因素导致的，这些因素涉及面比较宽泛，包括原材料供应地的距离、市场容量的大小、产品销售市场的远近程度、运输是否便利、其他相关企业的规模大小，等等。其次，庇古的"庇古税"理论。作为马歇尔的嫡传弟子，庇古在 1920 年出版了《福利经济学》这本著作，系统地阐述了福利经济学的问题，并基于福利经济学角度用现代化的方法研究了外部性问题，将外部因素影响企业的效果转向了企业或居民对其他企业或居民的影响效果。庇古认为，边际私人成本和边际社会成本是不一致的，当企业产生负的外部性时，因为有外部环境成本的存在，此时的边际社会成本是高于边际私人成本的，正是因为如此，社会资源的配置便不会实现帕累托最优。政府在解决这种外部性时，可以对造成负外部性的企业征收庇古税，税收的大小刚好等于该企业所造成的外界环境污染成本，从而实现外部效应内部化。最后，科斯的"科斯定理"。科斯在其著作《社会成本问题》中提到，外部效应不单单是一方侵害另一方的单向问题，而可能二者之间具有相互性。比如，化工厂排放的污水对周围的居民造成了危害，出现了环境纠纷，而政府对化工厂进行了征税惩罚，但事实上有可能化工厂建厂在前，居民区建成在后，这时候化工厂是有权利排放污水的，要解决该问题，可能不该由政府进行征税，而是由居民区同化工厂进行合理的谈判，共同解决该外部性问题。外界环境问题日益加剧，市场化手段得到广泛应用，排污权交易制度、碳排放交易制度等就是科斯定理的具体应用，科斯定理也为经济学的研究开辟了十分广阔的空间。

2.1.2 环境库兹涅茨曲线

库兹涅茨曲线是西蒙·史密斯·库兹涅茨在 1955 年提出的一种倒"U"型曲线，描述的是居民的收入分配状况与经济发展过程之间的曲线。自此以后，库兹涅茨曲线在各种领域内得到更广泛的应用。1991 年，美国经济学家格罗斯曼和克鲁格（Grossman and Krueger，1991）担心北美自由贸易区的谈判恶化会影响墨西哥和美国两国的环境质量问题，实证分析了环境质量与人均收入之间会存在倒"U"型关系，"即人均收入水平较低时，环境污染也比较轻；随后环境污染会随着人均收入增加而加重；但更高的人均收入水平将会导致环境污染减轻"。1993 年，帕纳伊奥图（Panayotou，1993）将这种关系定义为环境库兹涅茨曲线（environment Kuznets curve，EKC）。

　　根据格罗斯曼和克鲁格（1991）的解释，经济增长将会产生三种效应，即规模效应、技术效应和结构效应，进而通过这三种效应影响到环境质量。第一，经济增长的规模效应。一方面，经济实现增长需要增加大量的投入，大量的投入必然消耗大量的资源，资源的使用造成环境的破坏；另一方面，大量的投入带来更多的产出，进而也会带来污染排放的大量增加。第二，经济增长的技术效应。经济的不断增长会加大研发支出的投入，技术水平将会得到提升。技术进步会提高投入产出比，即单位产出的要素投入更少了，生产效率得到提升，减少了对周围自然环境的影响；同时，清洁技术的不断革新，有效地提升资源的循环利用率，可降低单位产出的环境污染排放。第三，经济增长的结构效应。经济的不断增长会促使产出和产业结构发生变化，经济结构会由早期的农业为主转向能源密集型重工业，增加了大量的污染物排放，进一步地，转向知识密集型和低污染的服务业，单位产出排放水平下降，环境质量得到有效改善。上述三种效应中，规模效应明显会增加环境的负担，造成环境污染，而技术效应和结构效应则会改善周围的环境。经济在发展的过程中，规模效应会大于技术效应和结构效应，从而导致在经济发展初期环境污染的加重；到了新的阶段之后，技术效应和结构效应大于了规模效应，环境污染则得到改善。

　　在 EKC 曲线提出之后，后来的学者们丰富了这一结论。经济的增长会通过规模效应、技术效应和结构效应影响到环境质量，而居民对周围环境质量的需求高低、环境规制的严格与否、市场机制的完善与否同样也会影响到周围的环境质量，具体分析如下：第一，居民收入水平较低时，居民只关注当前的收入水平，而对周围的环境质量的需求较低，此时会加剧环境的恶化；当居民的收入水平提升后，居民在满足了基本的生活需求以外，需要追求更高层次的生活质量，从而提升了对周围环境质量的需求，减少购买高污染的产品，转向购买环境友好型产品，不断地强化环境保护，减缓环境的恶化程度。第二，环境规制在经济发展初期会比较松弛，环境污染会进一步加强，但随着经济的不断增长，环境规制程度进一步严格，污染损害、排污减量等信息不断健全，政府提升了环境质量管理能力，促使周围环境向低污染转变。第三，市场机制随着收入水平的提升不断得到完善，自然资源在健全的市场机制的调节中可以尽可能地实现交换生产的最优化，可以减缓周围环境质量的恶化。在经济发展的早期阶段，自然资源的存量随着大量的投入而减少，当社会发展到一定阶段之后，自然资源的稀缺性会提升其在市场中的价格水平，社会对该资源的需求随着价格的提升而降低，然而，自然资源的使用效率则不断提高，经济向低资源密集的技术发展转变，环境质量得到改善。

2.2 生产效率理论

2.2.1 技术效率理论

2.2.1.1 技术效率的含义

20 世纪 50 年代，库普曼斯和查尔斯（Koopmans and Charles，1951）将技术有效定义为：在不增加其他投入（或减少其他产出）的情况下，技术上不可能减少任何投入（或增加任何产出），则该投入产出向量为技术有效，此时的所有投入产出向量合集为生产前沿面。1957 年，英国经济学家法雷尔（Farrell，1957）首次提出技术效率一词，将技术效率分为技术效率和配置效率，从投入角度提出此概念，即在产出规模和市场水平不变的条件下，按照既定的要素投入比例所能达到的最小生产成本占实际生产成本的百分比。在此基础上，莱本斯坦（Leibenstein，1966）又从产出角度定义了技术效率，即在投入规模、市场价格水平及投入要素比例不变的条件下，实际产出水平与所能达到的最大产出的百分比。由以上定义可知，技术效率是用来衡量在现有的技术水平下，生产者获得最大产出（或投入最小成本）的能力，表示生产者的实际生产活动接近前沿面的程度，即反映了现有技术的发挥程度。由于实际值可以直接观测到，因此度量技术效率的关键是前沿面的确定，所以生产前沿面理论的产生与发展在技术效率理论中尤为重要。根据第 1.3.1 节对环境效率的定义可知，环境效率是一个复杂的概念，所涉及的因素是在经济效率或者说是技术效率的基础上将环境因素囊括进来。因此，本小节仅对技术效率理论进行阐述。

2.2.1.2 测算方法

综合经济效率包括纯技术效率和配置效率两个部分。从理论上对技术效率的测度进行说明，生产函数表明生产过程中的技术水平，描述的是投入要素和产出之间数量的关系。从投入和产出角度分别进行分析得知：在投入一定的情况下，在适度经济规模以及生产技术和经营管理水平一定的条件下，使得产出最大化；在产出一定的情况下，在其他条件充分发挥水平的条件下，使得投入最小化，那么，生产函数即是最佳投入与产出的关系。而关于技术效率和配置效率尤其是综合技术效率的度量也可以从投入角度和产出角度进行分析。投入角度的技术效率分析如图 2-1 所示，假定生产单元有两个投入要素（X_1，X_2），一个产出（Y），SS' 是等产量曲线，AA' 是等成本曲线。P 代表非经济有效单元，Q 为技术有效单元，Q' 为经济有效单元。则以 P 点表示的该生产单元的技术非效率用 QP/OP 表示，代表该单元达到技术有效产出可减少的投入要素比率。纯技术效率可表示为：

$$TE_0 = OQ/OP = 1 - QP/OP \qquad (2-1)$$

RQ 代表投入点从技术有效但配置无效点 *Q*，移动到技术和配置均有效的 *Q'* 时所能减少的成本，故 *P* 的配置效率可以表示为：

$$AE_0 = OR/OQ \tag{2-2}$$

投入导向的综合技术效率可表示为：

$$EE_0 = OR/OP = (OQ/OP) \times (OR/OQ) \tag{2-3}$$

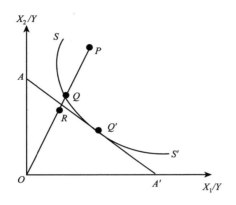

图 2 - 1   投入角度的技术效率

同样，可以从产出角度分析技术效率，即一个生产单元在投入一定的情况下，可以增加多少产出，如图 2 - 2 所示。假设生产单元有一个投入要素 *X*，两个产出（*Y*₁，*Y*₂），*ZZ'* 为产出前沿面。*A* 为非有效生产单元，则可得：

纯技术效率：
$$TE_0 = OA/OB = 1 - AB/OB \tag{2-4}$$

配置效率：
$$AE_0 = OB/OC \tag{2-5}$$

综合技术效率：$EE_0 = OA/OC = (OA/OB) \times (OB/OC) \tag{2-6}$

参数方法和非参数方法是技术效率的两大测算方法，在目前的文献研究中，参数方法主要是以随机前沿分析法（SFA）为代表的方法，而非参数方法主要是以数据包络分析法（DEA）为代表的研究方法。参数方法主要涉及确定性前沿法、随机前沿法和修正最小二乘法，在本书中并没有涉及，参数方法在此不做描述。

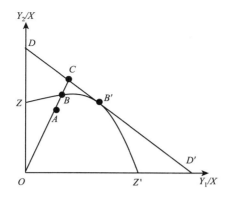

图 2-2　产出角度的技术效率

非参数方法主要是数据包络分析法（DEA），数据包络分析是涉及运筹学、数理经济学以及管理学多学科交叉的一个方法领域，该方法主要采用数学规划模型评价具有多输入多输出的决策单元（DMU）的相对有效性，是估计生产前沿面的一种有效方法。DEA 最主要的特点是无须考虑投入产出之间的函数关系，而且不需要考虑各个估计参数以及权重假设的具体值，从而避免了主观因素的影响，通过产出与投入之间加权和之比，计算决策单元的投入产出效率。正因为这种独特的优势，DEA 方法才能在过去的 20 多年里取得长足的发展，并得到了大量的理论和实践应用。DEA 已经成为管理科学与系统工程领域中一种重要而有效的数学分析工具。查恩斯等（Charnes et al.，1978）提出第一个 CCR 效率评价模型，此后，DEA 模型理论得到众多学者的关注和青睐。1984 年班克等提出 BCC 模型（Banker et al.，1984），1985 年查恩斯等提出加性模型（Charnes et al.，1985），1985 年法尔和格罗斯科夫提出 FG 模型（Färe and Grosskopf，1985），1990 年萨福德和思罗尔提出 ST 模型（Seiford and Thrall，1990），1993 年安德森和彼得森提出超效率模型（Andersen and Petersen，1993），1997 年王等（Wang et al.，1997）提出松弛模型。

2.2.2　区间效率理论

现实经济活动中经常会出现数据噪声、测量误差、信息缺失以及经济活动本身的随机影响，而这种不确定性影响因素仅仅靠要素本身很难描述清楚，而传统的 DEA 模型仅仅针对投入产出数据为确定数据的情况，很难解决不确定性环境下的生产管理活动，而区间 DEA 模型则可以将投入产出取值设置为全部或者部分区间数值，很好地解决了上述存在的不确定性问题。

2.2.2.1 区间数的含义

区间数的研究始于扬（Young，1931）的研究，摩尔（Moore，1979）、摩尔和洛德威克（Moore and Lodwick，2003）将区间分析用于微分方程初始值问题的界定，此后，区间数分析理论便开始得到了广泛的应用。

区间 DEA 模型主要解决以不精确数据为特征的模型。不精确数据主要有以下几种形式：有界数据（bounded data）、弱序数据（weak order data）、强序数据（strong order data）以及比值区间数据（ratio bounded data）。含有不精确数据的 DEA 模型如下。

设有 n 个决策单元，m 个投入要素和 s 个产出要素，$X_j = (x_{1j}, x_{2j}, \cdots, x_{mj})^T$ 为投入数据集，$Y_j = (y_{1j}, y_{2j}, \cdots, y_{sj})^T$ 为产出数据集，$j = 1, 2, \cdots, n$。则评价决策单元 DMU_{j_0} 的含有不精确数据的 DEA 模型为：

$$
(IP_{CCR})
\begin{cases}
\max \sum_{r=1}^{s} \mu_r y_{rj_0} \\
\text{s. t.} \quad \sum_{r=1}^{s} \mu_r y_{rj} - \sum_{i=1}^{m} \omega_i x_{ij} \leqslant 0 \\
\sum_{i=1}^{m} \omega_i x_{ij_0} = 1 \\
(x_{ij}) \in \Theta_i^- \\
(y_{rj}) \in \Theta_i^+ \\
\mu_r, \omega_i \geqslant 0
\end{cases}
\quad (2-7)
$$

其中，$(x_{ij}) \in \Theta_i^-$ 和 $(y_{rj}) \in \Theta_i^+$ 代表任意形式的不精确数据，是不精确

数据组合的形式。显然，模型（IP_{CCR}）是一个非线性规划模型，也是一个非凸规划模型。

2.2.2.2　区间效率方法

（1）变量替换法。变量替换法主要是通过运用尺度变换，用新的变量来替换原来的指标变量，然后通过求解效率评价模型，得到新变量的值和 DMU 的效率值，再通过将非线性模型转换为标准的线性规划模型进行求解。库珀等（Cooper et al.，1999）、金等（Kim et al.，1999）首次提出运用规范化处理和变量替换两步工作将区间 DEA 转换为确定型 DEA 进行求解。随后，朱（Zhu，2003）提出了一种更为简易的转化方法，从而减轻了计算负担。变量替换法求得的各 DMUs 效率值是其最优值（最大效率），即最有利于被评价决策单元情形下的效率值，这种效率评价方法往往过于乐观，故实际应用有一定的局限性。

（2）数据转换法。数据转换法，顾名思义，即是将不精确的数据或者说是区间数、比例区间数及强弱序数转化为确定的数值，再进行线性 DEA 模型的求解（Zhu，2003；Entani et al.，2002）。这种方法可以在一定程度上将复杂的问题简单化，数据转换法虽然能够在某些模型中保持 DEA 有效性和分类的不变性，但是当模型中出现了权重限制问题或强序关系数据时，该方法并不能将非线性规划转换为等价的线性规划问题进行求解。王等（Wang et al.，2005）研究了序关系转化确定数的过程，分析了在转化过程中不合理的地方，为了解决该转换存在的问题，他认为将强弱序关系转换成区间数更为合理。

（3）区间效率法。区间效率法是根据被评价决策单元、参考单元的区间指标数据的最大值与最小值的不同组合关系，分别计算出各被评价单元的最大效率值与最小效率值，从而组成一个效率区间，再以此区间效率分析各决策单元的相对有效性。区间效率法最早是由德斯波特和斯米尔斯（Despotis and Smirlis，2002）提出，该方法首先通过两组模型，分别计算各决策单元的最大效率值和最小效率值。

设有 n 个决策单元，m 个投入要素和 s 个产出要素，$X_j = (x_{1j}, x_{2j}, \cdots,$

$x_{mj})^T$ 为投入数据集，$Y_j = (y_{1j}, y_{2j}, \cdots, y_{sj})^T$ 为产出数据集，$j = 1, 2, \cdots, n$。设 $x_{ij} = [x_{ij}^L, x_{ij}^R]$，$y_{rj} = [y_{rj}^L, y_{rj}^R]$，$i = 1, 2, \cdots, m$，$r = 1, 2, \cdots, s$，$j = 1, 2, \cdots, n$。评价第 j_0 决策单元 DMU_0 的区间 DEA（CCR）模型为非线性规划（非凸规划）模型，德斯波特和斯米尔斯（Despotis and Smirlis，2002）首先通过变量转换将其变为如下含参数的规划模型。

$$(I_{CCR}) \begin{cases} \max h_{j_0} = \sum_{r=1}^{s} u_r y_{rj_0}^L + p_{rj_0}(y_{rj_0}^R - y_{rj_0}^L) \\ \text{s. t.} \sum_{i=1}^{m} v_i x_{ij_0}^L + q_{ij_0}(x_{ij_0}^R - x_{ij_0}^L) = 1 \\ \sum_{r=1}^{s} u_r y_{rj}^L + p_{rj}(y_{rj}^R - y_{rj}^L) - \sum_{i=1}^{m} v_i x_{ij}^L + q_{ij}(x_{ij}^R - x_{ij}^L) \leq 0 \\ p_{rj} - u_r \leq 0, r = 1, \cdots, s; j = 1, \cdots, n \\ q_{ij} - v_i \leq 0, i = 1, \cdots, m; j = 1, \cdots, n \\ u_r, v_i \geq \varepsilon \quad \forall r, i \\ p_{rj} \geq 0; q_{ij} \geq 0 \quad \forall r, i, j \end{cases} \quad (2-8)$$

考虑对决策单元 j_0 最有利的情形，可得到评价决策单元 j_0 的区间效率值上限的模型：

$$(I_{CCR}^R) \begin{cases} \max H_{j_0} = \sum_{r=1}^{s} u_r y_{rj_0}^R \\ \sum_{i=1}^{m} v_i x_{ij_0}^L = 1 \\ \sum_{r=1}^{s} u_r y_{rj_0}^R - \sum_{i=1}^{m} v_i x_{ij_0}^L \leq 0 \\ \sum_{r=1}^{s} u_r y_{rj}^L - \sum_{i=1}^{m} v_i x_{ij}^R \leq 0, j = 1, \cdots, n; j \neq j_0 \\ u_r, v_i \geq \varepsilon \quad \forall r, i \end{cases} \quad (2-9)$$

在模型（2-9）中，$y_{rj_0}^R$ 和 y_{rj}^L 分别表示被评价单元的最大产出和参考单元的最小产出；$x_{rj_0}^L$ 和 y_{rj}^R 分别表示被评价单元的最小投入和参考单元的最大投入；模型（2 - 9）得出来的效率值是被评价单元的最大效率值，记作 $h_{j_0}^R$，则 $h_{j_0}^* = h_{j_0}^R$。

同样地，考虑对决策单元 j_0 最不利的情形，可得到评价决策单元 j_0 的区间效率值下限的模型：

$$
(I_{CCR}^L) \begin{cases}
\max F_{j_0} = \sum_{r=1}^s u_r y_{rj_0}^L \\[2mm]
\sum_{i=1}^m v_i x_{ij_0}^R = 1 \\[2mm]
\sum_{r=1}^s u_r y_{rj_0}^L - \sum_{i=1}^m v_i x_{ij_0}^R \leq 0 \\[2mm]
\sum_{r=1}^s u_r y_{rj}^R - \sum_{i=1}^m v_i x_{ij}^L \leq 0, j = 1, \cdots, n; j \neq j_0 \\[2mm]
u_r, v_i \geq \varepsilon \quad \forall r, i
\end{cases}
\tag{2-10}
$$

在模型（2 - 10）中，$y_{rj_0}^L$ 和 y_{rj}^R 分别表示被评价单元的最小产出和参考单元的最大产出；$x_{ij_0}^R$ 和 y_{rj}^L 分别表示被评价单元的最大投入和参考单元的最小投入；模型（2 - 9）得出来的效率值是被评价单元的最小效率值，记作 $h_{j_0}^L$。

通过模型（2 - 9）和模型（2 - 10），每个决策单元都得到一个有界区间 $\left[h_j^L, h_j^R \right]$，这个区间包括了所有可能的效率值，称这个有界区间 $\left[h_j^L, h_j^R \right]$ 为区间效率值。

根据区间效率值，可将所有的决策单元进行分类，如下：

①$E^{++} = \{ j \in J \mid h_j^L = 1 \}$

②$E^+ = \{ j \in J \mid h_j^L < 1 \text{ 且 } h_j^R = 1 \}$

③$E^- = \{ j \in J \mid h_j^R < 1 \}$

其中，J 代表决策单元的指数集 $\{1, 2, \cdots, n\}$。E^{++} 表示 DEA 绝对有效的决策单元集合；E^- 表示 DEA 绝对无效的决策单元集合；而 E^+ 是决策单元的效率介于 E^{++} 与 E^- 之间的决策单元集合，其决策单元从最大限度上来讲是有效率的，但是投入产出指标仍有调整的空间。

若 $DMU_{j_0} \in E^{++}$，则称 DMU_{j_0} 为区间 DEA 有效；若 $DMU_{j_0} \in E^+$，则称 DMU_{j_0} 为区间 DEA 部分有效；$DMU_{j_0} \in E^-$，则称 DMU_{j_0} 为区间 DEA 无效。

2.2.3　全要素生产率理论

2.2.3.1　全要素生产率的含义

在索洛（Solow，1957）提出的经济增长模型之中，经济增长的源泉包含生产要素（劳动和资本）的贡献和全要素生产率的提升，全要素生产率的计算便是使用经济增长率减去生产要素贡献率之后的剩余部分，又称"索洛余值"。全要素生产率是一种生产率，是产出与全部要素投入量之间的比值。需要说明的是，索洛将技术进步作为全要素生产率的另一种理解方案，事实上，生产率的提升会受到管理制度、生产经验、资源配置能力等众多因素的影响，因此，广义的技术进步又包含科技创新、管理水平、组织制度等多重因素。而法尔等（Färe et al.，1994）在确定性生产前沿模型的基础上进行全要素生产率的动态分离，主要分解为三个方面，涉及技术进步、技术效率和规模效率。基于此，本书研究将全要素生产率定义为除了基本的劳动、资本等投入要素之外其他因素对总产出增长所贡献的增长率，主要包含技术进步、效率改善等。

2.2.3.2　全要素生产率的测度方法

全要素生产率主流的度量方法主要包括参数估计法、非参数估计法和半参数估计法。其中，参数估计方法有索罗余值法、随机前沿分析方法；非参数估计法主要有数据包络分析法；半参数估计方法涉及 OP 方法、LP 方法和 ACF 方法。随着随机前沿分析方法（SFA）的提出，全要素生产率由理论研究转向了应用研究，而数据包络分析方法的应用将全要素生产率的研究推向了新的高点（刘鸿燕和姚倩雯，2020）。

（1）索洛余值方法。该方法是基于索洛提出的经济增长模型进行测算的，首先进行总量生产函数的估算，将产出的增长率减去各种投入要素的增长率之后的余值，该值即为全要素生产率。该方法在计算的时候是以三个假设为前提的，包含市场是完全竞争的、规模报酬是不变的和希克斯中性技术假设，因此，全要素生产率又称为技术进步率。

（2）随机前沿分析方法。该方法采用极大似然估计法对生产函数进行参数估计，并基于服从某一分布的前提假设，但是需要在总生产函数中增加一项随机干扰项，这个干扰项是能够反映统计噪声的。这种参数估计方法是由艾格纳等（Aigner et al. , 1977）、米尤森和布洛克（Meeusen and Broeck，1977）分别独立提出的，后来又经鲍尔（Bauer，1990）、库马哈卡（Kumbhhakar，2000）进一步研究丰富，随机前沿模型可以对全要素生产率的增长进行分解，可以说明全要素生产率增长的源泉。

（3）数据包络分析法。该方法根据数据的投入和产出构造生产前沿面，进一步可以测度全要素生产率。1994 年，学者们在法尔等（Färe et al. , 1994）的研究基础上，基于规模报酬不变的分析模型，利用 Malmquist 指数将全要素生产率指数分为技术进步指数和技术效率指数两个部分，用以考察横向水平的技术效率和纵向水平的技术进步的变动情况。数据包络分析方法适用于多产出的模型，仅仅需要投入和产出的相关信息便可以进行测度计算，而无须对生产函数进行事前确定，但该方法未考虑测量误差和随机因素，可能会存在不足。

（4）半参数估计方法。OP 方法是 1996 年奥利和波克斯（Olley and Pokes，1996）提出的一种方法，可以测算微观企业的全要素生产率，该方法通过解决同时性偏误和样本选择偏误问题可以得到精确的估计结果。LP 方法假定企业的投资和生产率之间存在正相关关系，还需要满足其他一系列的假定条件，进一步测度得到微观企业的全要素生产率，该方法有一个明显的不足，即当企业投资额为零时便不能进行计算，全要素生产率便无法得到，用途会受到一些限制。当然，若企业的劳动与非参数估计之间存在共线性的话，估计结果可能会有偏差，ACF 方法的提出便解决了这种缺陷（Ackerberg et al.，2006），该方法是假定了资本投入决策先于其他生产要素的，并将劳动力因素引入中间的投入函数。

2.3 流行病学理论

2.3.1 流行病学的含义

流行病学（epidemiology）是研究特定人群中疾病、健康状况的分布以及决定因素，并研究防治疾病及促进健康的策略和措施的科学。流行病学也是研究疾病分布规律及影响因素，借以探讨病因，阐明流行规律，制定预防、控制和消灭疾病的对策和措施的科学。它是预防医学的一个重要学科。其研究方法不仅适用于疾病的研究，而且适用于预防医学中环境卫生、劳动卫生、食品卫生等各种有害因素对人体健康影响的研究。

流行病学理论的形成经历了两个主要过程，包括学科形成前期和学科形成期。学科形成前期是指人类文明史以来至 18 世纪，这个时期流行病学的主要特点是：学科虽然未完全形成，但是相关的一些概念、观察的现象及采取的措施已经构成了学科的雏形。主要事件有：古希腊医师希波克拉底（Hippocrates）著作了《空气、水及地点》一书，与自然环境、健康和疾病相关的流行词 "疫" "时疫" "疫疠" 开始出现；意大利威尼斯开始出现世界最早的海港检疫法规；英国的葛郎特和威尔科克斯（Graunt and Willcox，1939）首次进行了死亡分布及规律性研究，并将统计学引入流行病学领域。学科形成期是指 18 世纪末至 20 世纪初，这个时期的主要特点为：工业革命，人们聚居于城市为传染病的大面积流行提供了可能，传染病的肆虐促使了学科的诞生。主要事件有：英国海军外科医生詹姆斯·林德（Lind，2004）1794 年建立了一种坏

血病病因假说，开创了流行病学临床试验的先河；英国医生琴纳 1796
年用接种牛痘预防了天花的传染，开启了主动免疫传染病的先河
（Niemiałtowski et al. , 1996）；法国路易斯（PCA Louis）利用寿命表对
结核病的遗传作用进行了研究，成为现代流行病学的先驱之一。英国法
尔等（Farr et al. , 1974）1850 年首创了人口和死亡的资料收集，提出
了标化死亡率、人年、剂量反应关系等重要的统计学概念，为流行病学
打下了理论基础。

2.3.2　研究方法

　　流行病学的研究方法包括监测、观察、假设检验、分析研究以及实
验等。从认识事物的方式可以分为归纳和演绎（Frost，1941），可用
"描述"与"分析"来体现。分析性描述是指将所得资料按不同地区、
不同时间以及不同人群特征分组，将疾病、健康或卫生事件的分布情况
真实地展示出来。描述性分析在分析性描述的基础上展开更高层次的分
析，利用那些已发展成熟的方法如观察性研究、实验性研究以及数学模
型研究，了解疾病和健康状况在时间、空间和人群的分布情况，为研究
和控制疾病提供线索，为制定卫生政策提供参考。
　　流行病学的具体类型涉及流行性感冒、高血压、淋病流行病学以及
环境流行病学。环境流行病学是应用流行病学的理论和方法，研究环境
中自然因素和污染因素危害人群健康的流行规律，尤其是研究环境因素
和人体健康之间的相关关系和因果关系，即阐明暴露—效应关系，又称
接触—效应关系，以便为制定环境卫生标准和采取预防措施提供依据。
环境流行病学的主要内容有：调查不同地区人群的特异性疾病的地区分
布以及发病率和死亡率，并连续观察其发展变化规律；调查并检测污染
物和大气、土壤以及食物中有害因素的分布、负荷水平、理化形态、转
化规律、时空波动和人群暴露水平等，以及引起危害和疾病的条件；分
析调查资料，确定污染范围和程度，以及对人体健康的影响，即确定暴
露—效应关系和剂量反应曲线，并以此为基础，研究污染物的阈限负

荷，为制定环境卫生标准提供基础参数；综合分析调查资料，为公害病或环境病的病因提供线索或建立假说，进而查明因果关系。需要重点说明的是，进行环境流行病学调查，必须避免把环境与机体割裂开来，孤立和片面地进行研究。所以要求调查样本要具有代表性、调查设计要有对比性、获取资料要注意有效性。环境污染物或某种有害因素对人群健康影响的特点是低浓度、长时间的慢性危害。因此，在选择调查对象时，应选取具有代表性的样本。样本越大，越能反映实际情况。但这样一般耗费人力、物力较大，需要的时间也较长。所以实际中多采用抽样调查等方法，这样既可节约人力、物力、时间和经费，又可获得预期的结果。环境流行病学对所要调查的某种特异性或非特异性疾病或病前效应的判断依据，须事先加以统一，并排除环境污染物和生物检测材料的采样或检测方法中的干扰因素。此外，还要注意环境中多因素联合作用。在研究某一已知因素时，力求排除其他因素的干扰；在研究原因不明的健康异常或疾病时，力求探明主导因素和辅助因素的作用。随着研究领域的逐步扩大和统计学的不断发展，引入了多变量的分析方法。多种分析方法和研究领域则丰富了环境流行病学的研究理论。

2.4 相关因素的影响机理分析

2.4.1 各因素对环境效率的影响机理分析

经济发展与空气污染约束下的环境效率之间是否符合传统的环境库兹涅茨曲线，呈倒"U"型？而技术创新和环境规制等因素是改善中国高能耗、高排放企业粗放型增长模式的主要源泉（陈诗一，2010）。技术创新能否促进空气污染约束下的环境效率的提升？中国的空气污染状况依靠技术创新能否改变？自空气污染暴发以来，国家将 $PM_{2.5}$ 纳入空气质量标准进行检测，《大气污染防治行动计划》的颁布，《环境空气质量评价技术规范》等标准的实施，一系列环保措施相继出台，这些标准措施能否对空气污染约束下的环境效率增长产生影响？而包括产业结构、贸易依存度、外资依存度、人口密度以及地理位置等因素又会对空气污染约束下的环境效率产生怎样的影响？这些因素对环境效率的影响结论并不统一，例如王兵等（2011）发现，产业结构对中国东部地区效率影响为正，而对全国及中西部地区的效率影响则为负；而汪克亮等（2010）、陈玉桥（2013）等则认为，其对全国及各地区的效率影响均为负。塞尔登和宋（Selden and Song，1994）、袁鹏和程施（2011）发现，人口密度越高，人们对环境的要求越高，越有助于环境质量的提高，从而环境效率越高；而彭水军和包群（2006）则认为，人口密度高，环境保护压力上升，环境退化越严重。关于 FDI，李和程（Li and Cheng，2004）认为其对环境效率影响不显著，而王兵等（2010）等发现 FDI 对环境效率有正向作用，涂正革（2008）等则发现 FDI 的引进降低了环境效率。关于这些环境效率的影响因素分析并没有一个统一的理论框架，针对于此，下面对各因素影响环境效率的机理进行分析。

（1）经济发展对空气污染约束下环境效率的影响机理分析。环境库兹涅茨曲线（EKC）表明，在经济发展水平较低的时候，环境恶化程度较低，但环境恶化程度会随着经济收入水平的提升而逐渐加剧；当经济收入水平达到一定程度后，生活水平的提高会倒逼人们对周围环境质量要求提高，会促进人们对周围环境的治理，可以实现资源和人力资本更有效地配置，达到环境污染治理的目的。本书在此经验曲线的基础上，验证了经济发展与空气污染约束下中国环境效率之间的关系。

（2）技术创新对空气污染约束下的环境效率影响机理分析。技术创新是企业可持续发展的动力之源。技术创新活动本身是一个复杂的过程，根据熊彼特的创新理论可知，技术创新体现为企业应用新技术、新工艺，这些新技术和新工艺可以包含清洁生产技术、保护环境的生产设备等，或者采用新的生产方式和经营管理模式，用以节约或保护能源和自然资源，减少环境污染排放。而研发活动是技术创新的核心部分，对科学技术实现生产力转化发挥着重要作用。一方面，研发活动可以降低生产成本，提升产品的竞争力，减少周围的污染排放，降低能源和资源的消耗，最终表现为环境效率的提升；另一方面，研发活动的高投入也给企业带来一定的高风险性，高投入提升了企业的生产成本，其好的收益未必会与高投入之间呈现正相关关系，反映出环境效率有可能会降低。因此，技术创新对空气污染约束下的环境效率的影响需要进一步验证。

（3）环境规制对空气污染约束下的环境效率影响机理分析。环境规制要求各企业都须在其所要求的排放水平内进行生产，环境规制的高低会对企业的技术效率产生不同的影响。当环境规制强度较高时，一方面，更加严格的环境规制会增加企业的生产成本，过高的生产成本将会妨碍企业产出的增长，企业就会抽出部分利润进行末端治理，导致环境效率的降低；另一方面，企业在严格的环境规制下，所排放的污染相对较少，市场集中度相对较高，企业竞争力就会提升，从而促进环境效率的提升。而环境规制较弱时，其对环境效率的影响则与之相反。环境规制具有双重效果，很难预先判定其对技术效率的影响方式。

（4）其他变量对环境效率影响的机理分析。一是产业结构。产业结构的合理化调整，能够有效促进要素的重新配置和资源利用率的提高，而工业产业比值越高，则代表产业结构的合理化不足，会阻碍要素的有效配置，降低技术效率。二是贸易依存度。进出口贸易反映国家的经济开放程度，经济开放性有助于企业规模的扩大和技术效率的提升，同时，发达国家更为严格的环境质量标准则给中国的环境带来了压力。因此，贸易依存度对环境效率的影响需要检验。三是外资依存度。外商直接投资给东道主国家带来先进技术的同时也可能将污染产业转向该国家，因此，外资依存度带给环境效率的影响需要进一步验证。四是地区特征。人口密度越高，环境压力越大，会导致环境退化或者是倒逼环境质量的提升，有待于进一步验证。

2.4.2　各因素对公众健康的影响机理分析

现有流行病学理论认为，较高浓度的颗粒物污染会对其环境下的居民健康造成不良影响。而大多数空气污染物导致的疾病则主要集中于工业化较早进行的发达国家。欧美国家以短期空气污染颗粒物暴露造成的健康效应为基础，对欧洲 29 个城市（Katsouyanni et al.，2001）、美国 20 个城市（Samet et al.，2000）展开了一系列研究，研究结果认为，PM_{10} 浓度的提升会增加全因死亡率；韩国对 1991～1997 年的空气污染颗粒物与日死亡的关系进行了实证研究，发现空气污染物 SO_2 及 TSP 均会提升该城市的全因死亡率。与发达国家相比，我国空气污染物的浓度值远远高于发达国家，其空气污染特征、经济发展情况、社会习俗、居民的生活方式等因素也有很大不同，发达国家的研究结论及相关政策措施很难照搬到中国来，而国内针对空气污染与公众健康的相关关系研究则主要局限于特定地区，上海（宋桂香等，2006）、北京（杨敏娟和潘小川，2008）、苏州（杨海兵等，2010）等地的实证结果表明，空气污染会对居民每日死亡、心脑血管疾病死亡、癌症死亡率均有提升现象；也有学者以全国样本为例，探讨发现 TSPs 浓度（Chen et al.，2013）、火电厂二氧化硫排放（陈硕和陈婷，2014）均会对人体健康造成负面影响。

　　$PM_{2.5}$ 指细颗粒物，为空气中直径小于或等于 2.5 微米的颗粒物，在医学上也被称为可入肺颗粒物，一般用每立方米颗粒物的含量表示浓度，是空气污染的主要组成部分。$PM_{2.5}$ 对人体的致病机理仍不十分清楚，可能的机理包括颗粒物能直接被吸入人体进入肺泡，溶解在血液里，肺中氧自由基产生，内毒素介导的细胞及组织受到损伤，引发哮喘、肺癌等呼吸道方面的疾病（Wilson and Suh，1997）。$PM_{2.5}$ 的长期暴露不仅会增加心肺疾病、肺癌等死亡率的风险，而且在世界发达国家内的研究表明短期暴露对健康所造成的趋势是一致的。从发达地区的研究结果来看，死亡率以及住院率随着 $PM_{2.5}$ 浓度高低不同、地区不同以及年龄的不同会有所差异，而具体的异质性仍需要进一步研究（Atkinson et al.，2014）。在中国范围内，西安、香港等特定地区的短期效应显示，$PM_{2.5}$ 浓度的升高会显著提升患者死亡率、发病率以及住院率（Lu et al.，2015）。对于中国这样的发展中国家来说，国内各地区的空气污染状况、经济发展情况、教育水平、各地区卫生服务状况、社会发展情况、生活方式等因素差异较大，深入各省市地区考察空气污染、环境效率对公众健康的影响，就显得至关重要。

（1）空气污染约束下环境效率对公众健康的影响机理分析。环境效率并不会直接对公众健康造成影响，它在一定程度上能够反映出经济发展质量的好坏和空气污染的轻重。因此，本书采用环境效率来作为经济发展和环境污染的代理指标。以格罗斯曼（Grossman，1972）创建的健康生产函数理论为指导，空气污染对健康影响的主流研究在经济学领域日趋成为主要研究热点。克罗珀（Cropper，1981）在此理论基础上引入了空气污染物变量，认为空气污染是影响健康折旧率的又一要因。另外，阚海东等（2002）也发现，上海市提高能源效率和优化能源结构可以改善居民健康效益。值得一提的是，在保持其他投入产出条件不变的情况下，空气污染越严重，环境效率就越低，反之，环境效率就越高。因此，空气污染约束下的环境效率依然会对公众健康情况造成一定的影响。环境效率囊括了资本、劳动力、能源消费、水资源消费量等各种综合投入，以及经济期望产出和空气污染非期望产出的综合指标，环境效率越低，经济产出就越低，空气污染就越严重，公众健康就会受到一定的影响，倒逼居民对周围环境提出更高的要求，从而就会采取一定的措施改善环境，提升环境效率。反之，环境效率越高，空气污染越轻，公众健康就越良好。

（2）教育变量对公众健康的影响机理分析。格罗斯曼和凯斯特纳（Grossman and Kaestner，1997）认为，在教育、社会背景、心理因素等非医疗卫生因素的边际贡献中，教育与健康之间拥有最紧密的联系，"一个受过良好健康教育的人将有效提高自己的健康状况"。一方面，教育水平的提升将有助于居民提高理解能力并能够保持健康，而且更加懂得如何有效利用周围的医疗卫生服务、自身卫生投入以及其他可能利用的因素来改善自身的健康状况；另一方面，受过教育的人会获取更多的相关健康知识，通过改善自己的知识结构，改变自己的生活习性和偏好等，避免食用不利于自身健康的食品，戒酒和戒烟等，从而保持更好的健康状态（Fuchs，2000；毛毅和王根福，2011）。

（3）卫生医疗变量对公众健康的影响机理分析。众所周知，居民健康状况和卫生服务利用密切相关。私人对健康的支付能力以及对公共卫生服务产品的消费数量和质量都会影响公众的健康状况。首先，私人健康的支付能力越高，说明居民用于自身健康的保健预防支出越高，将会直接影响到自身的健康状况。其次，公共卫生服务产品的数量和质量越好，居民的健康状况越能改善。例如，居民可获得由政府投入建立起来的公共设施及场地来保障健康；居民生病可及时得到公共卫生服务机构的处理而痊愈，等等，居民预防保健以及及时得到救治的能力将会得到提升，居民发病的概率和因病得不到及时处理的死亡率将会减少，公众健康能力也会得到提升和保障。

（4）社会变量对公众健康的影响机理分析。社会环境也是影响公众健康的最重要的影响因素之一。人口密度和城市化水平等社会因素都会影响到公众健康状况，人口密度大，居民更容易获得有限财政约束下的卫生服务和享受城市服务，使得健康水平相对更有保障。城市化水平则是一把"双刃剑"，一方面，城市化为居民提供更便利的医疗服务和信息，同时，城市化医疗服务相比农村则更有效率。另一方面，城市化过程中带来更高的环境污染，将会导致居民健康状况的下降。城市化水平对于公众健康的影响需要进一步验证。

（5）生活方式因素变量对公众健康的影响机理分析。生活方式因素涉及众多方面，鉴于指标数据获取的困难性，本书选取烟草消费类支出作为生活方式因素变量的代理指标。吸烟对公众健康的影响是显而易见的，尤其是对居民呼吸系统的危害比较严重；同时，吸烟居民较不吸烟的居民睡眠更少，睡眠质量更差，从而影响居民的身心健康状况。

2.4.3　各因素对全要素生产率的影响机理分析

经济的增长一方面来自生产要素的不断投入，另一方面来自生产率的有效提升（陈诗一和陈登科，2018）。全要素生产率作为经济增长重要的因素之一，分析影响全要素生产率的相关因素，进而在政策制定时对这些影响因素有所倾斜，那么，经济的持续增长便找到了答案。数字经济作为促进国民经济增长的核心增长极之一，是否可以促进全要素生产率的提升，有无直接作用和间接作用？作用机制是什么？经济发展水平对全要素生产率会有何种影响，两者之间会有线性关系还是非线性关系？经济发展的不同阶段对全要素生产率有何影响？在经济开放条件下，外商直接投资的涌入可能会带来高新技术，也有可能带来严重的环境污染，两者对东道主国家的全要素生产率影响效果是不同的，那么，外商直接投资如何影响东道主国家的全要素生产率也需要进一步探讨。毫无疑问，科技创新会提升经济社会的全要素生产率，科技创新是否会在数字经济与全要素生产率之间产生中介调节作用？全要素生产率的投入产出涉及劳动和资本等生产要素，那么，要素禀赋结构的合理性将会对全要素生产率的提升起到关键性作用。城镇化水平的提升可能促使劳动力转向城市，人口数量从第一产业向第二、第三产业转移，提高了劳动生产率，进而提升全要素生产率。产业结构是否合理可能会对全要素生产率造成正向或负向影响（余永泽等，2016）。这些问题亟须放到全要素生产率的研究框架中进行相应分析，具体如下。

（1）数字经济影响全要素生产率的机理分析。第一，数字经济对全要素生产率具有直接影响作用。数字经济以知识化和信息化为最主要的生产要素，以有效使用信息通信技术（ICT）作为提升效率的主要推动力。现代社会的不断发展中，三次产业农业、工业和服务业不断被数字经济全面渗透，可提高生产部门的要素利用效率；而数据资源在获得的过程中环境友好特征较为明显，即低自然消耗、低污染排放，同时可复制性和共享性的特点使得数据资源突破了传统的边际效益递减规律的限制（何维达等，2022），因此，数字经济在参与经济活动的过程中，其具有低成本和高回报的特点，也打破了传统的高能耗、高污染、高排放的经济增长方式，对全要素生产率的提升具有理论上的正向影响作用。第二，数字经济通过科技创新对全要素生产率产生间接作用。数字技术与传统产业不断深化融合，改善了原有的传统产业的主导技术，重塑了传统的生产组织模式，使得创新组织模式更加开放化，关联部门与社会其他成员可参与到产品的设计中来，对原有的资源和产品进行技术性改造，降低创新的风险，提高资源的利用率和循环使用率，减少因产品不合格带来的环境污染（庞娟等，2019）；数字经济信息技术的使用，降低了企业的协调成本，促进了企业生产流程的创新，可以实现生产要素更合理地搭配使用，减少资源的浪费与使用，发挥各类资源的最大效果和作用，数字技术网络平台的运用，可以实现碎片化资源和知识信息的整合，在成本极低的情况下实现多元化技术的良性互动，提升前沿技术的攻关效率。因此，数字经济可以通过技术创新对全要素生产率产生影响（韩先锋等，2019）。

（2）经济发展水平对全要素生产率影响的机理分析。在经济发展的过程中，初期会大量地消耗能源资源，排放物可能会加重周围的空气环境污染程度，此时的技术水平比较低，能源资源的利用效率较低，全要素生产率也比较低下；而随着经济发展水平的提升，经济发展模式发生了转变，由劳动密集型转向资本密集型，进而转向技术密集型，减轻了对能源资源的依赖程度，减少了污染物的排放，而经济发展水平的提高可以加大技术水平的提升，淘汰落后的技术，治理相应的空气污染，提升劳动和资本的利用率，从而提升全要素生产率。

（3）经济开放因素对全要素生产率影响的机理分析。在经济开放条件下，外商直接投资进入东道主国家后，可能会对全要素生产率带来正向溢出效应和反向抑制作用，原因要归结到外商直接投资是流向高能耗高污染产业还是高新技术产业（刘颖，2018）。若是前者，外商直接投资将会对全要素生产率产生抑制作用，进而使得东道主国家或地区成为外商直接投资的"污染避难所"；若是后者，外商直接投资将会产生技术溢出效应，提升技术水平，提高全要素生产率，进而使得东道主国家或地区成为外商直接投资的"污染光环"。

（4）科技创新水平对全要素生产率影响的机理分析。科技创新投入会提升空气污染的治理能力和治理效率，减少污染物的排放，可能会降低企业的生产成本，减少企业生产行为的负外部性，提高能源资源的利用效率和全要素生产率。另外，科技创新可能带来较高的企业收益，提升人力资本的劳动收入份额，高收入群体又形成对高技术产品的巨大的市场需求，产生市场规模效应，而且技术创新具有一定的集聚效应和知识溢出效应，进而提高企业的资源配置效率和全要素生产率（陈浩等，2020）。

（5）要素禀赋结构对全要素生产率影响的机理分析。全要素生产率是产出与所有投入生产要素的比值，也即投入产出比。全要素生产率测度的投入指标中，涉及资本、劳动、能源和水资源，其中，劳动和资本是最为关键的指标之一。要素禀赋结构使用资本存量与从业人员之比这一指标进行衡量，能够反映出要素禀赋结构的变动情况。要素禀赋结构的变动对发达国家或发展中国家的长期经济增长均会产生影响（Arrow et al.，1960），即使技术水平保持不变时，这一结论仍然是成立的。资本存量与从业人员的比率越大，反映出要素禀赋结构进一步得到优化和升级，有利于资源的有效配置，全要素生产率可以得到有效提升。

（6）城镇化水平对全要素生产率影响的机理分析。城镇化可能会对全要素生产率的提升具有"双刃剑"作用，不仅具有一定的消极影响，还可能存在一定的积极影响。消极影响有：城镇化中人口数量的空间转移，可能导致城镇人口数量的增加，城镇中劳动密集型企业仍然占据主导位置，吸收廉价的农村剩余劳动力，生产效率并未得到实质提升（袁志刚和谢栋栋，2011），同时，涌入城镇中的劳动力鉴于户籍的限制，并未成为真正的城市人口，不利于人力资本水平的提升。积极影响有：城镇化中人口的空间转移，加大了对技术型或者职业型劳动力的需求，引致了相应的劳动力的供给，如技术技能的培训和学习提升了劳动生产率，同时，可以提升对后代素质教育的重视程度，有利于扩大全要素生产率的人力资本储备（王小鲁和樊纲，2004）。

（7）产业结构高级化对全要素生产率影响的机理分析。产业结构的优化升级会给全要素生产率的提升带来直接影响和间接作用（余永泽等，2016）。直接影响表现为产业结构的优化会促使企业从效率低的部门转向效率高的部门，实现经济社会的全要素生产率的提升。具体地，产业结构的高级化可以促使地区的产业发展由第一、第二产业向第三产业过渡，第二产业比重降低会减少资源的消耗，产业结构的合理化更加注重生产要素的更合理配置，综合提升地区的全要素生产率。间接作用则表现在优化升级的产业结构是促进地区减排和经济发展的主要手段之一，可以倒逼企业进行技术改革，实现减排的目标和责任，有效实现地区经济的绿色发展，有助于提高空气污染的治理能力，进而实现全要素生产率的提升。

2.5 本章小结

本章主要涉及研究的相关理论基础以及相关因素的影响机理。首先，对空气污染的理论基础进行了简单梳理，涉及外部性理论和环境库兹涅茨曲线；从技术效率理论、区间效率理论和全要素生产率理论三个方面对效率及生产率理论进行了阐述。其次，从流行病学的含义和研究方法等方面对流行病学理论进行了概述。最后，分析了相关因素的理论机理，涉及各因素对环境效率的影响机理、各因素对公众健康的影响机理、各因素对全要素生产率的影响机理。

第3章 中国空气污染治理现状及国际比较

近年来，我国经常出现大范围的空气污染。根据《2021中国生态环境状况公报》显示，2020年全国地级及以上城市优良天数比例达到87.0%，$PM_{2.5}$ 未达标地级及以上城市平均浓度比2015年下降了28.8%。空气污染已成为我国当前面临的最严重的环境问题之一。众所周知，除了我国之外，一些发达国家也经历过同样严重的空气污染。其中，英国的"伦敦烟雾"事件是英国历史上最严重的空气污染事件之一。英国通过长达半个多世纪的努力才解决了空气污染问题。为了对空气污染有更好的了解，有必要对国内外的空气污染特征及其治理情况进行介绍和分析，为后续的实证研究提供基础支撑。

3.1 中国空气污染现状

3.1.1 空气质量标准

随着空气污染大面积长时间的暴发，空气污染引起了相关部门的密切关注。2011年12月21日，环保部部长周生贤在第七次全国环境保护工作大会上公布了我国关于 $PM_{2.5}$ 的监测时间表：2012年，要求展开重点区域及省会城市等区域的 $PM_{2.5}$ 监测；2013年，开展113个重点城市的 $PM_{2.5}$ 监测；2015年，开展所有地级及以上城市的 $PM_{2.5}$ 监测；2016

年，在全国各地全面展开 $PM_{2.5}$ 监测。2012 年 2 月 29 日，发布修订后的《环境空气质量标准》（GB3095—2012），首次将 $PM_{2.5}$ 纳入环境空气质量监测标准。标准中规定 $PM_{2.5}$ 一级浓度限值（年均 $15\mu g/m^3$）和二级浓度限值（年均 $35\mu g/m^3$），见表 3 - 1。

表 3 - 1　　　　　　　　　环境空气污染物基本项目浓度限值

序号	污染物项目	平均时间	浓度限值		单位
			一级	二级	
1	二氧化硫（SO_2）	年平均	20	60	$\mu g/m^3$
		24 小时平均	50	150	
		1 小时平均	150	500	
2	二氧化氮（NO_2）	年平均	40	40	$\mu g/m^3$
		24 小时平均	80	80	
		1 小时平均	200	200	
3	一氧化碳（CO）	24 小时平均	4	4	$\mu g/m^3$
		1 小时平均	10	10	
4	臭氧（O_3）	日最大 8 小时平均	100	160	$\mu g/m^3$
		1 小时平均	160	200	
5	颗粒物（粒径小于等于 $10\mu m$）	年平均	40	70	$\mu g/m^3$
		24 小时平均	50	150	
6	颗粒物（粒径小于等于 $2.5\mu m$）	年平均	15	35	$\mu g/m^3$
		24 小时平均	35	75	

资料来源：《环境空气质量标准》。

而世界卫生组织（WHO）2005 年发布的《空气质量准则》规定 $PM_{2.5}$ 浓度值年平均值准则值为 $10\mu g/m^3$，见表 3 - 2。对比该准则发现，我国的空气质量规定限值相对宽松，显著低于世界卫生组织的环境标准。

表 3 - 2　　　世界卫生组织（WHO）2005 年《空气质量准则》　单位：$\mu g/m^3$

项目	年均值	日均值
准则值	10	25
过渡期目标 1	35	75
过渡期目标 2	25	50
过渡期目标 3	15	37.5

3.1.2 空气污染的测度

PM$_{2.5}$指数是人们判断空气污染的关键显示性指标，它是指直径小于等于2.5微米的细颗粒物，富含大量有毒、有害物质，在空气中停留时间长，其浓度的增加直接导致了空气污染天气的频繁发生。中国于2012年底才初步监测PM$_{2.5}$浓度，鉴于数据可得性及数据统计口径的原因，因此PM$_{2.5}$数据来源于哥伦比亚大学国际地球科学信息网络中心（Battelle Memorial Institute and CIESIN，2021），它是根据多纳泰拉等（Donkelaar et al.，2016）的思路利用卫星设备监测得到的全球2001~2018年PM$_{2.5}$浓度分布图，并利用Arcgis10.0软件进行处理，得到中国30个省份2001~2018年PM$_{2.5}$浓度年均值，见表3-3［说明：数据范围为中国区域；每一个点坐标取自栅格数据的一个像元（0.1×0.1度）；数据坐标系WGS84，继承原始栅格数据坐标系］。由于西藏地区其他数据缺失严重，本书在分析时将其剔除，另外，港澳台也不包含在内。此数据与韩等（Han et al.，2014）、马丽梅和张晓（2014a，2014b）、邵帅等（2016）、黄寿峰（2016）、马丽梅等（2016）、陈诗一和陈登科（2018）、马等（Ma et al.，2021）所采用的数据来源一致。

世界卫生组织（WHO）规定的PM$_{2.5}$浓度年均值要低于10μg/m^3，从表3-3可以发现，PM$_{2.5}$年均值高于世界卫生组织的标准准则值。中国目前采用的是环保部颁发的《环境空气质量标准》中的过渡期目标1的标准值，即PM$_{2.5}$浓度年均值小于35μg/m^3，从表3-3中可以看到，尽管某些省份的PM$_{2.5}$浓度年均值处于安全范围内，但是大部分省份的年均值仍然高于该值。可见，2001~2018年，中国各省份的空气污染已不容乐观。

为了能更清晰地显示2001~2018年中国的空气污染情况，对中国的PM$_{2.5}$浓度数据进行分析。根据表3-3可知，2001~2018年全国PM$_{2.5}$浓度均值及描述性统计见表3-4。

表 3 – 3　　　　中国 30 个省份 2001～2018 年 PM$_{2.5}$浓度年均值　　单位：μg/m³

省份	2001 年	2002 年	2003 年	2004 年	2005 年	2006 年	2007 年	2008 年	2009 年
安徽	39.48	41.63	42.96	39.33	41.50	41.95	46.66	44.05	39.80
北京	22.20	26.47	28.66	19.18	20.16	22.82	24.51	24.15	19.74
福建	19.77	20.03	18.88	21.00	22.29	21.40	24.15	20.88	17.79
甘肃	14.56	13.38	14.78	12.05	13.61	13.92	14.73	14.46	13.58
广东	27.83	27.58	32.10	33.32	37.38	34.53	33.71	29.58	28.20
广西	30.55	33.11	32.09	35.68	36.58	35.51	35.20	34.44	30.16
贵州	26.56	26.01	23.59	25.75	29.55	28.71	29.79	28.42	24.30
海南	16.49	14.78	16.68	16.87	19.05	15.13	17.82	16.12	13.62
河北	29.22	31.78	34.43	24.92	28.42	32.77	33.14	31.94	26.55
河南	46.35	43.66	47.42	38.21	46.25	49.04	51.56	48.08	39.67
黑龙江	7.18	8.24	12.18	6.42	5.91	7.42	7.34	9.93	7.30
湖北	36.11	32.94	35.28	30.93	36.34	36.58	37.99	37.90	32.09
湖南	33.81	33.92	36.78	33.31	37.74	38.77	38.28	38.63	34.65
吉林	10.57	13.68	17.38	11.02	10.45	12.23	12.39	15.34	13.63
江苏	43.22	49.61	48.90	46.76	46.28	53.26	54.56	50.57	52.74
江西	28.23	31.35	32.80	30.86	33.36	34.15	36.46	34.37	27.81
辽宁	16.17	18.45	23.21	15.67	16.85	18.34	18.56	21.40	18.89
内蒙古	7.90	9.23	13.18	7.58	7.34	8.37	9.54	9.93	8.51
宁夏	18.61	16.93	19.12	15.86	18.27	18.49	17.99	18.67	17.37
青海	9.68	9.40	9.33	9.28	9.87	9.75	9.93	9.92	9.85
山东	43.15	50.18	54.76	44.15	49.43	57.61	57.01	51.26	44.14
山西	26.15	26.61	30.12	21.85	24.74	28.87	28.28	25.28	21.02
陕西	24.68	23.21	24.60	19.88	23.65	25.67	25.98	23.22	21.58
上海	43.73	46.35	43.34	42.73	38.75	45.15	50.24	45.97	49.25
四川	20.75	20.05	19.86	19.04	19.87	22.54	20.06	20.22	18.68
天津	34.11	35.22	39.30	32.08	32.57	40.07	41.96	42.03	34.27
新疆	13.65	14.04	14.51	13.79	13.33	14.13	14.24	14.98	14.11
云南	16.08	15.10	14.16	15.85	15.27	15.01	15.66	15.65	13.92
浙江	28.69	28.80	27.37	29.05	26.80	28.11	30.25	31.64	27.88
重庆	32.43	29.56	30.04	29.85	30.77	37.54	33.47	34.09	28.83

续表

省份	2010 年	2011 年	2012 年	2013 年	2014 年	2015 年	2016 年	2017 年	2018 年
安徽	43.99	65.67	60.87	60.80	66.00	58.10	53.00	64.80	49.90
北京	19.58	62.60	61.15	80.90	75.70	78.40	71.90	63.30	50.00
福建	17.14	25.67	24.30	24.30	26.10	23.50	22.10	25.10	22.20
甘肃	13.13	24.45	24.23	20.24	20.96	21.68	22.40	23.12	23.83
广东	28.57	35.12	34.48	32.40	36.10	30.70	28.30	38.70	27.00
广西	30.71	37.90	36.37	38.80	39.80	33.80	31.00	41.40	29.00
贵州	23.62	35.25	34.86	31.80	31.80	29.40	25.80	30.90	24.80
海南	16.75	15.98	15.61	16.40	14.90	15.50	14.50	25.20	15.70
河北	27.10	60.85	61.33	82.20	78.00	74.00	69.90	69.80	53.10
河南	43.09	79.02	80.52	83.90	74.80	73.80	66.10	69.70	83.90
黑龙江	7.13	13.75	15.21	14.49	15.68	16.88	18.07	19.26	23.30
湖北	35.28	56.05	54.17	61.20	65.60	59.90	50.50	54.30	43.20
湖南	34.35	52.34	48.66	50.40	56.10	46.90	42.20	45.80	37.00
吉林	12.22	24.18	24.84	23.29	24.91	26.54	28.17	29.80	26.70
江苏	50.91	74.63	71.16	39.00	43.60	36.40	35.50	43.00	46.20
江西	28.02	48.48	44.08	39.00	47.00	50.50	37.20	42.50	31.40
辽宁	17.03	38.18	37.56	44.70	50.40	51.90	41.30	44.00	31.60
内蒙古	7.21	18.13	17.89	16.36	17.53	18.70	19.87	21.04	21.00
宁夏	15.76	31.58	31.88	28.81	30.45	32.08	33.71	35.34	33.00
青海	9.59	12.71	12.48	12.12	12.47	12.82	13.17	13.51	13.86
山东	54.72	78.96	77.00	59.80	49.50	47.80	50.80	52.10	47.70
山西	22.47	47.12	49.77	43.17	45.82	48.46	51.11	53.76	43.17
陕西	21.72	42.12	42.55	52.90	51.90	54.70	46.00	57.10	44.20
上海	40.28	58.95	58.23	55.80	48.80	48.40	47.80	49.80	35.70
四川	20.39	31.38	32.36	56.40	50.50	45.10	44.50	50.60	36.30
天津	33.13	85.96	80.24	85.70	78.60	71.70	70.30	68.60	51.60
新疆	13.55	28.52	27.37	25.33	26.97	28.61	30.26	31.90	33.54
云南	14.85	17.10	17.55	19.10	16.50	15.80	15.20	18.80	17.80
浙江	27.19	39.50	37.80	45.50	46.40	41.40	35.10	42.60	30.60
重庆	32.01	49.30	50.31	56.00	51.30	47.10	44.80	47.70	33.40

资料来源：PM$_{2.5}$数据来源于哥伦比亚大学国际地球科学信息网络中心，经 Arcgis10.0 软件处理得到。

表 3-4　　　　　**2001~2018 年全国 PM₂.₅浓度描述性统计**　　　单位：$\mu g/m^3$

项目	2001 年	2002 年	2003 年	2004 年	2005 年	2006 年	2007 年	2008 年	2009 年
年均值	25.60	26.38	27.93	24.74	26.41	28.26	29.05	28.10	25.00
最小值	7.18	8.24	9.33	6.42	5.91	7.42	7.34	9.92	7.30
min（省份）	黑龙江	黑龙江	青海	黑龙江	黑龙江	黑龙江	黑龙江	青海	黑龙江
最大值	46.35	50.18	54.76	46.76	49.43	57.61	57.01	51.26	52.74
max（省份）	河南	山东	山东	江苏	山东	山东	山东	山东	江苏
标准差	11.30	12.08	12.10	11.40	12.26	13.69	14.11	12.68	11.96
项目	2010 年	2011 年	2012 年	2013 年	2014 年	2015 年	2016 年	2017 年	2018 年
年均值	25.38	43.05	42.16	43.36	43.14	41.35	38.69	42.45	35.39
最小值	7.13	12.71	12.48	12.12	12.47	12.82	13.17	13.51	13.86
min（省份）	黑龙江	青海	青海	青海	青海	青海	青海	青海	青海
最大值	54.72	85.96	80.52	85.70	78.60	78.40	71.90	69.80	83.90
max（省份）	山东	天津	河南	天津	天津	北京	北京	河北	河南
标准差	12.60	20.93	20.07	21.88	20.06	18.93	16.99	16.28	14.41

注：根据表 3-3 处理可得。

由表 3-4 可知，2001~2018 年，PM₂.₅浓度年均值维持在 33.14$\mu g/m^3$，在区间（24.74$\mu g/m^3$，43.36$\mu g/m^3$）内浮动，PM₂.₅整体呈现倒 "U" 型曲线形式，在 2013 年和 2014 年达到峰值；自 2011 年开始，相较于前十年，PM₂.₅浓度值急速升高，2011 年达到 43.05$\mu g/m^3$，2012 年达到 42.16$\mu g/m^3$。

由此可见，我国自 2011 年开始，空气污染全面暴发，PM₂.₅浓度远高于世界规定的标准值。其原因可能是与长期以来中国以煤为主的能源消费模式以及日益增长的汽车数量相关（童玉芬和王莹莹，2014；马丽梅等，2016）；另外，据环保部发布的《重点区域大气污染防治"十二五"规划》显示，2010 年，我国二氧化硫、氮氧化物排放量分别为 2267.8 万吨、2273.6 万吨，位居世界第一；烟粉尘排放量为 1446.1 万吨，重点区域城市二氧化硫、可吸入颗粒物年均浓度分别为 40$\mu g/m^3$、

86μg/m³，为欧美发达国家的 2~4 倍；我国主要大气污染物排放量巨大，均远超出环境承载能力，导致 2011 年空气污染的全面暴发。其中，$PM_{2.5}$浓度值较低的省份主要集中在黑龙江和青海，而 $PM_{2.5}$ 浓度值较高的省份主要集中在河南、山东、江苏和天津等地，这些地区劳动力和资源比较密集，通常属于工业产业尤其是钢材、建材、冶金、化工、石化等高能耗、高污染行业规模化和高密集度分布的地区，继而出现空气污染较为严重的态势（王立平和陈俊，2016）。重工业越发达，空气污染天气越严重，这也与此前作者的研究结论相一致（何枫和马栋栋，2015）。

3.1.3 东部、中部、西部地区空气污染情况比较

为了进一步掌握空气污染情况，本节将对中国东部、中部、西部地区的空气污染情况进行描述。根据《中国统计年鉴》对地区的划分标准，将中国各省份（不含港澳台）划分为三大地区：东部地区包括 11 个省（直辖市），分别为北京、天津、河北、辽宁、上海、江苏、浙江、福建、山东、广东、海南；中部地区包括 8 个省（直辖市），分别为黑龙江、吉林、山西、安徽、江西、河南、湖北、湖南；西部地区包括 12 个省（自治区、直辖市），分别为内蒙古、广西、重庆、四川、贵州、云南、西藏（数据不全，故在研究时将其排除在外）、陕西、甘肃、青海、宁夏、新疆。

东部、中部、西部地区 2001~2018 年 $PM_{2.5}$ 浓度年均值描述性统计见表 3-5。2001~2018 年东部、中部、西部三大地区 $PM_{2.5}$ 浓度年均值变化趋势如图 3-1 所示。东部、中部和西部地区三大区域的空气污染与全国的走势比较相似，2001~2010 年变化比较平缓，2011~2018 年变化比较大，均呈现倒 "U" 型变化趋势。研究样本期间，东部地区 $PM_{2.5}$ 浓度平均值为 38.80μg/m³，中部地区 $PM_{2.5}$ 浓度平均值为 37.16μg/m³，西部地区 $PM_{2.5}$ 浓度平均值为 24.55μg/m³。可见，东部地区与中部地区的空气污染程度均比较严重，两者远远高于西部地区，这与中国的地区经济发展程度很相似。我国经济活动较集中在东部、中部地区，西部地区经济发展较为落后。

表 3 - 5　　　　　　　2001～2018 年东部、中部、西部三大地区
PM$_{2.5}$浓度描述性统计　　　　　　单位：μg/m³

项目		2001 年	2002 年	2003 年	2004 年	2005 年	2006 年	2007 年	2008 年	2009 年
东部	年均值	29.51	31.75	33.42	29.61	30.73	33.56	35.08	33.23	30.28
	最小值	16.17	14.78	16.68	15.67	16.85	15.13	17.82	16.12	13.62
	min（省份）	辽宁	海南	海南	辽宁	辽宁	海南	海南	海南	海南
	最大值	43.73	50.18	54.76	46.76	49.43	57.61	57.01	51.26	52.74
	max（省份）	上海	山东	山东	江苏	山东	山东	山东	山东	江苏
	标准差	10.47	12.41	12.19	11.22	11.12	14.17	14.03	12.45	13.31
中部	年均值	28.49	29.00	31.87	26.49	29.54	31.13	32.37	31.70	27.00
	最小值	7.18	8.24	12.18	6.42	5.91	7.42	7.34	9.93	7.30
	min（省份）	黑龙江	黑龙江	黑龙江	黑龙江	黑龙江	黑龙江	黑龙江	黑龙江	黑龙江
	最大值	46.35	43.66	47.42	39.33	46.25	49.04	51.56	48.08	39.80
	max（省份）	河南	河南	河南	安徽	河南	河南	河南	河南	安徽
	标准差	13.66	12.48	11.96	12.25	14.62	14.44	15.58	13.61	12.02
西部	年均值	19.59	19.09	19.57	18.60	19.83	20.88	20.60	20.36	18.26
	最小值	7.90	9.23	9.33	7.58	7.34	8.37	9.54	9.92	8.51
	min（省份）	内蒙古	内蒙古	青海	内蒙古	内蒙古	内蒙古	内蒙古	青海	内蒙古
	最大值	32.43	33.11	32.09	35.68	36.58	37.54	35.20	34.44	30.16
	max（省份）	重庆	广西	广西	广西	广西	重庆	广西	广西	广西
	标准差	8.18	8.01	7.29	8.72	9.32	9.97	9.14	8.75	7.25

项目		2010 年	2011 年	2012 年	2013 年	2014 年	2015 年	2016 年	2017 年	2018 年
东部	年均值	30.22	52.40	50.80	51.52	49.83	47.25	44.32	47.47	37.40
	最小值	16.75	15.98	15.61	16.40	14.90	15.50	14.50	25.10	15.70
	min（省份）	海南	海南	海南	海南	海南	海南	海南	海南	海南
	最大值	54.72	85.96	80.24	85.70	78.60	78.40	71.90	69.80	53.10
	max（省份）	山东	天津	天津	天津	天津	北京	北京	河北	河北
	标准差	13.41	22.92	21.89	23.75	20.77	20.75	19.89	15.33	12.97

续表

项目		2010 年	2011 年	2012 年	2013 年	2014 年	2015 年	2016 年	2017 年	2018 年
中部	年均值	28.32	48.33	47.26	47.03	49.49	47.64	43.29	47.49	42.41
	最小值	7.13	13.75	15.21	14.49	15.68	16.88	18.07	19.26	23.30
	min （省份）	黑龙江	黑龙江	黑龙江	黑龙江	黑龙江	黑龙江	黑龙江	黑龙江	黑龙江
	最大值	43.99	79.02	80.52	83.90	74.80	73.80	66.10	69.70	83.90
	max （省份）	安徽	河南	河南	河南	河南	河南	河南	河南	河南
	标准差	13.58	21.04	20.31	22.24	20.64	18.30	15.26	16.97	19.06
西部	年均值	18.41	29.86	29.80	32.53	31.83	30.89	29.70	33.77	28.27
	最小值	7.21	12.71	12.48	12.12	12.47	12.82	13.17	13.51	13.86
	min （省份）	内蒙古	青海	青海	青海	青海	青海	青海	青海	青海
	最大值	32.01	49.30	50.31	56.40	51.90	54.70	46.00	57.10	44.20
	max （省份）	重庆	重庆	重庆	四川	陕西	陕西	陕西	陕西	陕西
	标准差	8.08	11.19	11.37	16.28	14.67	13.55	11.75	14.16	8.93

资料来源：笔者整理。

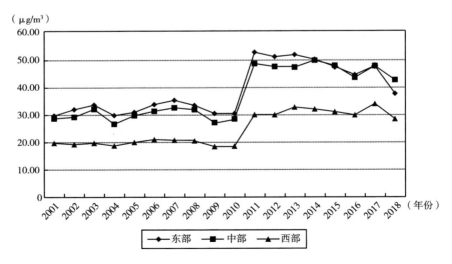

图 3 – 1　2001 ～ 2018 年东部、中部、西部三大地区 PM$_{2.5}$浓度年均值变化趋势

资料来源：笔者根据表 3 – 3 整理得出。

东部、中部、西部地区均在 2001 ~ 2010 年呈现波动起伏的上升趋势，均在 2004 年、2009 年和 2010 年三年有所下降，这与全国范围内的 $PM_{2.5}$ 浓度趋势相似，不同的是三大地区所围绕的均值和区间范围有所区别。东部地区围绕均值 $33.62\mu g/m^3$ 在区间（$29.51\mu g/m^3$，$35.08\mu g/m^3$）内呈现波动上升趋势，中部地区围绕均值 $29.59\mu g/m^3$ 在区间（$26.49\mu g/m^3$，$32.37\mu g/m^3$）内波动上升，西部地区围绕均值 $19.52\mu g/m^3$ 在区间（$18.60\mu g/m^3$，$20.88\mu g/m^3$）内波动上升。

在 2011 ~ 2018 年，东部、中部、西部地区与全国 $PM_{2.5}$ 浓度走势相同，呈现出波浪式的倒 "U" 型曲线变化形式，三大地区自 2011 年开始，$PM_{2.5}$ 浓度呈现突飞猛进的增长。2011 ~ 2018 年，$PM_{2.5}$ 浓度年均值的高低排序为：东部地区 > 中部地区 > 西部地区。东部地区 $PM_{2.5}$ 浓度值在 2011 年达到峰值，为 $52.40\mu g/m^3$，随后开始出现波浪式下降状态；中部地区 $PM_{2.5}$ 浓度值的峰值出现在 2014 年，达到 $49.49\mu g/m^3$；西部地区 $PM_{2.5}$ 浓度值的峰值则出现在 2017 年，峰值浓度为 $33.77\mu g/m^3$，2018 年又下降到 $28.27\mu g/m^3$，而整体还是呈现倒 "U" 型曲线变化形式。东部、中部地区是空气污染较为严重的地区，也是我国空气污染治理的重点区域。

3.1.4　不同省份空气污染现状比较

$PM_{2.5}$ 年均浓度值能够反映一个省份总体的空气污染情况。根据表 3 - 3 可知各个省份的 $PM_{2.5}$ 浓度年均值各有不同，其空气污染程度也就有所差异。为了能更清晰地了解各省份 $PM_{2.5}$ 浓度高低情况，本章对表 3 - 3 中的部分数据进行了图示化处理，如图 3 - 2 所示，其为中国 30 个省份 2001 年 $PM_{2.5}$ 浓度年均值。

结合表 3 - 3 和图 3 - 2 可知，2001 年，$PM_{2.5}$ 浓度年均值较高的前五个省份为河南、上海、江苏、山东和安徽，$PM_{2.5}$ 浓度值分别为 $46.35\mu g/m^3$、$43.73\mu g/m^3$、$43.22\mu g/m^3$、$43.15\mu g/m^3$ 和 $39.48\mu g/m^3$，

浓度值远高于过渡期的空气质量标准，空气污染相当严重。从地理位置可以发现，这些省份主要集中在东部或中部地区。$PM_{2.5}$浓度年均值较低的后五个省份分别为新疆、吉林、青海、内蒙古和黑龙江，$PM_{2.5}$浓度值分别为 13.65μg/m³、10.57μg/m³、9.68μg/m³、7.9μg/m³ 和 7.18μg/m³，尽管排在后五位的省份 $PM_{2.5}$ 浓度年均值较低，但也仅有三个省份满足世界卫生组织规定的空气质量标准（$PM_{2.5}$浓度年均值小于 10μg/m³）。

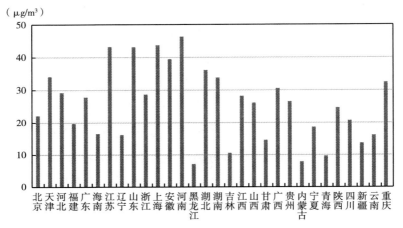

（μg/m³）

图 3-2 2001 年我国 30 个省份 $PM_{2.5}$ 浓度年均值

资料来源：笔者根据表 3-3 整理得出。

再以 2018 年我国 30 个省份的 $PM_{2.5}$ 浓度年均值为例来进行分析，图 3-3 清晰地显示了 2018 年我国 30 个省份 $PM_{2.5}$ 浓度的年均值。结合表 3-3 和图 3-3 可知，$PM_{2.5}$ 浓度年均值较高的前五个省份为河南、河北、天津、北京和安徽，$PM_{2.5}$ 浓度年均值分别为 83.90μg/m³、53.10μg/m³、51.60μg/m³、50.00μg/m³ 和 49.90μg/m³；排在后五位的省份为福建、内蒙古、云南、海南和青海，其 $PM_{2.5}$ 浓度年均值分别为 22.20μg/m³、21.00μg/m³、17.80μg/m³、15.70μg/m³ 和 13.86μg/m³。从 2018 年 $PM_{2.5}$ 浓度年均值可以看出，排在最后一位的省份的 $PM_{2.5}$ 浓度年均值也高于世界卫生组织所规定的空气质量标准。

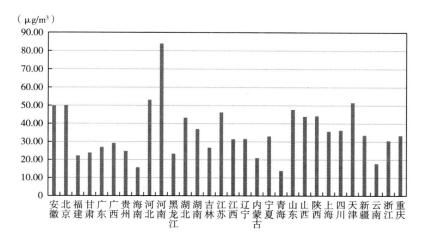

图 3 – 3　2018 年我国 30 个省份 PM$_{2.5}$浓度年均值

资料来源：笔者根据表 3 – 3 整理得出。

对比 2001 年与 2018 年的数据可以发现，2001 年 PM$_{2.5}$浓度年均值为 25.60 μg/m^3，2018 年 PM$_{2.5}$浓度年均值为 35.39 μg/m^3，较 2001 年上涨 38.24%。2018 年与 2001 年比较发现，空气污染较严重的区域范围变化较小，主要集中于河南、河北、江苏等劳动力较集中以及工业较为集聚的区域。

从各省份 PM$_{2.5}$浓度平均值来看，2001～2018 年各省份 PM$_{2.5}$浓度平均值差距比较明显，即各省份空气污染程度不一。河南省 PM$_{2.5}$浓度平均值最高，达到 59.17 μg/m^3；而青海省的 PM$_{2.5}$浓度平均值最低，为 11.10 μg/m^3，也高于世界卫生组织的空气质量标准。可见，研究样本中的 30 个省份空气污染程度均高于世界卫生组织标准。为了便于分析，根据世界卫生组织（WHO）2005 年的《空气质量准则》的规定也即表 3 – 2 中的准则，将 PM$_{2.5}$浓度年均值分为五个等级，具体如下：

第一等级：PM$_{2.5}$浓度年均值小于准则值 10 μg/m^3，即认为空气质量合格，为第一等级（0～10 μg/m^3）；

第二等级：PM$_{2.5}$浓度年均值处于准则值和过渡期目标 3 之间的值为第二等级（10～15 μg/m^3）；

第三等级：PM$_{2.5}$浓度年均值处于过渡期目标 3 和过渡期目标 2 之间的值为第三等级（15 ~ 25μg/m³）；

第四等级：PM$_{2.5}$浓度年均值处于过渡期目标 2 和过渡期目标 1 之间的值为第四等级（25 ~ 35μg/m³）；

第五等级：PM$_{2.5}$浓度年均值高于过渡期目标 1 的值即为第五等级（大于 35μg/m³）。

从划分的这五个等级来看，等级越高，即 PM$_{2.5}$浓度值越高，空气污染越严重。2001 ~ 2018 年我国 30 个省份 PM$_{2.5}$浓度的平均值及等级划分见表 3 - 6。

表 3 - 6　　　　　　　2001 ~ 2018 年我国 30 个省份 PM$_{2.5}$
浓度的平均值及等级划分　　　　　　　单位：μg/m³

等级	省份	PM$_{2.5}$	等级	省份	PM$_{2.5}$
第五等级	河南	59.17	第四等级	浙江	33.59
	山东	53.89		广东	31.98
	天津	53.19		四川	30.48
	安徽	50.03		辽宁	29.12
	江苏	49.24		贵州	28.38
	河北	47.19	第三等级	宁夏	24.11
	上海	47.18		福建	22.03
	湖北	44.24		新疆	20.71
	北京	42.86		吉林	18.74
	湖南	41.09		甘肃	17.73
	重庆	38.81		海南	16.51
	江西	36.53		云南	16.08
	山西	35.47	第二等级	内蒙古	13.30
第四等级	陕西	34.76		黑龙江	11.98
	广西	34.57		青海	11.10

资料来源：根据表 3 - 2 和表 3 - 3 中的数据处理而得。

从表 3 - 6 可知，处于第五等级的省份有河南、山东、天津、安徽、江苏、河北、上海、湖北、北京、湖南、重庆、江西和山西，共 13 个省份，属于严重污染型省份，超出全国省份的 1/3，其空气污染相当严重。从区域范围来看，主要位于东部和中部地区。处于第四等级的有陕西、广西、浙江、广东、四川、辽宁和贵州，属于重度污染型，其空气污染虽低于第五等级的污染，但也相对较为严重，第五等级和第四等级的省份加总起来几乎占全国 2/3 的区域。处于第三等级的省份有宁夏、福建、新疆、吉林、甘肃、海南和云南，属于中度污染型。处于第二等级的省份有内蒙古、黑龙江和青海，属于轻度污染型。令人遗憾的是，没有省份位于第一等级之列，意味着 2001～2018 年没有省份的空气质量达到国际标准。

3.2　中国空气污染治理措施及成效

自从 2012 年底空气污染进入政府和公众视野，中国政府便出台了一系列关于空气污染治理的相关政策性文件，凸显出中国政府治理空气污染的决心，当然，随着政府政策的不断出台和严加监管，中国空气污染治理也取得了不错的成效。

2013 年，由国务院发布了《大气污染防治行动计划》（以下简称"大气十条"），提出了 10 条 35 项关于大气污染的综合治理措施，并推进实施《重点区域空气污染防治"十二五"规划》，出台《关于加强重污染天气应急管理工作的指导意见》《关于执行空气污染物特别排放限值的公告》《城市大气重污染应急预案编制指南》《机动车环保检验管理规定》《清洁空气研究计划》等相关的规范指导文件，加大大气污染的治理力度，确保各种措施有法可依、有法可循。

2014 年，全面实施"大气十条"，实施《蓝天科技工程"十二五"专项规划》，发布《大气污染防治先进技术汇编》，支持全国各地有效开展大气污染防治。具体措施有：加强重点行业的污染治理、推进区域之间的合作、加强大气环境的执法监管、完善空气污染的监测预警体系、加快出台相应的配套措施（印发《大气污染防治行动计划实施情况考核办法（试行）》《石化行业挥发性有机物综合整治方案》）、强化基础支撑等。通过相应的治理措施，在检测的 161 个城市中，16 个城市空气质量达标，其余城市空气质量超标。

2015 年，深入实施"大气十条"，深入开展《环境保护法》实施年活动，依法落实地方政府环保责任，提出实行最严格的环境保护制度。具体措施有：安排空气污染治理专项资金 106 亿元，支持重点区域的大气污染防治工作；积极推广新能源汽车，全面供应国四标准车用汽柴油；启动挥发性有机物综合整治、加强建筑扬尘监管、实施秸秆综合利用等项目。2015 年，在监测的 338 个地级城市中，有 73 个城市空气质量达标，其余城市超标；338 个地级城市中平均达标天数比例为 76.7%。[①]

2016 年，进一步强化"大气十条"，出台《"十三五"环境监测质量管理工作方案》，发布并深入实施《京津冀地区大气污染防治强化措施（2016~2017 年）》。推动能源结构的优化调整，加快淘汰技术比较落后的燃煤锅炉，对全国的燃煤机组进行改造改装；制定实施重点行业的削减行动计划，对石油化工等重点行业进行先进的清洁技术性改造；淘汰老旧的黄标车辆。统一京津冀重污染天气预警标准，加强重污染天气预警评估体系建设，实施区域之间的应急联合联动。2016 年，在监测的 338 个地级城市中，仅有 84 个城市空气质量达标，其余城市超出空气质量标准。338 个地级以上城市平均优良天数比例为 78.8%，同比增长 2.1 个百分点。[②]

2017 年，为彻底打赢蓝天保卫战，国家层面出台了诸多新规。譬如，《"十三五"节能减排综合工作方案》《城市环境空气质量变化程度排名方案》《火电厂污染防治技术政策》《高污染燃料目录》《生活垃圾焚烧污染控制标准》《"十三五"挥发性有机物污染防治工作方案》《汽车行业挥发性有机物削减路线图》《排污单位自行监测技术指南　总则》等环境保护标准及各种细则，国家深入各个细分领域，出

---

① 资料来源：《2015 年中国环境状况公报》。
② 资料来源：《2016 年中国环境状况公报》。

台相应的政策措施，保障空气质量。2017 年成绩比较显著，全国 338
个地级以上城市 PM_{10} 平均浓度比 2013 年的平均值下降 22.7%；京津冀
城市群、长三角城市群和珠三角城市群三大城市群的 $PM_{2.5}$ 浓度分别较
2013 年下降 39.6%、34.3% 和 27.7%。[①]

　　2018 年，"大气十条" 在 2017 年圆满收官。国务院在这一年发布
新的政策措施《打赢蓝天保卫战三年行动计划》；出台《柴油货车污染
治理攻坚战行动计划》；重点区域必须实施 2018～2019 年秋冬季大气污
染综合治理攻坚行动计划；实施大气污染物特别排放限值；在 "2 +
26" 城市、汾渭平原、雄安新区等区域推广系统治理工作。通过各种政
策的实施，空气质量改善效果显著：2018 年，338 个地级城市中有 121
个城市空气质量达标，同比增长 6.5 个百分点；平均优良天数比例为
79.3%，同比增长 1.3 个百分点。[②]

　　2019 年，持续实施重点区域秋冬季大气污染综合治理攻坚行动计
划；京津冀、汾渭平原等地实现清洁取暖点试点全覆盖；严厉打击非法
黑加油站；加强重点行业炉窑、挥发性有机物治理；开展清洁车用油
品专项行动计划；对重点行业实施差异化管控。2019 年取得不错的空
气质量改善效果：337 个地级城市中有 157 个城市空气质量达标，同
比增长 10.65 个百分点；平均优良天数比例为 82.0%，同比增长 2.7
个百分点。[③]

　　2020 年，为坚决打赢蓝天保卫战，实现 $PM_{2.5}$ 与臭氧协同治理，印
发《2020 年挥发性有机物治理攻坚方案》《关于构建现代环境治理体系
的指导意见》《省（自治区、直辖市）污染防治攻坚战成效考核措施》；
继续开展重点区域秋冬季大气污染综合治理攻坚行动计划；完成京津
冀、汾渭平原等重点区域取暖散煤替代；严格秸秆就地焚烧；推进扬尘
综合治理；全面实施企业排放第六阶段排放标准。2020 年空气质量改善
效果显著：337 个地级城市中有 202 个城市空气质量达标，同比增长 13.3

---

① 资料来源：《2017 年中国环境状况公报》。
② 资料来源：《2018 年中国环境状况公报》。
③ 资料来源：《2019 年中国环境状况公报》。

个百分点；平均优良天数比例为 87.0%，同比增长 5.0 个百分点。[①]

2021 年，进一步加强生态环境保护，深入打好污染防治攻坚战，印发《关于深入打好污染防治攻坚战的意见》《关于深化生态环境领域依法行政 持续强化依法治污的指导意见》《"十四五"全国清洁生产推行方案》等，提出了到 2025 年地级及以上城市 $PM_{2.5}$ 浓度下降 10%、到 2035 年生态环境根本好转等主要目标，从加快推动绿色低碳发展、深入打好蓝天保卫战等七个方面明确了坚决遏制高耗能高排放项目盲目发展、着力打好重污染天气消除攻坚战等。2021 年空气质量改善效果明显：339 个地级及以上城市平均优良天数比例为 87.5%，同比上升 0.5%；细颗粒物浓度（$PM_{2.5}$）为 30 微克/立方米，同比下降 9.1%。[②]

2022 年，为深入打好污染防治攻坚战，加强新污染物治理，切实保障生态环境安全和人民健康，印发《"十四五"生态环境保护综合行政执法队伍建设规划》《"十四五"节能减排综合工作方案》《新污染物治理行动方案》等，提出到 2025 年氮氧化物排放总量比 2020 年下降 10% 以上等目标，并建立健全新污染物治理管理机制、加强清洁生产和绿色制造、加强有毒有害大气污染物环境治理，制定相关污染控制技术规范等。2022 年空气质量改善效果：全国 339 个地级及以上城市平均空气质量优良天数比例为 86.5%，同比下降 1.0 个百分点；$PM_{2.5}$ 平均浓度为 29 微克/立方米，同比下降 3.3%。[③]

3.3 国外空气污染及其治理概述

国外很多发达及发展中国家曾经或正在经历着空气污染，对其进行详细阐述，有利于为后续研究的展开提供实践经验。本节将对英国、美国、欧盟各国、日本以及印度的空气污染及治理进行阐述。

---

① 资料来源：《2020 年中国环境状况公报》。
② 资料来源：《2021 年中国环境状况公报》。
③ 资料来源：《2022 年中国环境状况公报》。

3.3.1　英国空气污染及治理

英国伦敦曾有着"雾都"之称，因其早期的工业革命建立的密密麻麻的工厂烟囱，矗立在各个地区，煤炭昼夜不停地燃烧，伴随着大量的粉尘和有毒气体的产生，英国政府秉承着"先污染后治理"的理念，导致一年中约有 1/4 的时间被空气污染笼罩着。1952 年，伦敦市区超过 13000 人因为空气污染中大量的一氧化碳、$PM_{2.5}$ 以及各种有毒气体的存在死于肺癌、肺结核、冠心病、支气管炎等呼吸系统疾病，这场空气污染所引发的灾难性的人口灭亡让英国人民痛心疾首，他们开始反思自己的所作所为，并且开始采取一系列措施进行整改[①]。

1953 年，在原有的针对具体污染物的法律的基础上，比如《碱业法》，为了控制路布兰制碱工艺产生的毒气，英国政府颁布了专门针对时下的空气污染的《空气清洁法》，从这部法律也可以看出英国政府只是采取"事后措施"，而非事前预防，同时，这一时期的法案并没有计划性和连续性；20 世纪 90 年代以后，英国开始从整体上控制空气污染，制定了《环境保护法案》《共同的遗产：英国的环境战略》《国家空气质量战略（NAQS）》《英国空气质量法规》等政策法律和工具。英国由中央政府制定国家空气质量战略目标，划分到地方政府以及环境卫生部门，进行三阶段的审查和评估，未达到空气质量目标的，划定空气质量管理区域，并制订行动方案，从整体上对治理空气污染给予政策保障和指导，并对地方政府治理空气污染给予技术支持。通过长达半个多世纪的空气污染治理，英国终于改善了空气质量，我们可以从中借鉴一定的经验：第一，制定严密的法律政策，利用法律推动空气污染的整体治理；第二，加强政府及各部门之间的协

---

　　① 资料来源：中国人大网，http：//www.npc.gov.cn/npc/c30834/202010/c3d9742643ab4479a87973ec4354f6d5.shtml。

作，对空气污染实施整体治理。空气污染属于区域性污染，是互相流动的，涉及的区域性问题需要各个地区间政府部门合作，各个地区都无法独善其身，必须建立区域协作机制，统筹区域性环境治理，达到整体治理的目的。

3.3.2 美国洛杉矶空气污染及治理

20 世纪 40 年代，美国洛杉矶一度面临空气污染的问题，究其原因主要是除炼油厂、供油站等工业企业排放大量的污染物外，超过 250 万辆汽车的大量未经处理的尾气排放，同时，光化学烟雾、大气臭氧浓度也开始肆无忌惮，多种空气污染物笼罩在洛杉矶上方，洛杉矶就仿佛一个巨大的毒烟雾工厂。由此引发的不只是植物松林开始枯死，农作物减产，更为严重的是对人们的身体造成了难以磨灭的伤害，仅 1950 ~ 1951 年，就有超过 400 人因呼吸道问题而死亡，同时，给美国造成超过 15 亿美元的经济损失，然而，这种惨剧还远远没有结束，1955 年仅几天时间就造成了数百名老人死于呼吸道疾病[①]。

接踵而至的惨剧促使美国政府加强了对空气污染治理的重视程度。一系列大气污染防治法律制度与大气污染排放标准和限额的政策接连制定，加大了空气污染的治理力度。1955 年，美国政府颁布了《空气污染控制法》；1971 年，《国家环境空气质量标准》的制定，要求对空气污染物进行管制；1990 年，《清洁空气法案》修正案通过，有效地降低了臭氧污染；1997 年，美国环保署首次将 $PM_{2.5}$ 纳入监测体系，要求 $PM_{2.5}$ 年均浓度目标控制在 $12\mu g/m^3$ 以下，限定各州地方政府必须在未来 3 年内达标，并将结果公之于众，接受广大民众的监督，如若不达标，将对各州地方政府实施一定的惩罚措施。另外，在众多的大气污染防治的措施中，值得借鉴的是排污权交易方式的实施，在污染

---

① 资料来源：中国人大网，http：//www. npc. gov. cn/npc/c30834/202010/c3d9742643ab
4479a87973ec4354f6d5. shtml。

物排放总量确定的条件下，通过发挥市场机制的作用，允许污染物排放权的交易，从而通过控制总体污染物排放量来达到治理空气污染和保护环境的目的。

3.3.3　欧盟各国空气污染及治理

空气污染也曾经是欧盟各国头疼的问题，而且目前仍然是一个尚未完全解决的问题。20 世纪 60 年代，德国的鲁尔工业区以煤铁重工业著称，其快速增长的工业经济每年要向空气中排放 150 万吨烟灰和 400 万吨二氧化硫[①]，它们在空气中经过多种物理和化学反应形成空气污染，1962 年 12 月，严重的空气污染致使当地 156 人死于呼吸道疾病以及心脏病等，这才充分引起了人们的重视（Wey，1982）。自此，德国政府同空气污染展开了长期的斗争，相继出台了 8000 多部与环境保护相关的法律法规，其中涉及空气污染的法律占据很大比例，例如《空气污染法令》《联邦污染防治法》《关于远距离跨境空气污染的日内瓦条约》《哥德堡协议》等相关法律法规。作为欧盟国家之一，法国历史上虽然没有出现过灾难式的大气污染问题，但其也一直遭受空气污染问题的困扰，且在近几年呈现污染加重的趋势，尤其是 $PM_{2.5}$、PM_{10} 等颗粒物浓度严重飙升，患呼吸道疾病、心脏病、癌症等相关疾病的人数明显增多，法国监测公报显示，2004～2006 年，巴黎、里昂等 9 座城市年均 $PM_{2.5}$ 浓度超出世界卫生组织标准上限，导致每年人均健康支出达到 400～500 欧元，每年要耗费 1000 亿欧元的费用用于治理大气污染。法国政府也实施了如减排方案、碳排放交易体系、地方空气质量方案等有效的政策措施和市场交易体系，通过空气质量监测协会监测空气污染指数，根据污染指数采取应急措施，旨在减少空气污染。除此之外，欧盟的一些其他国家也均遭受过空气污染，比如波兰、意大利、丹麦、比

---

　　① 资料来源：Brüggemeier F-J, Rommelspacher T. Give Ruhr a blue sky：Environmental history of Ruhr, 1840 – 1990 ［M］. Essen：Klartext Verlag, 1992.

利时等，均受到空气污染的危害，其原因也各有不同，主要涉及煤炭的使用、交通车辆的运营、发电设施、建筑工地的扬尘、家庭供暖等。空气污染是流动性的，具有区域性，欧盟成员各国不仅有自己的治理空气污染的措施，而且欧共体在 1972 年提出了在内部建立共同的环境保护政策的框架，以避免、防止或减少对作为一个整体的人体健康和环境的有害影响。

欧盟在防治大气污染方面不遗余力。第一，先后颁布了各种政策措施，主要涉及空气质量法、大气污染物质排放治理法以及与交通有关的空气污染治理法三大部分，例如，空气质量方面的法律有《环境空气质量评估和管理指令》《关于环境空气中二氧化硫、二氧化氮、细颗粒物、氮氧化物和铅含量限值的指令》《关于在成员国内建立环境空气污染检测网和站点相互交流污染信息和数据的决定》等；大气污染物质排放治理法相关的法律有《欧盟关于限制大型火力发电厂排放特定空气污染物质的指令》《关于国家特定空气污染物质排放最高值的指令》等；与交通有关的空气污染法律主要有《关于汽油柴油质量的指令》《关于修订 1998 年汽油柴油质量的指令》等。第二，实施各种政策工具控制空气污染。实施技术规制、可交易许可证、税收、退还排污费、欧盟排放交易体系（the EU emissions trading scheme, EU-ETS）等政策工具辅佐政策法律的推行，其中，欧盟的排放交易体系使用较为广泛，主要为了减少化石燃料的燃烧使用，以保证空气污染的彻底治理。

3.3.4 日本空气污染及治理

工业化初期的日本也曾饱受空气污染之苦。20 世纪 50 年代后期开始，大量沿海大规模企业的建立，使得能源消耗剧增，大量的空气污染开始发生，$PM_{2.5}$ 频繁爆表，硫黄酸化物、氮氧化物、飘尘等污染物使整个城市硝烟弥漫，硫化物超标 $5 \sim 6$ 倍，工厂邻近地区恶臭刺鼻，导致呼吸系统疾病大量暴发。在 $1961 \sim 1972$ 年，四日市哮喘病大肆发作，长年累月的慢性支气管炎、支气管哮喘、肺气肿等疾病伴随着四日市的人们，患者多达 6376 人，面对这一状况，日本民众将电力公司、化学公司等 6 家企业告上法庭，这便是"日本四大公害诉讼之一"①。日本也开始着手制定《公害健康被害补偿法》等相关法律，然而，因汽车尾气污染而患有各种疾病的患者及死者家属在 1996 年再次向法院提起了诉讼，同样的案件在其后几年间达到了 6 次，可见，这种空气污染所造成的企业、政府等不作为的行为已引起了日本民众的高度重视。各种空气污染及诉讼事件的发生推动了相关法律法规的制定，日本政府也开始重视对空气污染的治理和对人们健康的保护。

1968 年，日本出台《大气污染法》，接着修改了《公害对策基本法》，在接下来的几年内，又三次修订《大气污染法》；1992 年，出台《汽车氮氧化物法》，2001 年出台《汽车 NOx·PM 法》；2009 年，日本出台关于 $PM_{2.5}$ 的有关环境标准。可以看出，相关法律政策的内容主要从"固定发生源"工厂和"移动发生源"汽车两个方面着手制定，从大气污染源上制定不同的政策和措施，同时借助有效的信息化手段进行监督管控。

3.3.5 印度空气污染及治理

2014 年世界卫生组织（WHO）发布了"2014 年城市户外空气污染数据库"，数据显示，世界上年均 $PM_{2.5}$ 浓度值最高的前 20 名中，一半以上的城市来自印度。以新德里为首的印度大城市的蓝天日益被悬浮颗粒物所吞噬，特别是在寒冷的冬季，冷空气下沉，局部地区的 $PM_{2.5}$ 数值频繁爆表，达到严重污染，空气污染天要占去整个冬天的 80%。早在 20 世纪 80 年代，印度的空气污染便已经开始加重，印度的能源需求

---

① 资料来源：中国人大网，http：//www. npc. gov. cn/npc/c30834/202010/c3d9742643ab4479a87973ec4354f6d5. shtml。

中煤的占比是最高的，约占总能耗的 1/4，1970 年，新德里的悬浮颗粒物为 601μg/m³，1982 年为 328μg/m³①。印度同中国一样，属于发展中国家，近年来高浓度空气污染并没有引起足够的重视，只是因为其垃圾污染、水污染等更为严重，转移了印度民众的视线。印度的基础工业相对薄弱，工业燃料以劣质煤为主，机动车辆以摩托车为主，烧的是廉价汽油，家庭生活使用的是粪饼、木柴和秸秆，这些足以毁掉印度城市甚至农村的空气。2010 年，印度的户外空气污染导致死亡人数为 62 万人，平均每 1 小时就有一人死亡，而在 2000 年，因空气污染导致的死亡人数为 10 万人②，可见，户外空气污染已经成为印度人死亡的第五大诱因。印度对空气污染的治理脚步并没有停止，只是重视程度还不够。

印度政府颁布了治理空气污染的相关政策。1981 年，印度通过了《大气污染预防与控制法》，1986 年通过了《环境保护法》，法律的颁布表明了政府对空气污染治理的决心，然而政策执行不力却又表明印度政府治理空气污染的力不从心。印度首都新德里自 2016 年开始实施汽车单双号限行，效果也较为显著，赢得了群众的积极反响，同时，提高汽车的尾气排放标准，发展公共交通等，以有效地治理当前的空气污染。

3.4 本章小结

本章首先对我国的空气污染情况进行了详细的分析与阐述，介绍了世界空气质量标准以及我国当前采用的空气质量准则；其次，对全国、东中西部地区以及各省份不同的空气污染情况进行了比较，对其中空气污染的特征进行了总结与归纳，并对我国自 2013 年以来所采取的空气

---

① 资料来源：世界卫生组织网站，https：//www. who. int/。
② 资料来源：《2013 年全球疾病负担报告》。

污染治理措施进行了梳理。对国外一些国家的空气污染及其治理的过程进行了基本概述，发现世界大多数国家曾经经历或正在经历着空气污染，这种现象的发生对于我国良好地治理空气污染是一个积极的信号。主要内容有以下五个方面。

（1）研究样本期间即 2001~2018 年，我国整体空气污染较为严重。$PM_{2.5}$ 浓度平均值维持在 33.14μg/m³，在区间（24.74μg/m³，43.36μg/m³）内浮动，$PM_{2.5}$ 整体呈现倒 "U" 型曲线，在 2013 年和 2014 年达到峰值。

（2）研究样本期间，东部、中部和西部地区三大区域的空气污染与全国的走势比较相似，自 2001~2010 年变化比较平缓，2011~2018 年变化比较大，均呈现倒 "U" 型变化趋势。研究样本期间，东部地区 $PM_{2.5}$ 浓度平均值为 38.80μg/m³，中部地区 $PM_{2.5}$ 浓度平均值为 37.16μg/m³，西部地区 $PM_{2.5}$ 浓度平均值为 24.55μg/m³。可见，东部地区与中部地区的空气污染程度均比较严重，两者远远高于西部地区，这与中国的地区经济发展程度很相似。我国经济活动较集中在东部、中部地区，西部地区经济发展较为落后。

（3）研究样本期间，我国不同省份 $PM_{2.5}$ 浓度高低不同，考察范围内的 30 个省份空气质量均不合格，平均 $PM_{2.5}$ 浓度值最低的青海省也高于世界卫生组织（WHO）所规定的标准。其中，严重污染及重度污染的省份占到所考察样本的 2/3 之多；处于第三等级中度污染的省份也有 7 个；处于第二等级也即轻度污染的省份仅有内蒙古、黑龙江和青海 3 个，遗憾的是，没有省份位于第一等级也即空气合格一栏。

（4）自 2013 年空气污染引起社会各界关注开始，空气污染治理措施便层出不穷。2013 年，国务院发布了《大气污染防治行动计划》；2014 年发布了《大气污染防治先进技术汇编》；2015 年落实《中国省煤炭消费总量控制和目标责任管理实施方案》；2016 年，出台《"十三五"环境监测质量管理工作方案》；2017 年，出台《"十三五"节能减排综合工作方案》；2018 年，发布《打赢蓝天保卫战三年行动计划》；2019 年持续实施重点区域秋冬季大气污染综合治理攻坚行动计划；2020 年印发《2020 年挥发性有机物治理攻坚方案》；2021 年印发《关于深入打好污染防治攻坚战的意见》；2022 年印发《新污染物治理行动方案》。各种空气污染治理政策文件措施的实施，也取得了不错的治理效果。

（5）国外很多发达国家及发展中国家曾经或正在经历着空气污染，本章对其进行详细的阐述。分析了英国、美国、欧盟各国、日本以及印度的空气污染现状并对其治理措施进行了概述，以期为我国空气污染治理提供可借鉴的经验。

第4章　空气污染约束下中国环境
效率测度及其比较

空气污染约束下的环境效率评价与传统的技术效率评价是不同的。传统技术效率评价的角度是一维的，主要衡量资本与劳动的投入与经济产出。在针对环境约束下的技术效率进行评价时，学者们考虑最多的是传统污染物作为非期望产出的代理指标，而空气污染作为现阶段主要的环境污染之一，其约束下的环境效率的变化趋势并未进行考察，这种环境效率的测度是失真的。而空气污染约束下的环境效率的评价，是追求资源节约、环境保护以及经济社会发展质量为一体的多元目标的统一。

本章考虑空气污染约束下的中国环境效率，在模型中引入空气污染这一新的约束条件，测度空气污染约束下中国省际环境效率，并与无约束条件下的中国技术效率进行比较分析，重点考察中国各个省份的节能减排潜力以及环境效率的改善方向，进一步实证分析中国环境效率的影响因素，以便寻找环境效率提升的路径，研究的时间跨度为 2001～2018 年。为了便于分析，后面统一将空气污染约束下的中国省际环境效率称为环境效率，将无空气污染约束下的中国技术效率称为技术效率。

4.1　变量选取

从已有文献来看，大多数学者在评价中国环境效率评价时，选择的投入指标相对单一，即主要是各个省份的资本、劳动双投入变量

（Kaneko and Managi，2004），资本主要是指地区的资本存量（胡鞍钢等，2008），有的学者采用了固定资产折旧来替代（李海东，2012）；劳动主要是某地区的从业人员数（Sueyoshi and Yuan，2015）；随着对环境保护的重视，学者们将能源纳入投入变量（Wang et al.，2013；吴旭晓，2018），能源的使用指标以能源消费量为主，也有的学者采用煤炭的使用量以及煤、石油、天然气消费之和来替代（林伯强和杜克锐，2013）；也有学者对污染物进行了处理，将污染物从投入变量的角度进行考量（曾贤刚，2011），即尽可能地减少污染物的投入，但不符合生产过程，后面在方法选择时将介绍；同时也有学者将用水考虑进来，主要是考虑到现阶段水的污染也比较严重，学者们主要使用地区用水总量或者工业用水来替代（李海东，2012）。而对于产出变量的选择主要可以分为两大部分，主要是合意产出和非合意产出，也即期望产出和非期望产出，期望产出主要是指经济产出，主要采用地区生产总值（GDP）作为代理指标（陈诗一，2010），也有学者选用工业增加值作为期望产出（张江雪等，2015）；对于非期望产出指标的选用，则有较多的处理方式。非期望产出主要是环境方面的产出，环境产出主要在于污染物的选择上面，包括二氧化硫（SO_2）、工业"三废"及其他污染物。渡边和田中（Watanabe and Tanaka，2007）、程等（Cheng et al.，2018）分别选择 SO_2 和 CO_2 作为其非期望产出；汪克亮等（2010）、王等（Wang et al.，2012）、黄杰（2018）选择了 SO_2 和 CO_2 作为非期望产出；程丹润和李静（2009）、朱等（Zhu et al.，2020）等选择了工业"三废"作为非期望产出。还有一些学者例如李海东等（2012）、侯等（Hou et al.，2019）除了选择"三废"之外，还考虑了工业粉尘、工业烟尘等污染物排放量；也有学者将各种污染物进行综合加权形成污染物综合指数进行评价，例如陈玉桥（2013）、郭四代等（2018）。

在已有研究的基础上，本章综合考虑中国省际环境效率评价的投入产出因素，从投入变量、期望产出变量、非期望产出变量考察，具体指标选取及变量名称、符号及测度见表4-1。

表 4 – 1　　　　　　　　投入和产出变量名称、字符及测度

变量	变量名称	字符	测度
投入变量	劳动	L	历年年末从业人员数
	资本	K	地区资本存量
	能源	E	各种能源消耗统一折算标煤的消耗量
	用水量	W	各地区年用水总量
产出变量	期望产出	Y	地区 GDP
	非期望产出	P	$PM_{2.5}$ 年均值

（1）投入变量。劳动和资本是传统的双投入变量，而随着对环境保护的重视，众多学者将能源和水资源也加入投入要素之中。劳动投入一般可以用工资总额或者从业人员数来衡量，由于各地区的收入水平不均，本书选择各地区从业人员数作为劳动的代理指标，其为历年年末从业人员数，这一指标反映了在一定时期内全部劳动力资源的实际利用情况，是生产函数中不可或缺的要素，是描述各地区人口系统的重要指标（Wang et al.，2012）。

资本是生产资料的一部分，从企业的角度讲，是企业创建、生存和发展的一个必要条件，它是企业经营活动过程中必不可少的一项基本要素，本书用资本存量来衡量资本的投入。资本存量是各地区现存的全部资本资源，反映各地区现有生产经营规模和技术水平（胡鞍钢等，2008）。如果以资产形式存在又称为资产存量，根据生产过程中存在的形态可以将资本存量分为厂房、机器设备等闲置状态下的资产存量和正在参与生产过程中的资产存量。

能源是人类活动的物质基础，它可以提供大自然界所需的能量物质，比如核物理能源、地理性能源、大气环流能源以及我们最为熟悉的矿物质能源。环境治理和能源消费密不可分（林伯强和李江龙，2015）。能源消费总量是一定时期内各地区物质生产部门、非物质生产部门和生活消费的各种能源的总和，能够反映能源消费水平、构成和增长速度（Song et al.，2013）。能源消费总量中涉及煤炭资源、石油类能源以及天然气等各种能源的使用，各种资源的量纲不同，但在使用时，

本书采用《中国统计年鉴》统一折合成标煤的统计数据，也即各地区的综合总能耗。

我国是一个严重缺水的国家，同时又面临着水资源污染严重的问题，因此将水资源纳入投入要素中很有必要。用水总量为各地区年用水总量，包括生活用水、生产用水、农业用水、生态用水等方面，这一指标反映了水资源开发利用中用水的总量（李海东等，2012）。

（2）产出变量。产出变量主要分为期望产出和非期望产出，期望产出是我们想要得到的产出，一般情况下用地区 GDP 或者工业增加值来衡量，而工业增加值并不能全面衡量各个地区的综合产出，而地区 GDP 则能囊括整个地区的经济增加值，因此，本书选用地区 GDP 作为经济产出的代理指标（林伯强和杜克锐，2013）。

非期望产出作为产出中生产经营者所不希望得到的产物，一般为负产出，主要是环境方面的产出。在众多学者的研究之中，各学者主要采用了二氧化硫、二氧化碳、工业粉尘、烟尘、化学需氧量、工业"三废"等传统的环境污染物，而并没有考虑现阶段最为主要的空气污染。本书研究的主要对象是空气污染，而 $PM_{2.5}$ 为空气污染的关键显示性指标，因此，本书选取 $PM_{2.5}$ 浓度年均值作为代理指标。具体变量名称及定义见表 4 - 1。

4.2　数据来源及描述性统计

根据前述理论方法，本书选取 2001～2018 年中国大陆 30 个省份的面板数据为研究样本，不包含港澳台地区，另外，由于西藏的相关数据缺失严重，故将其剔除。为了便于分析区域之间的差异情况，本书采用国家统计局对中国东部、中部、西部地区的划分标准，具体划分情况见第 3 章。

本章的变量一共涉及 4 个投入变量和 2 个产出变量，劳动采用历年年末从业人员数来表示，资本采用地区资本存量来衡量，能源消费总量

采用各个省份单位一次性能源消费总量折算成的标煤参考系数作为代理
指标，用水总量包含各地区的生产生活用水、农业用水以及生态用水等
各种用水量之和。其中，历年年末从业人员数、能源消费总量、用水总
量以及各地区 GDP 来自 2002～2019 年各省份统计年鉴以及能源统计年
鉴。为了结果的可比性，将 GDP 以 2000 年不变价格进行平滑处理。

由于无法从统计年鉴中直接提取资本存量这一变量值，本章参考单
豪杰（2008）的研究成果，假定 10.96% 的折旧率，选择固定资本形成
总额作为当年投资指标，按照永续盘存法得到以 1952 年的不变价格进
行处理的实际各个省份的资本存量，并将其平减到以 2000 年为基期的
资本存量。公式如下所示：

$$K_{it} = I_{it} + (1 - \delta) K_{it-1} \qquad\qquad (4-1)$$

其中，K_{it} 为地区 i 在 t 年的资本存量，I_{it} 为地区 i 在 t 年的投资额，以固
定资本形成总额代替，δ 为地区 i 在 t 年的折旧率。

PM$_{2.5}$ 的数据来源于哥伦比亚大学国际地球科学信息网络中心，它
是根据多纳泰拉等（Donkelaar et al.，2016）的思路利用卫星设备监测得
到的全球 2001～2018 年 PM$_{2.5}$ 浓度分布图。借助此图，利用 Arcgis10.0 软
件进行处理，得到中国 30 个省份 2001～2018 年的 PM$_{2.5}$ 浓度值。此数据
在第 3 章已经进行了详细描述，在此仅对其进行描述性分析。

各投入和产出指标数据描述性统计见表 4-2。

表 4-2　　　　　　　　　**数据的描述性统计**

主要变量	算术平均值	最小值	最大值	标准差
从业人员数（万人）	2534.22	268.00	6767.00	1674.71
能源消费总量（万吨标准煤）	11674.29	520	41398.54	8076.35
资本存量（亿元）	26543.09	745.25	149490.90	246728.04
用水总量（亿立方米）	195.85	19.94	592.00	138.78
GDP（亿元）	10812.01	295.42	66257.88	10741.12
PM$_{2.5}$ 浓度（$\mu g/m^3$）	33.14	5.91	85.96	17.10

资料来源：（1）PM$_{2.5}$ 数据来源于哥伦比亚大学国际地球科学信息网络中心，经
Arcgis10.0 软件处理得到。（2）其他数据根据 2002～2019 年各省份统计年鉴及《中国能源统
计年鉴》数据整理得到。

4.3 研 究 方 法

4.3.1 污染物处理方法

一般情况下，我们希望决策单元中的非期望投入越大越好，期望投入越小越好，期望产出越大越好，而传统的 DEA 模型很难处理这种情况（卞亦文，2006）。使用 DEA 处理包含非期望产出的效率问题时，主要是污染物处理方式的不同导致研究方法的使用也各有不同。在 DEA 模型中对于污染物的处理方式不能一概而论，应该结合具体的实际情况而定。第一个处理非期望产出的 DEA 模型是法尔（Fǎre，1989）等提出的，自此以后，众多学者开始针对有关非期望产出的 DEA 效率评价问题进行研究，国内外出现了一系列的研究成果（张庆芝，2012；梁樑和吴杰，2013）。总体来说主要可以分为四类研究方法：曲线测度评价法、投入产出转置法、数据转换函数处理法以及方向距离函数法。

（1）曲线测度评价法。

法尔等在 1989 年提出处理非期望产出的 DEA 效率评价法，它是一种非线性的处理方法，将能够保证增加产出的同时减少污染物等非期望产出进行效率评价，是一种可行合理的环境效率评价方法，它是相对于径向测度（radial measure）而言的。它弥补了径向测度不能有效区分期望产出和非期望产出的不足，进行非对称式处理。具体来说，曲线测度评价法（hyperbolic measure）采用污染物的倒数来衡量包含非期望产出的效率，尽管改变了决策单元的参考前沿面，但是可以在减少污染物的同时增加期望产出，处理非期望产出相对可行。一些学者对该方法的理论和实践应用进行了进一步的研究（Yaisawarng and Klein，1994；Zofío and Prieto，2001）。曲线测度评价法是一种非线性规划方法，求解方法偏向于烦琐，虽然法尔等在其进行求解时，给出了一种偏向于线性规划的求解法，但是也无法保证结果的精确性。

（2）投入产出转置法。

顾名思义，投入产出转置法是将污染物等非期望产出作为投入指标纳入 DEA 效率评价模型中来，通过模型来评价环境效率。这种处理方法最早是由海恩斯（Haynes，1997）等提出来的，这样处理的原因主要有以下三个方面。第一，非期望产出越少越好的属性与投入变量的要求是一致的。第二，污染物与资源投入在生产过程中是同时出现的，期望产出越多，资源投入和污染物就越多；反之，期望产出越少，资源投入和污染物就越少。第三，对于环境效率而言，生产前沿面总是存在的，技术效率有效总是要求污染物尽可能最小化以及期望产出最大化，污染物与期望产出是对应的，因此，污染物可以作为投入指标进行考量。这种处理方法的优点是简单明了，而且使用经典的 DEA 模型就可以处理，因此，这种处理方法也得到了学者们的推广和应用（Reinhard，2000；王波和张群，2002）。但是这种处理办法与实际生产过程并不符合。

（3）数据转换函数法。

数据转换函数法是借用函数转换的方法将非期望产出转化为期望产出，也即性质发生了变化，越小越好的非期望产出转化为越大越好的期望产出，而后利用 DEA 模型进行决策单元的效率评价。数据转换函数有三种形式：第一种是负产出转换（Begr et al.，1992；Zhu and Chen，1993），它是将污染物作为负数的形式纳入效率评价模型中，而投入产出数据的要求是非负，因此这种转换形式具有很大的不足；第二种是非线性数据转换（Golany and Roll，1989；Lovell et al.，1995；Athanassopoulos and Thanassoulis，1995），通过转换函数将污染物转化成越大越好的期望产出，但其破坏了 DEA 模型的凸性要求；第三种是线性数据转换（Scheel，2001；Vencheh et al.，2005），这种方法相对前两种方法虽然有一定的优势，即能有效地保持 BCC 模型的凸性要求和数据的线性关系，但该方法在 CCR 模型并不能保持分类的一致性。由于上述各种数据转换的方式方法都存在一定的缺陷，因此数据转换函数法在实际生活中很难被广泛应用。

（4）方向距离函数法。

方向距离函数法（distance function）是由谢泼德（Shephard，1970）

提出的一种方法。它的主要含义是：首先设定一定的方向，按照该方向来测量决策单元效率，即以当前生产点到生产前沿面上的距离长短表示决策单元的效率高低，距离越长，决策单元的效率就越低；反之，则越高；当距离为零时，表示当前生产点位于生产前沿面上，即效率值为1。庄等（Chuang et al.，1997）在此距离函数和污染物的弱处理性的基础上，提出了一种用于环境效率分析的 DEA 模型，该方法能够将决策者的意愿和思想纳入进来，按照某一个具体的方向改变单元效率，可以根据投入和产出按照预定的方向扩大或者减少，突破传统的径向测度的效率改进方法，实用性较强，具有一定的优越性（Fǎre and Grosskopf，2004；Yu，2004；Zaim，2004）。但该方法也具有一定的不足，它会受到方向向量的影响，方向向量不同，效率的评价结果也会不同，该方向性距离函数也并不能正确给定效率改进的方向，且容易受到决策者主观的影响，因此，该方法也不是一个很好的方法。

4. 3. 2　SBM-Undesirable 模型

上述四种方法的本质均是建立在 DEA 模型中的径向（radial）及产出角度（output oriented）的基础之上的，如果从 DEA 模型发展的度量办法上进行划分的话，那么 DEA 模型就可以分为四种类型，分别是：径向和角度的、径向和非角度的、非径向和角度的、非径向和非角度的（李静，2008）。在这里，径向是指投入或产出按等比例缩减或放大以达到有效，角度是指投入或产出角度。传统的 DEA 模型大多建立在径向和角度的度量基础上，因此不能充分考虑到投入产出的松弛性问题，测度的效率值也是不准确或有偏的（Tone，2001）。托恩（Tone，2004）提出的非径向和非角度的 SBM-Undesirable 模型能有效解决这一问题。

对于某一特定的 $DMU_0(x_0, y_0^g, y_0^b)$，假定有 n 个决策单元，每个决策单元均有投入向量、期望产出向量和非期望产出向量 3 个投入产出向量，假设有 m 种投入、s 种产出，s 种产出中又包含 s_1 种正面产出

和 s_2 种负面产出，则投入向量表示为 $x \in R^m$，期望产出向量为 $y^g \in R^{s_1}$，非期望产出向量为 $y^b \in R^{s_2}$，模型如下所示：

$$\rho^* = \min \frac{1 - \dfrac{1}{m}\sum_{i=1}^{m} \dfrac{s_i^-}{x_{i0}}}{1 + \dfrac{1}{s_1 + s_2}\left(\sum_{r=1}^{s_1} \dfrac{s_r^g}{y_{r0}^g} + \sum_{r=1}^{s_2} \dfrac{s_.^b}{y_{.0}^b} \right)}$$

$$\text{s. t.} \begin{cases} x_0 = X\lambda + s^- \\ y_0^g = Y^g\lambda - s^g \\ y_0^b = Y^b\lambda + s^b \\ \lambda \geqslant 0, s^- \geqslant 0, s^g \geqslant 0, s^b \geqslant 0 \end{cases} \qquad (4-2)$$

其中，s^- 表示投入冗余量，s^g 表示正产出不足量，s^b 表示副产出超出量，λ 是权重向量。目标函数 ρ^* 是关于 s^-、s^g、s^b 严格递减的。对于 *DMU* 来讲，当且仅当 $\rho^* = 1$，即 $s^- = 0$，$s^g = 0$，$s^b = 0$ 时，决策单元是技术有效的。当 $\rho^* < 1$ 时，说明该 DMU 是无效的，存在投入产出上改进的必要性。

4.4　环境效率测度结果及比较

基于 2001～2018 年中国 30 个省份的面板数据，将表 4-1 中各投入产出指标的数据代入 MaxDEA6.16 软件，采用包含非期望产出的 SBM-VRS 模型测度环境效率，基于规模报酬可变的 BCC 模型测度技术效率，并对二者结果进行比较分析。

4.4.1　环境效率测度

利用 2001～2018 年中国 30 个省份的投入产出数据，应用 Max-DEA6.16 软件，采用非径向非导向 SBM-Undesirable-VRS 模型，计算中国 30 个省份环境效率，结果见表 4-3；为了更好地比较环境效率，因

为各省份经济发展条件及各种因素的不同，故选用规模报酬可变的 BCC
模型计算技术效率，2001～2018 年无空气污染约束下中国 30 个省份技
术效率见表 4 - 4。

表 4 - 3　　空气污染约束下中国 30 个省份环境效率（2001～2018 年）

地区		2001 年	2002 年	2003 年	2004 年	2005 年	2006 年	2007 年	2008 年	2009 年
东部	北京	1.000	1.000	1.000	1.000	1.000	1.000	1.000	1.000	1.000
	福建	1.000	1.000	1.000	0.906	0.821	0.820	0.772	0.790	0.804
	广东	1.000	1.000	1.000	1.000	1.000	1.000	1.000	1.000	1.000
	海南	1.000	1.000	1.000	1.000	1.000	1.000	1.000	1.000	1.000
	河北	0.608	0.607	0.586	0.596	0.591	0.571	0.567	0.548	0.541
	江苏	0.675	0.700	0.652	0.678	0.655	0.637	0.638	0.651	0.651
	辽宁	1.000	1.000	1.000	1.000	1.000	1.000	1.000	1.000	1.000
	山东	1.000	1.000	1.000	1.000	1.000	1.000	1.000	1.000	1.000
	上海	1.000	1.000	1.000	1.000	1.000	1.000	1.000	1.000	1.000
	天津	1.000	1.000	1.000	1.000	1.000	1.000	1.000	1.000	1.000
	浙江	1.000	1.000	1.000	0.916	0.901	0.855	0.862	0.829	
中部	安徽	0.487	0.508	0.498	0.504	0.486	0.473	0.453	0.435	0.419
	河南	0.554	0.586	0.561	0.558	0.509	0.501	0.470	0.456	0.454
	黑龙江	1.000	1.000	1.000	1.000	1.000	1.000	1.000	1.000	1.000
	湖北	0.434	0.479	0.471	0.431	0.405	0.412	0.438	0.409	0.419
	湖南	0.536	0.524	0.496	0.498	0.488	0.479	0.485	0.478	0.478
	吉林	1.000	0.863	0.768	0.911	1.000	0.909	0.918	0.692	0.709
	江西	0.604	0.588	0.544	0.538	0.532	0.489	0.481	0.463	0.456
	山西	0.605	0.617	0.643	0.696	0.642	0.598	0.590	0.510	0.463
西部	甘肃	0.511	0.535	0.515	0.560	0.567	0.559	0.553	0.543	0.529
	广西	0.529	0.556	0.519	0.468	0.481	0.451	0.448	0.427	0.392
	贵州	0.371	0.377	0.380	0.360	0.374	0.368	0.378	0.370	0.364
	内蒙古	1.000	1.000	1.000	1.000	1.000	1.000	1.000	1.000	1.000
	宁夏	1.000	1.000	1.000	1.000	0.606	0.607	0.596	1.000	0.555
	青海	1.000	1.000	1.000	1.000	1.000	1.000	1.000	1.000	1.000
	陕西	0.530	0.595	0.533	0.503	0.486	0.482	0.504	0.504	0.480
	四川	0.618	0.581	0.585	0.581	0.597	0.566	0.602	0.568	0.572
	新疆	0.585	0.555	0.539	0.545	0.553	0.521	0.519	0.511	0.473
	云南	0.630	0.623	0.620	0.577	0.571	0.561	0.546	0.539	0.538
	重庆	0.653	0.647	0.611	0.536	0.500	0.478	0.482	0.475	0.472
平均值		0.764	0.765	0.751	0.748	0.726	0.713	0.710	0.708	0.687

续表

地区		2010 年	2011 年	2012 年	2013 年	2014 年	2015 年	2016 年	2017 年	2018 年
东部	北京	1.000	1.000	1.000	1.000	1.000	1.000	1.000	1.000	1.000
	福建	0.836	0.797	0.810	0.826	0.813	0.831	0.846	1.000	0.866
	广东	1.000	1.000	1.000	1.000	1.000	1.000	1.000	1.000	1.000
	海南	1.000	1.000	1.000	1.000	1.000	1.000	1.000	1.000	1.000
	河北	0.538	0.542	0.544	0.484	0.447	0.452	0.463	0.471	0.460
	江苏	0.664	0.664	0.674	1.000	1.000	1.000	1.000	1.000	1.000
	辽宁	1.000	1.000	1.000	1.000	0.706	0.675	0.717	0.713	0.722
	山东	1.000	1.000	1.000	1.000	1.000	1.000	1.000	1.000	1.000
	上海	1.000	1.000	1.000	1.000	1.000	1.000	1.000	1.000	1.000
	天津	1.000	1.000	1.000	1.000	1.000	1.000	1.000	1.000	1.000
	浙江	0.845	1.000	1.000	0.919	0.842	0.911	1.000	0.958	1.000
中部	安徽	0.407	0.448	0.453	0.460	0.428	0.439	0.453	0.442	0.430
	河南	0.440	0.600	0.549	0.561	0.557	0.534	0.561	0.596	0.452
	黑龙江	1.000	0.476	0.491	0.468	0.443	0.441	0.452	0.463	0.630
	湖北	0.402	0.444	0.454	0.473	0.426	0.438	0.473	0.470	0.445
	湖南	0.474	0.463	0.484	0.483	0.454	0.494	0.512	0.534	0.497
	吉林	0.804	0.473	0.487	0.500	0.465	0.474	0.493	0.510	0.581
	江西	0.462	0.499	0.499	0.502	0.465	0.462	0.508	0.526	0.514
	山西	0.446	0.434	0.441	0.443	0.426	0.413	0.408	0.442	0.448
西部	甘肃	0.534	0.401	0.412	0.415	0.414	0.431	0.437	0.466	0.459
	广西	0.369	0.381	0.403	0.534	0.495	0.420	0.434	0.424	0.421
	贵州	0.384	0.382	0.430	0.430	0.410	0.419	0.426	0.460	0.418
	内蒙古	1.000	0.562	0.568	0.573	0.541	0.524	0.550	0.608	1.000
	宁夏	0.580	0.612	0.617	0.651	0.692	0.614	0.595	0.598	0.599
	青海	1.000	1.000	1.000	1.000	1.000	1.000	1.000	1.000	1.000
	陕西	0.472	0.518	0.515	0.517	0.485	0.477	0.497	0.495	0.480
	四川	0.543	0.486	0.510	0.530	0.535	0.545	0.541	0.542	0.546
	新疆	0.472	0.322	0.316	0.304	0.288	0.289	0.277	0.285	0.276
	云南	0.477	0.502	0.530	0.545	1.000	1.000	1.000	1.000	0.552
	重庆	0.467	0.511	0.553	0.631	0.619	0.650	0.675	0.713	0.698
平均值		0.687	0.695	0.698	0.719	0.690	0.679	0.691	0.696	0.669

资料来源：由 SBM-Undesirable-VRS 模型经 MaxDEA6.16 计算得到。

表 4 - 4　　　无空气污染约束下中国 30 个省份技术效率（2001 ~ 2018 年）

地区		2001 年	2002 年	2003 年	2004 年	2005 年	2006 年	2007 年	2008 年	2009 年
东部	北京	1.000	1.000	1.000	1.000	1.000	1.000	1.000	1.000	1.000
	天津	1.000	1.000	1.000	1.000	1.000	1.000	1.000	1.000	1.000
	河北	0.710	0.738	0.738	0.782	0.828	0.851	0.826	0.802	0.800
	福建	1.000	1.000	0.958	0.947	0.920	0.926	0.930	0.916	0.902
	广东	1.000	1.000	1.000	1.000	1.000	1.000	1.000	1.000	1.000
	海南	1.000	1.000	1.000	1.000	1.000	1.000	1.000	1.000	1.000
	江苏	0.904	0.934	0.928	0.900	0.818	0.830	0.837	0.857	0.908
	辽宁	1.000	1.000	1.000	1.000	1.000	0.995	0.948	0.919	0.906
	山东	1.000	1.000	1.000	1.000	1.000	1.000	1.000	1.000	1.000
	浙江	1.000	1.000	1.000	1.000	0.997	0.976	0.952	0.987	0.965
	上海	1.000	1.000	1.000	1.000	1.000	1.000	1.000	1.000	1.000
中部	安徽	0.777	0.849	0.899	0.890	0.871	0.838	0.812	0.804	0.814
	河南	0.803	0.846	0.859	0.869	0.850	0.840	0.767	0.727	0.701
	黑龙江	0.871	0.886	0.925	0.964	0.990	0.972	0.937	0.924	0.890
	湖北	0.592	0.594	0.615	0.631	0.666	0.667	0.670	0.684	0.704
	湖南	0.816	0.879	0.907	0.932	0.966	0.946	0.924	0.910	0.916
	吉林	0.958	0.950	0.945	0.932	0.887	0.813	0.751	0.682	0.656
	江西	0.971	0.978	0.957	0.899	0.861	0.806	0.758	0.771	0.774
	山西	0.922	0.946	0.976	0.981	0.967	0.928	0.912	0.878	0.803
西部	甘肃	0.709	0.729	0.788	0.800	0.818	0.804	0.798	0.802	0.810
	广西	0.964	0.997	0.980	0.968	0.958	0.877	0.805	0.754	0.687
	贵州	0.636	0.627	0.635	0.642	0.667	0.662	0.671	0.683	0.695
	内蒙古	1.000	1.000	1.000	0.906	0.855	0.814	0.762	0.752	0.721
	宁夏	1.000	1.000	1.000	1.000	0.958	0.962	0.898	1.000	0.879
	青海	1.000	1.000	1.000	1.000	1.000	1.000	1.000	1.000	1.000
	陕西	0.721	0.785	0.737	0.712	0.738	0.731	0.740	0.740	0.744
	四川	0.692	0.728	0.759	0.777	0.806	0.788	0.779	0.754	0.774
	新疆	0.845	0.798	0.780	0.763	0.744	0.696	0.695	0.715	0.712
	云南	0.828	0.853	0.860	0.847	0.795	0.748	0.749	0.775	0.768
	重庆	0.925	0.897	0.848	0.794	0.779	0.739	0.725	0.728	0.751
平均值		0.888	0.900	0.903	0.898	0.891	0.874	0.855	0.852	0.843

续表

地区		2010 年	2011 年	2012 年	2013 年	2014 年	2015 年	2016 年	2017 年	2018 年
东部	北京	1.000	1.000	1.000	1.000	1.000	1.000	1.000	1.000	1.000
	天津	1.000	1.000	1.000	1.000	1.000	1.000	1.000	1.000	1.000
	河北	0.791	0.774	0.772	0.709	0.654	0.650	0.658	0.662	0.663
	福建	0.897	0.875	0.879	0.891	0.852	0.867	0.882	0.877	0.859
	广东	1.000	1.000	1.000	1.000	1.000	1.000	1.000	1.000	1.000
	海南	1.000	1.000	1.000	1.000	1.000	1.000	1.000	1.000	1.000
	江苏	0.938	0.967	0.994	1.000	1.000	1.000	1.000	1.000	1.000
	辽宁	0.889	0.892	0.888	0.885	0.806	0.772	0.735	0.753	0.784
	山东	1.000	1.000	1.000	1.000	1.000	1.000	1.000	1.000	1.000
	浙江	0.968	0.963	0.963	0.906	0.920	0.932	0.941	0.940	0.960
	上海	1.000	1.000	1.000	1.000	1.000	1.000	1.000	1.000	1.000
中部	安徽	0.816	0.823	0.840	0.840	0.807	0.790	0.786	0.785	0.784
	河南	0.663	0.634	0.617	0.619	0.646	0.635	0.642	0.650	0.634
	黑龙江	0.886	0.894	0.897	0.884	0.833	0.804	0.814	0.824	0.823
	湖北	0.713	0.719	0.729	0.731	0.697	0.676	0.667	0.655	0.650
	湖南	0.900	0.892	0.898	0.793	0.757	0.748	0.751	0.758	0.766
	吉林	0.619	0.605	0.624	0.648	0.647	0.661	0.674	0.689	0.658
	江西	0.780	0.789	0.811	0.820	0.828	0.825	0.823	0.824	0.831
	山西	0.767	0.732	0.726	0.712	0.684	0.664	0.670	0.707	0.735
西部	甘肃	0.811	0.825	0.868	0.879	0.869	0.845	0.826	0.853	0.891
	广西	0.641	0.624	0.610	0.735	0.734	0.609	0.607	0.614	0.610
	贵州	0.697	0.717	0.736	0.706	0.683	0.647	0.619	0.600	0.586
	内蒙古	0.673	0.636	0.598	0.632	0.607	0.619	0.618	0.632	0.667
	宁夏	0.948	0.916	0.907	0.900	0.891	0.890	0.888	0.899	0.907
	青海	1.000	1.000	1.000	1.000	1.000	1.000	1.000	1.000	1.000
	陕西	0.715	0.696	0.692	0.667	0.641	0.637	0.646	0.644	0.646
	四川	0.787	0.811	0.837	0.852	0.826	0.818	0.824	0.830	0.839
	新疆	0.698	0.696	0.686	0.637	0.608	0.582	0.566	0.553	0.552
	云南	0.709	0.675	0.664	0.637	0.590	0.556	0.539	0.535	0.530
	重庆	1.000	0.774	0.802	0.865	0.851	0.862	0.882	0.889	0.877
平均值		0.836	0.831	0.835	0.831	0.814	0.803	0.802	0.806	0.808

资料来源：由 BCC - VRS 模型经 MaxDEA6.16 计算得到。

4.4.2　整体环境效率变化趋势

图 4 – 1 直观地显示了 2001 ～ 2018 年全国环境效率及技术效率的变化趋势。无论是否包含空气污染变量，中国的环境效率及技术效率水平变化均较缓慢，两者平均效率水平保持同步变化，且环境效率随时间呈现波浪式的下降趋势，到有效生产前沿面的距离在逐渐变大。从图 4 – 1 中可以看出，在不考虑空气污染变量的情况下，中国整体的省际技术效率平均值为 0.848；当加入空气污染变量时，中国整体环境效率平均值为 0.711。两者效率值差异显著，且空气污染约束下的平均环境效率到生产前沿面的距离要远于无约束下的效率水平，换句话说，是空气污染约束下的环境效率提升潜力要高于无约束下的技术效率水平。

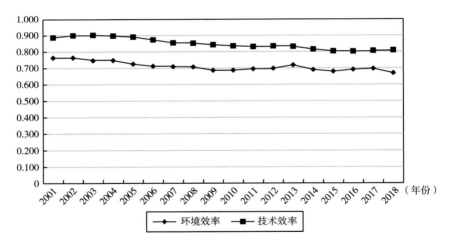

图 4 – 1　平均技术效率变化趋势

资料来源：根据表 4 – 3 和表 4 – 4 的数据计算得出全国各省份的平均值。

从时间序列趋势上看，2001 年，无约束下的技术效率值为 0.888，而加入空气污染的约束条件后，环境效率值变为 0.764；2018 年，无约束下中国技术效率值为 0.808，加入空气污染的约束条件之后，环境效率值为 0.669。技术效率值随时间的纵向深入变化而渐渐降低，但最低技术效率值仍保持在 0.8 以上，最低值为 2016 年的 0.802，即便如此，该值也要高于环境效率值的最大值，也即距离有效生产前沿面更近；加入空气污染的约束条件后，环境效率值随时间的纵向深入呈现微弱的下降趋势，环境效率值自 2009 年开始除 2013 年的 0.719 以外，其他年份的环境效率值均降低到 0.7 以下，最低值为 2018 年的 0.669，此后，随时间变换呈现缓慢的波浪形下降趋势。从横向截面上来看，技术效率值与环境效率值之间的平均差值为 0.137，二者之间差距较大的年份出现在 2005 年，该差值为 0.165，二者之间差距最小的年份在 2017 年，该差值为 0.110；也即无论是差值最大的 2011 年还是差值最小的 2017 年，环境效率值到生产前沿面的距离均要远于技术效率到生产前沿面的距离。可见空气污染变量的加入对环境效率造成了很大程度上的损失。如果不考虑空气污染变量，技术效率评价存在失真问题。

　　不同模型下、不同样本下或不同约束下测算出来的技术效率值体现的是技术效率的相对水平，采用平均值的方式比较环境效率与技术效率的结果可能不太恰当。变异系数（coefficient of variance，CV）可以消除单位或平均数不同对两个或多个资料变异程度的影响。为了更加清晰地了解空气污染约束前后效率的变化情况，观察其加入空气污染约束前后的分散程度，作出有无空气污染约束下环境效率的变异系数，其计算公式为：变异系数等于标准差与算术平均值的比值。根据此公式计算每一年的变异系数，2001～2018 年有无空气污染约束下环境效率的标准差系数见表 4-5，将 2001～2018 年每年的技术效率平均值进行尾首相接后形成一个新的时间序列，计算总的变异系数，有无空气污染约束下的标准差系数见表 4-6。

表 4-5　　2001～2018 年有无空气污染约束下环境效率的标准差系数

CV	2001 年	2002 年	2003 年	2004 年	2005 年	2006 年	2007 年	2008 年	2009 年
技术效率	0.145	0.135	0.128	0.125	0.120	0.129	0.133	0.139	0.139
环境效率	0.303	0.291	0.307	0.315	0.324	0.335	0.335	0.350	0.361
CV	2010 年	2011 年	2012 年	2013 年	2014 年	2015 年	2016 年	2017 年	2018 年
技术效率	0.155	0.163	0.167	0.164	0.177	0.192	0.196	0.195	0.196
环境效率	0.359	0.354	0.335	0.359	0.360	0.354	0.353	0.365	0.359

表 4 - 6   有无空气污染约束下的标准差系数

CV	平均值	标准差	标准差系数
技术效率	0.848	0.131	0.155
环境效率	0.711	0.241	0.341

从表 4 - 5 可以看出，2001 ~ 2018 年，未包含空气污染约束下技术效率 CV 值随着时间趋势变化而变大，表明技术效率值在地区间的差距在扩大；同理，空气污染约束下环境效率的 CV 值随着时间趋势变化也在变大，表明空气污染约束下的环境效率值在地区间的差距在拉大。需要重点关注的是，空气污染约束下环境效率的 CV 值要高于无约束下技术效率的 CV 值，每一年的变异系数要平均提高 0.186 左右，可见，加入空气污染变量后，增大了环境效率的离散程度，空气污染约束下环境效率的波动程度要高于无约束下的技术效率。从表 4 - 6 可以看出，未加入空气污染的技术效率的变异系数为 0.155，考虑空气污染后，其变异系数变为 0.341，明显扩大了环境效率的离散程度。说明空气污染约束下环境效率与生产前沿面相距较远的 DMU 数量有所提升，因此，未考虑空气污染的技术效率的测度结果是有偏的。

4.4.3 空气污染对环境效率的影响程度分析

图 4 - 2 直观地显示了不考虑空气污染约束下的全国及不同区域的技术效率变化趋势。从图 4 - 2 可以看出，无约束条件下，全国平均技术效率值为 0.848，东部、中部、西部地区平均技术效率值分别为 0.950、0.796、0.785。各地区间的技术效率差异比较大，东部地区技术效率水平远高于全国平均水平，中部地区和西部地区均低于全国平均水平。随着时间的变化，各地区技术效率值都有不同程度的下降，下降程度差异不大。

加入空气污染约束之后，各地区环境效率值在有些年份有所提高，有些年份开始下降，但总体呈现出下降趋势。全国地区总体环境效率值下降，东部、中部、西部地区环境效率平均值分别为 0.911、0.579、

0.606，环境效率均值与无约束下的效率水平在数值上有明显差异，分别
相差 0.039、0.217、0.179。这说明各地区环境效率受空气污染的影响程
度不一，总体相差较大。东部地区环境效率值受到空气污染的影响较小，
中部、西部地区受空气污染的影响较大。尤其是中部地区，效率值到生
产前沿面的距离变得最远，受空气污染的影响最大。空气污染约束下与
无约束下的环境效率发生了较大变化，未加入空气污染约束之前，东部、
中部、西部地区技术效率排名为：东部地区 > 中部地区 > 西部地区；而
加入空气污染变量后，东部、中部、西部地区的环境效率排名为：东部
地区 > 西部地区 > 中部地区。可见，空气污染对于技术效率评价结果的
影响是非常大的，未考虑空气污染的技术效率评价存在一定的失真性。

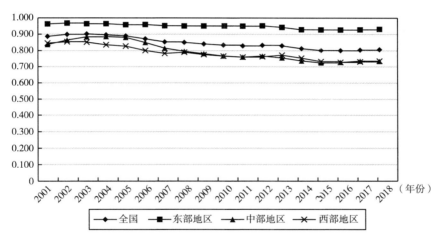

图 4 – 2 不考虑空气污染约束下的区域技术效率变化趋势

资料来源：表 4 – 3 全国及东部、中部、西部地区各省份平均值。

　　分省份考虑，对空气污染约束下及无约束下的各省份平均环境效
率值进行排序，见表 4 – 7。根据表 4 – 7 可以看出，无论是否考虑空
气污染约束，技术效率最高的均为北京、广东、海南、青海、山东、
上海与天津。这 7 个省份的排名未发生变化，可以发现，其在研究样
本期间，此 7 个省份均处于前沿面上，而其中北京、广东、海南、山
东、上海与天津均位于东部发达地区，仅有受污染较小的青海省处于
西部地区。值得说明的是，青海省位于西部地区，在有无空气污染约

束下的环境效率值均处于生产前沿面，说明其受到空气污染约束的影响较小；从 2001～2018 年的 $PM_{2.5}$ 浓度平均值也可以看出，其 $PM_{2.5}$ 浓度平均值相对较低，仅为 13.86μg/m³，比世界卫生组织（WHO）规定的 $PM_{2.5}$ 的达标数值 10μg/m³ 高一些，但要低于过渡期目标 1 的 15μg/m³。除此之外，受到偶然因素的影响，贵州、河南、湖北、新疆和重庆这 5 个省份的排名也未发生变化，贵州排在第 24 位，河南排在第 19 位，湖北排在第 23 位，新疆排在第 22 位，重庆则排在第 11 位。

表 4 - 7　　　　空气污染及无约束条件下各省份平均环境效率排序

省份	无约束	排序	空气污染约束	排序	△排名
安徽	0.8235	10	0.4567	20	↓10
北京	1.0000	1	1.0000	1	↔0
福建	0.9098	5	0.8633	6	↓1
甘肃	0.8179	12	0.5301	14	↓2
广东	1.0000	1	1.0000	1	↔0
广西	0.7652	15	0.4543	21	↓6
贵州	0.6616	24	0.3935	24	↔0
海南	1.0000	1	1.0000	1	↔0
河北	0.7449	17	0.5341	13	↑4
河南	0.7223	19	0.4904	19	↔0
黑龙江	0.8898	7	0.9623	2	↑5
湖北	0.6700	23	0.4411	23	↔0
湖南	0.8589	8	0.4927	18	↓10
吉林	0.7444	18	0.7621	8	↑10
江苏	0.9342	4	0.7744	7	↓3
江西	0.8392	9	0.5055	17	↓8
辽宁	0.8984	6	0.9185	5	↑1
内蒙古	0.7496	16	0.9205	4	↑12
宁夏	0.9358	3	0.6777	9	↓6
青海	1.0000	1	1.0000	1	↔0
山东	1.0000	1	1.0000	1	↔0
山西	0.8172	13	0.5221	15	↓2
陕西	0.7017	21	0.5068	16	↑5
上海	1.0000	1	1.0000	1	↔0
四川	0.7934	14	0.5662	12	↑2
天津	1.0000	1	1.0000	1	↔0

省份	无约束	排序	空气污染约束	非序	△排名
新疆	0.6847	22	0.4501	22	↔0
云南	0.7032	20	0.5913	10	↑10
浙江	0.9650	2	0.9353	3	↓1
重庆	0.8193	11	0.5766	11	↔0

资料来源：根据表 4-3 和表 4-4 综合得来。↔表示无变化，↑表示上升，↓表示下降。

可以发现，空气污染约束及无约束下各省份排名发生了很大变化，未发生变化的省份仅占据总体的 40%，而发生较大变化的省份占据整体的 60%。从排序变化可知，除位于生产前沿面的 7 个省份排序水平未发生变化外，还有贵州、河南、湖北、新疆和重庆 5 个省份未发生变动，也就是其到有效生产前沿面的距离保持不变。而其余 18 个省份顺序位置均发生较大变化。具体到省份来看，河北、黑龙江、吉林、辽宁、内蒙古、陕西、四川和云南 8 个省份在考虑空气污染后，其排名次序更靠前，意味着其环境效率值到生产前沿面的距离更近了，尤其是吉林、内蒙古和云南 3 个省份，排名次序向前提升了至少 10 个位次，说明加入空气污染约束后的环境效率评价有突出和强化低效率水平的能力。对于余下的 10 个省份，当其考虑空气污染约束后，环境效率到生产前沿面的距离明显远于无约束下的传统技术效率值，说明传统技术效率指标忽略了自然资源禀赋、地理条件等对空气污染负荷的消化能力。仅仅是片面追求 GDP 的增长，而非去除环境污染下的绿色增长，因此，没有考虑环境的负产出评价得出的效率值是片面的。

为了进一步检验空气污染约束增加后对技术效率是否会产生偏差，且更加清晰地看出前后是否变化，对模型增加空气污染前后的技术效率排序进行秩和检验（Wilcoxon rank sum test）。假设 H_0：增加空气污染约束后，中国省际环境效率评价结果无显著差异。相反，假设 H_1：增加空气污染约束后，中国省际环境效率评价结果有显著差异。本书采用 SPSS18.0 对环境效率进行 Wilcoxon rank sum 检验，结果见表 4-8。秩和检验结果显示，空气污染约束下的中国省际环境效率与无约束下的省际技术效率表现出明显的区别，通过了 5% 水平上的显著性检验。因此，拒绝零假设，接受备择假设，说明考虑空气污染约束下的环境效率到生产前沿面的距离显著远于无约束下的技术效率，也即说明忽视空气污染进行的技术效率评价结果是有偏的。

表 4 – 8   Wilcoxon rank sum 检验结果

Wilcoxon rank sum 检验	统计值	P 值	结果
技术效率	− 2. 354 **	0. 019	拒绝

注： ** 表示在 5% 的水平上显著。

通过整体环境效率值的 CV 检验以及省份平均效率值下的秩和检验发现，空气污染约束下的中国环境效率值与无约束下的环境效率值表现出明显的差异，说明忽视空气污染约束的技术效率值的测度是有偏的。因此，将空气污染纳入技术效率评价研究框架，进行中国省际环境效率值的测度及评价，能更全面、准确地反映中国经济发展水平和质量，与传统效率指标相比具有更强的判别能力。

4.4.4   空气污染约束下的环境效率区域差异

分区域来看。从图 4 – 3 可以看出，空气污染约束下，中国东部、中部、西部地区的环境效率变化均比较平缓。但环境效率区域发展不平衡，东部环境效率平均值为 0. 911，高于全国环境效率的平均值，在考察期间，其与全国环境效率变化趋势一致，与时间呈现一定的负相关关系，具有微弱的下降趋势。中部地区环境效率平均值为 0. 579，西部地区环境效率平均值为 0. 606，二者均低于全国环境效率平均值 0. 711，在考察期内，二者的环境效率值呈现大小交替变化，但随时间的变化总体呈现下降趋势。中部地区 $PM_{2.5}$ 年均浓度值为 $37. 16\mu g/m^3$，远远高于西部地区的 $24. 55\mu g/m^3$，尽管中部地区要比西部地区经济稍微发达，但受空气污染的影响，中部地区环境效率均值低于西部地区。从东往西，环境效率值呈现波动性变化，环境效率平均值区域排名为：东部地区 > 西部地区 > 中部地区。

分省份来看。从结果来看，我国 30 个省份的环境效率个体之间存在

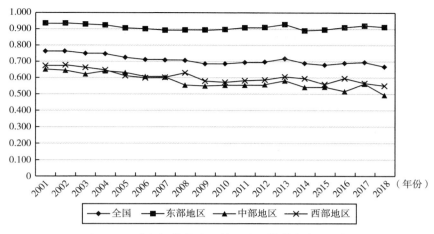

图 4 - 3　空气污染约束下的区域环境效率变化趋势

资料来源：表 4 - 3 全国及东部、中部、西部地区各省份环境效率平均值。

着显著的差距，其中，2001 年，各省份最低效率得分为 0.371；2002 年各省份最低效率得分为 0.376；2017 年各省份最低效率得分为 0.331；2018年各省份最低效率得分为 0.301；2003 ~ 2016 年环境效率最低得分分别为 0.380、0.360、0.374、0.368、0.378、0.370、0.364、0.369、0.398、0.391、0.391、0.355、0.340、0.322，可见，2001 ~ 2018 年我国 30 个省份的最低环境效率值均低于 0.4，环境效率水平具有很大的提升空间。

　　另外，可以发现，2001 年有 14 个省份处在生产边界上，分别为北京、天津、福建、广东、海南、辽宁、山东、浙江、上海、黑龙江、吉林、内蒙古、宁夏和青海，2018 年有 9 个省份处于生产边界上，分别为北京、天津、广东、海南、江苏、山东、浙江、上海和青海，福建、辽宁、黑龙江、内蒙古和宁夏 5 个省份从有效生产前沿面上移开，DEA有效省份下降了 35.71%，进一步能够反映出中国在研究样本期间由于空气污染导致了环境效率的下降。北京、天津、广东、海南、山东、上海和青海七省份表现最好，历年的效率值均处在有效生产边界上。

　　结合表 4 - 3 来看，东部地区中，环境效率最高的是北京、广东、海南、山东、上海、天津。福建除了 2001 ~ 2003 年、2017 年以外，其他年份的环境效率也未在生产前沿面上，平均效率为 0.863；浙江则在

2001~2004 年、2011~2012 年、2016 年及 2018 年 8 个年份在生产前沿面上，其余各年份均未处在生产前沿面上，环境效率平均值为 0.935；辽宁只有 2014~2018 年这 5 年未在生产前沿面上，其余各年份均处在生产前沿面上，其效率平均值为 0.918；江苏 2013~2018 年这 6 年的环境效率值在生产前沿面上，其余未在生产前沿面上，平均效率值为 0.774；2001~2018 年河北平均 $PM_{2.5}$ 浓度均值为 47.19μg/m³，在 30 个省份中排名第 5 位，受到空气污染的严重影响，河北的环境效率值都没有处在生产前沿面上，平均环境效率值仅为 0.534，为东部地区环境效率值最低的省份，拉低了东部地区整体环境效率水平。

中部地区中，黑龙江表现比较出色，2001~2010 年的环境效率水平均处在有效生产前沿面上，2001~2018 年环境效率平均值为 0.770，在中部省份中排名第一位；吉林排在中部地区第二位，除 2001 年和 2005 年的环境效率处于有效生产前沿面上以外，其余各年份均未处在生产前沿面上，环境效率平均值为 0.698；其余各省份安徽、河南、湖北、湖南、江西和山西六省任意一年均未处在生产前沿面上，其环境效率平均值分别为 0.457、0.528、0.441、0.493、0.507 和 0.515。可以看出，中部地区环境效率水平的提升主要源于黑龙江与吉林的拉动，其余各省份环境效率水平均在全国环境效率平均水平之下，中部地区整体环境效率水平相对偏低，提升空间较大。

西部地区中，环境效率普遍偏低，虽然较中部地区稍微高一点，但平均环境效率值也仅有 0.606，远低于全国环境效率的平均水平。只有青海在考察期内的环境效率全部处于生产前沿面上，其他省份环境效率值全部低于生产前沿面。环境效率值最低的是贵州，平均值只有 0.393，西部地区按各年份环境效率平均值排名依次为青海（1.000）>内蒙古（0.920）>宁夏（0.678）>云南（0.591）>重庆（0.578）>四川（0.566）>甘肃（0.530）>陕西（0.507）>广西（0.454）>新疆（0.450）>贵州（0.393）。

4.4.5　节能减排潜力分析

根据 Undesirable-SBM-DEA 模型，参照样本中的有效省份，通过松弛变量，计算出无效省份投入产出变量的冗余程度，也即样本中无效省份要达到有效的标准应降低投入或增加产出的程度（张庆芝，2012）。重点计算了无效省份能耗、水资源消耗、空气污染及人员投入等变量的冗余程度，计算结果如图 4 – 4、图 4 – 5、图 4 – 6、图 4 – 7 所示。

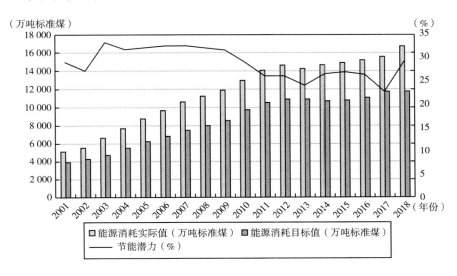

图 4 – 4　2001 ~ 2018 年各省份平均节能潜力

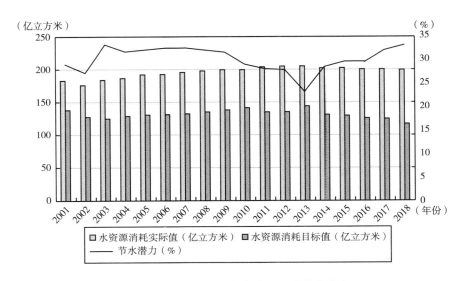

图 4 – 5　2001 ~ 2018 年各省份平均节水潜力

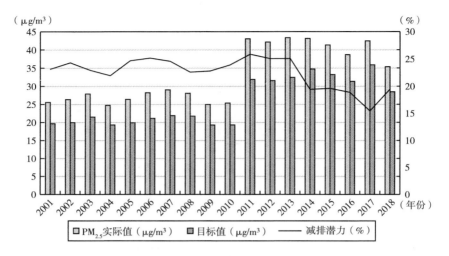

图 4 - 6 2001～2018 年各省份平均空气污染减排潜力

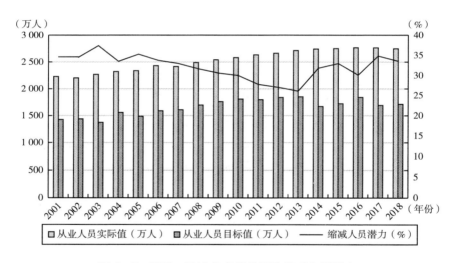

图 4 - 7 2001～2018 年各省份平均缩减人员潜力

总体来看，我国各省份对能源消耗、水资源消耗、空气污染的减排能力以及从业人员缩减潜力具有较大的降低空间。从图 4 - 4 可以看出，样本考察期间，各地区平均节能潜力为 28.92%。研究样本在 2001～2018 年，节能潜力呈现波浪式变化，随着国家宏观节能减排目标的制定以及根据各地方政府是否完成目标规划，该节能潜力可能会不断地升高和降低；能源消耗量则随时间的变化越来越大，2001 年能源消耗量平均为 5115.91 万吨标准煤，2018 年能源消耗量平均为 16723.44 万吨标准煤；能源消耗量的目标值也是越来越大，2001 年该值为 3904.52 万吨标准煤，2018 年该值变化为 11752.54 万吨标准煤。从这个角度可以反映出，经济发展对能源的需求量在逐渐增大，能源消耗量也越来越大，粗放型的经济增长方式致使发展成本越来越高，一直以来经济的增长只是靠物质能源的消耗而不是科技进步、劳动者素质的提高以及管理水平的创新，而落后的生产设备和技术跟不上经济发展的步伐，工业产能效率低下，导致能源效率的低下，造成大量能源浪费，同时，我国的能源消费结构是非常不合理的，煤炭是我国主要能源之一，煤炭的大量燃烧也是能源利用效率低下的主要原因之一，因此，能源大量消费以及节能潜力的不断挖掘是节能减排工作的重点。在节能减排的目标规划之中，各省份为了能够完成每一个五年规划的经济增长目标，盲目地投入能源来换取经济量的增长，然而由于技术陈旧以及产能落后，导致效率低下，节能潜力骤升。

从图 4 - 5 可以看出，研究样本期间，各地区平均节水潜力为 30.25%，节水潜力在不断波浪式变化，2001 年节水潜力平均值为 29.09%，2018 年节水潜力平均值为 33.25%，2013 年出现节水潜力的最低值为 23.25%；水资源的实际消耗量平均值为 195.85 亿立方米，2001 年，水资源的实际消耗量为 183.01 亿立方米，2018 年水资源的实际消耗量为 199.46 亿立方米，水资源的实际消耗量在缓慢上升；而节水潜力也在不断变化，2001～2013 年呈现倒"U"型变化，2013～2018 年节水潜力不断增加。从节水潜力的变化趋势可以看出，大致分为两个阶段，第一阶段，2001～2013 年为倒"U"型曲线，水资源的实际消耗量不断增加，由 2001 年的 183.01 亿立方米增加到 2013 年的 205.11 亿立方米，水资源消耗的目标值则是先增大后减小；第二阶段，2013～2018 年，节水潜力不断增加，由 2013 年的 23.25% 增加到 2018 年的 33.25%，水资源的实际消耗量不断减少，水资源消耗目标值也在不断减少。整体来看，水资源利用效率还是比较低的，水资源的节水潜力一度达到

33.33%，几乎 1/3 的水资源都被浪费掉，水资源利用方式粗放，用水效率普遍较低，浪费严重，工业用水重复利用程度以及再生利用程度较低。据一项数据表明，2004 年，我国工业用水重复利用率为 60% ~ 65%，而发达国家工业用水重复利用率为 80% ~ 85%，高出我国 20 个百分点。[①]

从图 4 - 6 可以看出，样本考察期间，各地区平均空气污染减排潜力为 22.51%，2001 年我国各地区平均空气污染减排潜力为 23.16%，2018 年该值变为 19.47%，有意思的是 2001 年我国 $PM_{2.5}$ 平均值为 $25.60\mu g/m^3$，2018 年该值上升为 $35.39\mu g/m^3$，但令人遗憾的是，空气污染减排潜力相对于 2001 年来说却下降了，这是因为 $PM_{2.5}$ 的目标值在上升，同时，空气污染治理政策措施的不断出台，有效治理了空气污染，导致空气污染减排潜力变小了。自 2011 年 $PM_{2.5}$ 浓度均值开始大幅上升，意味着我国空气污染程度开始加重。研究样本期间，空气污染减排潜力在 2003 ~ 2005 年、2007 ~ 2010 年，出现了两个小幅下降的趋势，分别在 2004 年和 2008 年出现谷底。这很有可能是因为期间相关大气治理政策以及大气污染治理投资起到了成效。2002 年国家环保总局根据《大气污染防治法》划定了 113 个大气污染防治重点城市，为大气污染的治理奠定了一定的基础，初步实现了一定的效果。2007 年，为贯彻《中华人民共和国环境保护法》《中华人民共和国大气污染防治法》《国务院关于落实科学发展观加强环境保护的决定》，规范环境空气质量监测工作，环境保护部制定了《环境空气质量监测规范（试行）》，自发布之日起实行。政策的实施在治理空气污染时起到了推动作用，而大气污染治理投资则加强了空气污染的治理。有关数据显示，2004 年，我国投资 142.8 亿元用于治理大气污染，2007 年投资 275.3 亿元，投资额以年均 25% 以上的增长率为大气污染治理提供了资金基础保障。[②] 而 2010 年以后，环保政策执行力度下降，旧的环保政策存在一定的不足，新的有关空气污染的政策尚未实施。可见，环境保护具有一定的特性，

---

① 资料来源：《节水型社会建设"十一五"规划》。

② 资料来源：笔者根据智研数据中心数据整理而得。

投入较大，社会效益往往大于经济效益，环保产业发展对政策的依赖性
较强，每有新环保政策的出现，将会在短期内促使环境治理以及空气污
染治理出现一定的成效，因此，环保标准以及环境政策的制定、政策的
执行力度的提升对空气污染的治理是非常关键的。2013 年，国务院发
布《大气污染防治行动计划》（以下简称"大气十条"），2014 ~ 2016
年，我国开始全面实施"大气十条"，2017 年，为彻底打赢蓝天保卫
战，国家层面出台了诸多新规。譬如，《"十三五"节能减排综合工作
方案》《城市环境空气质量变化程度排名方案》等，2018 年，出台新的
政策措施《打赢蓝天保卫战三年行动计划》等，政策措施的不断加强
及更新，保障了空气污染的彻底有效治理，使得减排潜力也在不断
下降。

　　由图 4 - 7 可知，研究样本期间，我国各地区缩减人员的潜力平均
值为 32.13%，2001 年各地区缩减人员的潜力平均值为 34.61%，2018
年各地区缩减人员的潜力平均值为 33.53%，随时间变化呈现波浪式起
伏状态；我国各地区从业人员的实际平均值为 2534.22 万人，2001 年我
国各地区从业人员的实际平均值为 2230.29 万人，2018 年我国各地区从
业人员的实际平均值为 2748.97 万人，各地区实际从业人员数随时间变
化呈现缓慢递增趋势；我国各地区从业人员的目标平均值应为 1659.68
万人，2001 年我国各地区从业人员的目标平均值应为 1429.20 万人，
2018 年我国各地区从业人员的目标平均值应为 1713.12 万人，该目标值
在研究样本期间随时间变化呈现波浪式上升状态。综合可得，从业人员
有一定的缩减空间，未能充分合理地发挥人员的最大效率，因此，应对
从业人员进行缩减，以提升整体的环境效率与技术效率。

4.4.6　环境效率的改善方向

　　空气污染约束下 SBM-Undesirable 模型计算出来环境效率的松弛变
量能够反映各投入产出变量距离评价标杆的距离，正数表示期望产出也
即经济产出可以增加的绝对量，负数表示各个投入变量和非期望产出变

量也即空气污染可以减少的绝对量，这些绝对量都是相对于评价标杆而言的。松弛变量越大，说明该决策单元达到有效生产前沿需要付出的努力就越大；相反，松弛变量越小，那么，该决策单元达到有效生产前沿所需要付出的努力就越少。2001～2018 年我国各省份投入产出变量年均可调整量见表 4－9。表 4－9 显示，研究样本期间，我国各投入产出变量配置效率并没有达到最佳，各个指标还有很大空间进行调整。相对于标杆而言，投入指标中的平均从业人员数、能源消耗量、资本存量、用水总量缩减量分别为 868.38 万人、3133.83 万吨标准煤、3884.19 亿元和 64.24 亿立方米，而期望产出也即 GDP 产出可调增 11.70 万亿元，非期望产出空气污染 $PM_{2.5}$ 浓度年均值可调减 $10.38\mu g/m^3$。

表 4－9 　我国各省份投入产出变量年均可调整量（2001～2018 年）

省份	从业人员数（万人）	能源消费量（万吨标准煤）	资本存量（亿元）	用水总量（亿立方米）	GDP（亿元）	$PM_{2.5}$均值（$\mu g/m^3$）
安徽	－1448.44	－1686.49	－3240.83	－82.84	0	－16.41
北京	0.00	0.00	0.00	0.00	0	0.00
福建	－104.48	－160.34	－3985.32	－9.74	0	－1.37
甘肃	－947.36	－3357.29	－823.47	－73.60	0	－7.92
广东	0.00	0.00	0.00	0.00	0	0.00
广西	－1619.02	－2477.56	－8178.60	－216.02	0	－18.40
贵州	－1522.19	－5203.46	－3278.14	－52.80	0	－17.18
海南	－93.23	－62.80	0.00	－13.79	0	－8.23
河北	－1805.60	－13953.77	－10278.22	－20.31	0	－21.18
河南	－3921.98	－7561.07	－5509.04	－38.09	0	－28.84
黑龙江	－65.75	－660.56	－521.20	－33.08	0	－0.15
湖北	－1867.81	－5678.37	－7782.23	－145.98	0	－21.69
湖南	－2245.62	－4763.98	－4123.08	－189.57	0	－21.49
吉林	－353.87	－2633.40	－9113.87	－35.01	0	－5.26
江苏	－306.19	－1800.21	－19125.75	－108.77	0	－17.48
江西	－1454.32	－1514.40	－2267.12	－150.00	0	－21.56
辽宁	－207.31	－2698.38	－4503.67	－4.25	0	－0.40
内蒙古	－125.64	－5517.45	－4476.63	－68.81	0	－1.93

续表

省份	从业人员数（万人）	能源消费量（万吨标准煤）	资本存量（亿元）	用水总量（亿立方米）	GDP（亿元）	PM$_{2.5}$均值（μg/m³）
宁夏	−94.03	−1727.83	−6.12	−51.15	351.07	−17.13
青海	−95.04	−720.87	0.00	−10.77	0	−4.92
山东	−792.02	−463.28	0.00	0.00	0	−2.98
山西	−886.92	−9725.65	−4271.49	−11.68	0	−17.34
陕西	−1180.48	−3967.76	−6709.36	−15.00	0	−17.36
上海	0.00	0.00	0.00	0.00	0	0.00
四川	−2862.06	−6900.14	−4071.38	−73.01	0	−11.40
天津	0.00	0.00	0.00	0.00	0	0.00
新疆	−348.41	−6859.48	−4920.57	−487.22	0	−8.92
云南	−668.62	−1563.61	−4911.69	−23.63	0	−0.12
浙江	−179.35	−199.91	−2228.71	0.00	0	−0.49
重庆	−855.71	−2156.88	−2199.27	−12.09	0	−21.33
平均值	−868.38	−3133.83	−3884.19	−64.24	11.70	−10.38

注：根据 MaxDEA6.16 软件计算得知。

　　具体到各个省份而言，仅有北京、广东、上海和天津 4 个省份的年均投入产出变量达到有效配置，其余各省份的投入产出变量都需要不同程度的调整。以河北省为例，河北省要想达到环境效率有效的水平，也即投入产出配置效率达到最佳的状态，需要平均缩减从业人员数1805.60 万人，降低能源消耗量 13953.77 万吨标准煤，调减资本存量10278.22 亿元，降低用水总量的消耗量 20.31 亿立方米，以及将 PM$_{2.5}$浓度平均值降低 21.18μg/m³。

　　值得注意的是，除宁夏的 GDP 调整量为 351.07 亿元以外，其他各省份的调整量均为 0，说明在目前的技术水平不做改变的情况下，各省份要想提升自己的环境效率，达到环境效率有效的状态，必须提高从业人员数、能源消费量、资本存量以及用水总量等各投入变量的利用率，降低 PM$_{2.5}$的浓度值，进行空气污染治理。

　　除此之外，河南省从业人员数调减量是最大的，达到 3921.98 万人，这是因为河南省作为人口大省，也是劳动力最为密集的省份之一，想达到前沿面上的标杆省份的话，其在从业人员的调减量上需要下一番功夫；河北省的能源消费量则是众多省份中调减值最高的，达到13953.77万吨标准煤，这与其省份属性密切相关，河北省作为高能耗制造业大省，尤其是钢铁企业比较集中的省份，其能源消费量是最高的，调整产业结构、降低能源消费量则成为河北省达到效率前沿的主要难题之一；江苏省资本存量的调减量是众多省份中最高的，达到19125.75亿元，江苏省年均资本存量为65729.18亿元，居全国第三名，次于排名第一的山东省的资本存量均值70084.51亿元，但江苏省资本存量的调减幅度是最高的；新疆用水总量的调减量是众多省份中最大的，达到487.22亿立方米，新疆年均用水总量达到540.76亿立方米，仅低于江苏省的550.46亿立方米，排名第二，要成为标杆省份，需要调减的用水总量幅度最大；河南省 $PM_{2.5}$ 年均值的调减幅度最大，调减年均值达到 28.84 $\mu g/m^3$，河南省的 $PM_{2.5}$ 浓度值普遍较高，2001~2018年 $PM_{2.5}$ 浓度均值为 59.17 $\mu g/m^3$，在30个省份中排名第一，空气污染最为严重，因此，要达到环境效率有效，河南省应该特别注重加强空气污染治理，降低 $PM_{2.5}$ 浓度均值。

4.5 本章小结

在传统技术效率评价的基础上，运用 SBM-Undesirable-VRS 模型测算了 2001~2018 年中国 30 个省份空气污染约束条件下的环境效率水平。为了便于比较分析，并借用传统 BBC-VRS 模型测度了无约束条件的技术效率水平，分析了区域间的效率水平差异以及空气污染对环境效率水平差异的影响，重点探讨了各省份的节能减排潜力以及投入产出的改善方向。研究结果如下。

（1）考虑空气污染约束条件下的环境效率平均值为 0.711，无约束条件下效率值为 0.848。考虑空气污染约束条件下的环境效率到生产前沿面的距离要远于无约束下的技术效率水平，提升的潜力较高。基于变异系数的检验发现，无约束下的变异系数 0.155 扩大到空气污染约束下的环境效率的变异系数 0.341，说明空气污染约束下的环境效率与生产前沿面相距较远的 DMU 数量有所提升。可见，空气污染约束对技术效率造成了很大程度上的损失，不考虑空气污染约束条件下的效率评价存在失真问题。环境效率水平提升空间较大。

（2）无约束条件下，全国地区平均技术效率值为 0.848，东部、中部、西部地区平均技术效率值分别为 0.950、0.796、0.785。各地区间的技术效率差异比较大，东部地区技术效率水平远高于全国平均水平，中部地区和西部地区均低于全国平均水平。随着时间的变化，各地区技术效率值都有不同程度的下降，下降程度差异不大。加入空气污染约束后，各地区每年的环境效率值变化不一，有的年份有所提高，有些年份开始下降，但总体呈现出下降趋势。全国总体环境效率值下降，东部、中部、西部地区环境效率平均值分别为 0.911、0.579、0.606，平均效率水平在数值上相差 0.039、0.217、0.179。这说明各地区环境效率受空气污染的影响程度不一，总体相差较大。基于 Wilcoxon rank sum test 检验结果显示，考虑空气污染约束下的环境效率显著小于无约束下的技术效率，也即说明忽视空气污染进行的技术效率评价结果是有偏的。

（3）空气污染约束下，中国东部、中部、西部地区的环境效率变化均比较平缓。但环境效率区域发展不平衡，东部环境效率平均值为 0.911，高于全国效率平均值，在考察期间，其与全国环境效率变化趋势一致，与时间呈现一定的负相关关系，具有微弱的下降趋势；中部地区环境效率平均值为 0.579，西部地区环境效率平均值为 0.606，二者均低于全国环境效率平均值，在考察期内，二者的环境效率值呈现大小交替变化，但随时间的变化总体呈现下降趋势。各地区环境效率受空气污染的影响程度不一，总体相差较大，东部地区环境效率受空气污染的影响较小，而中西部地区则较大。中国各省份环境效率水平差异显著，存在巨大的减排空间。

（4）总体来看，我国各省份能源消耗、水资源消耗、空气污染减排能力及缩减人员具有较大的降低空间。样本考察期间，各地区平均节能潜力为 28.92%；各地区平均节水潜力为 30.25%；各地区平均空气污染减排潜力为 22.51%；各地区缩减人员的潜力平均值为 32.13%。节能减排应成为提升环境效率的工作重点。

（5）整体上看，研究样本期间，我国各投入产出变量的配置效率并没有达到最佳，各指标还有很大的空间进行调整。相对于标杆而言，投入指标中的平均从业人员数、能源消耗量、资本存量、用水总量缩减量分别为 868.38 万人、3133.83 万吨标准煤、3884.19 亿元和 64.24 亿立方米，而期望产出也即 GDP 产出可调增 11.70 万亿元，非期望产出空气污染 $PM_{2.5}$ 年均值可调减 $10.38\mu g/m^3$。

第 5 章　空气污染约束下中国区间
环境效率测度及其比较

　　传统的 DEA 模型在测度决策单元的有效性时所使用的数据均是确定性的数值，而在实际的生产和管理工作中，由于各种信息传递、测量误差、数据噪声以及经济现象等因素导致的信息难以完全获取造成的事物本身的随机性影响较大，造成的 DEA 模型中输入输出数值指标难以用一个确切的数值来衡量或者测度，如果不考虑这些因素所造成的数据模糊性的话，使用传统的 DEA 模型就很难客观上有效地评价决策单元的相对效率。为了充分考虑投入产出指标中存在不确定性数据的影响，库珀等（Cooper et al.，1999）、德斯波特和斯米尔斯（Despotis and Smirlis，2002）提出了区间 CCR-DEA 模型，用以解决含有不精确数据的问题。哈利利 – 达姆加尼等（Khalili-Damghani et al.，2015）以伊朗联合循环发电厂为例，将污染物作为投入要素比较分析了 BCC 区间模型和 CCR 区间模型下乐观及悲观情形下的区间效率。但其仍没有将污染物作为非期望产出进行考量，不符合实际生产过程。另外，空气污染浓度的峰值（上界）和谷值（下界）会相差很大，不同浓度下所引起的环境效率水平、经济发展情况以及生产生活状态差异会比较大。因此，从空气污染浓度值下的"峰—谷值"区间角度测度中国环境效率具有重要的现实意义。

　　本章以 SBM-Undesirable 模型和区间 CCR 模型的构建思想为基础，建立从区间数角度将非期望产出空气污染作为产出的 SBM-Undesirable 区间模型，从区间数角度对空气污染约束下的中国环境效率进行测度，不仅充分考虑了数据的不确定性，而且评价过程更加符合实际生产过程，并与 SBM-Undesirable 模型评价结果进行比较分析，一方面能够使得环境效率评价方法更为全面，另一方面对于实现经济、资源能源以及环境的协调发展具有现实意义。根据 SBM-Undesirable 区间模型的评价结果，从截面和时序性两个维度对各省份间环境效率进行排序，有助于各省份环境政策的制定和调整。

5.1　SBM-Undesirable 区间模型的构建

评价环境约束下技术效率的主要方法有曲线测度评价法、投入产出转置法、数据转换处理法以及方向性距离函数，这四种方法没有脱离传统的径向和产出角度，对于投入产出的松弛性缺乏考虑，托恩（Tone，2004）提出了解决这一问题的基于非径向和非角度的 SBM-Undesirable 模型。然而该方法并没有考虑到不确定性数据的存在，继而出现区间 CCR 模型（Cooper et al.，1999），但其也存在一定的不足，将污染物作为投入要素来处理，与实际生产过程不符。为进一步改进上述测算方法，本节基于托恩提出的非期望 SBM-DEA 模型以及区间 CCR 模型的构建思想，定义了考虑非期望产出的 SBM-DEA 区间模型，称之为非期望产出 SBM-DEA 区间模型（何枫等，2016）。

根据托恩提出的非期望产出 SBM 模型，对于某一特定的 DMU_0 (x_0, y_0^g, y_0^b)，技术效率模型如式（5-1）所示：

$$\rho^* = \min \frac{1 - \dfrac{1}{m} \displaystyle\sum_{i=1}^{m} \dfrac{s_i^-}{x_{i0}}}{1 + \dfrac{1}{s_1 + s_2}\left(\displaystyle\sum_{r=1}^{s_1} \dfrac{s_r^g}{y_{r0}^g} + \displaystyle\sum_{r=1}^{s_2} \dfrac{s_r^b}{y_{r0}^b}\right)}$$

$$\text{s. t.} \begin{cases} x_0 = X\lambda + s^- \\ y_0^g = Y^g\lambda - s^g \\ y_0^b = Y^b\lambda + s^b \\ \lambda \geqslant 0, s^- \geqslant 0, s^g \geqslant 0, s^b \geqslant 0 \end{cases} \tag{5-1}$$

其中，s^- 表示投入冗余量，s^g 表示正产出不足量，s^b 表示副产出超出量，

λ 是权重向量。目标函数 ρ^* 是关于 s^-、s^g、s^b 严格递减的。对于 *DMU* 来讲，当且仅当 $\rho^* = 1$，即 $s^- = 0$，$s^g = 0$，$s^b = 0$ 时，决策单元是技术有效的。当 $\rho^* < 1$ 时，说明该 DMU 是无效的，存在投入产出上改进的必要性。

对式（5-1）进行转换，将其转换为线性规划模型，运用 Charnes-Cooper 变换（Charnes and Cooper, 1962），托恩（Tone, 2004）对模型（5-1）目标函数中的分子和分母同乘以 t（$t > 0$），并假定分母等于 1，同时运用变量替换，公式（5-1）可以转换为线性规划模型（5-2）：

$$\tau^* = \min t - \frac{1}{m} \sum_{i=1}^m \frac{s_i^-}{x_{i0}}$$

$$\text{s. t.} \begin{cases} 1 = t + \dfrac{1}{s_1 + s_2}\left(\displaystyle\sum_{r=1}^{s_1} \frac{s_r^g}{r_{r0}^g} + \sum_{r=1}^{s_2} \frac{s_r^b}{y_{r0}^b} \right) \\[3mm] x_0 t = X\Lambda + s^- \\[2mm] y_0^g t = Y^g \Lambda - s^g \\[2mm] y_0^b t = Y^b \Lambda + s^b \\[2mm] \Lambda \geqslant 0, s^- \geqslant 0, s^g \geqslant 0, s^b \geqslant 0, t > 0 \end{cases} \quad (5-2)$$

其中，$\rho^* = \tau^*$，$\lambda^* = \Lambda^*/t^*$，$s^{-*} = S^{-*}/t^*$，$s^{+*} = S^{+*}/t^*$，$s^{g*} = S^{g*}/t^*$，$s^{b*} = S^{b*}/t^*$。而现实中不确定性因素过多，模型（5-2）与实际并不相符。因此，依据模型（5-2），将其转化为包含所有效率的最大值和最小值组成的非期望产出 SBM-DEA 区间模型。通过模型（5-2）进行转换可得区间 DEA 相对效率的上界模型（5-3）和下界模型（5-4）：

$$\tau^{*U} = \min t - \frac{1}{m} \sum_{i=1}^m \frac{s_i^-}{x_{i0}^L}$$

$$\text{s. t.} \begin{cases} 1 = t + \dfrac{1}{s_1 + s_2}\left(\displaystyle\sum_{r=1}^{s_1} \frac{s_r^g}{r_{r0}^g} + \sum_{r=1}^{s_2} \frac{s_r^b}{y_{r0}^{bL}} \right) \\[3mm] x_0^L t = X^U \Lambda + s^- \\[2mm] y_0^{gU} t = Y^{gL} \Lambda - s^g \\[2mm] y_0^{bL} t = Y^{bU} \Lambda + s^b \\[2mm] \Lambda \geqslant 0, s^- \geqslant 0, s^g \geqslant 0, s^b \geqslant 0, t > 0 \end{cases} \quad (5-3)$$

其中，模型（5－3）考虑了对决策单元最有利的情形，模型中的决策单元为投入要素最小，产出最大，非期望产出最小，而参考单元与之相反。从而得出来的结果为被评价单元的最大效率值，记为 h^U。

$$\tau^{*L} = \min t - \frac{1}{m}\sum_{i=1}^{m}\frac{s_i^-}{x_{i0}^U}$$

$$\text{s. t.}\begin{cases} 1 = t + \dfrac{1}{s_1 + s_2}\left(\sum_{r=1}^{s_1}\dfrac{s_r^g}{r_{r0}^g} + \sum_{r=1}^{s_2}\dfrac{s_r^b}{y_{r0}^{bU}} \right) \\ x_0^U t = X^L \Lambda + s^- \\ y_0^{gL} t = Y^{gU}\Lambda - s^g \\ y_0^{bU} t = Y^{bL}\Lambda + s^b \\ \Lambda \geqslant 0, s^- \geqslant 0, s^g \geqslant 0, s^b \geqslant 0, t > 0 \end{cases} \quad (5-4)$$

其中，模型（5－4）考虑了对决策单元最不利的情形，模型中的决策单元为投入要素最大，产出最小，非期望产出最大，而参考单元与之相反。从而得出来的结果为评价单元的最小效率值，记为 h^L。

通过模型（5－3）与模型（5－4）分别求解可得到决策单元的有界区间 $[h^L, h^U]$，此有界区间包含了所有的效率值，记为区间效率值。

根据德斯波特和斯米尔斯（Despotis and Smirlis，2002）与贾汉沙鲁（Jahanshahloo，2009）针对区间 DEA 的分类思想，将 DMUS 进行分类：（1）当区间效率值的上界大于等于 1 时，为 E＋＋，此时为区间 DEA 有效；（2）当区间效率值下界小于 1 同时区间效率值大于等于 1 时，此时判定区间 DEA 部分有效；（3）当区间效率值上界小于 1 时，判定为区间 DEA 无效。

5.2 模 糊 左 关 系 排 序 法

（1）针对区间效率排序的方法有很多，各种方法均有优缺点（Alolyan，2011；Karmakar and Bhunia，2012）。使用昆杜（Kundu，

1997）提出的模糊左关系排序法。区间数 A 和 B，主要存在三种情况：
①区间数 A 和 B 无重叠；②区间数 A 和 B 部分重叠；③区间数 A 和 B
完全重叠。

模糊左关系表达公式如下：

$$
Left(A,B) = \begin{cases} 1 - \dfrac{b^2}{(a+b)(b+c)} & a^l < b^l < a^u \leqslant b^u \\[2ex] \max\left\{0, \dfrac{a-c}{a+b+c}\right\} & a^l \leqslant b^l < b^u \leqslant a^u \\[2ex] \max\left\{0, \dfrac{c-a}{a+b+c}\right\} & b^l \leqslant a^l < a^u \leqslant b^u \\[2ex] 0 & b^l < a^l < b^u \leqslant a^u \end{cases} \qquad (5-5)
$$

结果说明，如果 $Left(B,A) > 0$，则认为在最大化问题中，区间数 A
比区间数 B 更优。

（2）胡和王（Hu and Wang，2006）针对区间数中点相同的问题对模
糊左关系进行了修正，设 $A = [a^l, a^u] = \langle a^c, a^w \rangle$，$B = [b^l, b^u] = \langle b^c, b^w \rangle$ 并
且 $a^l \neq a^u$ 和 $b^l \neq b^u$，则：

$$
Left_H(A,B) = \begin{cases} Left(A,B) & x^c \neq b^c \\[2ex] \max\left\{0, \dfrac{a^u - b^u}{2\max\{a^w, b^w\}}\right\} & a^c = b^c \end{cases} \qquad (5-6)
$$

结果说明，$Left(A,B) = 0$，但是 $Left_H(A,B) > 0$，那么，在最大化
问题中，区间数 B 比区间数 A 更优；在最小化问题中，区间数 A 比区
间数 B 更优。

5.3　区间环境效率变量选取及数据

至此，前面分析了中国空气污染现状以及空气污染约束下的中国环
境效率状况，但没有考虑空气污染的浓度高低所造成的影响。本章从区

间数角度下测度中国环境效率，区间环境效率投入产出变量的选取、数据来源以及描述性统计如下所述。

5.3.1 变量选取

（1）投入指标。

这里的投入指标的选取与第 4 章的投入指标相同，在此不再赘述。

（2）产出指标。

产出分为期望产出和非期望产出，期望产出为经济产出，选取各地区 GDP 作为代理指标（陈玉桥，2013），与第 4 章的经济产出指标一致。与第 4 章主要不同的是非期望产出指标的不同，本章依然选取空气污染为主要产出指标，同样选取 $PM_{2.5}$ 作为代理指标。同时，本章所考虑的是区间投入产出数据，因此，选取 $PM_{2.5}$ 的高—低浓度值作为区间数据，$PM_{2.5}$ 浓度值处于一个区间之内，区间值上下界分别为每年 $PM_{2.5}$ 浓度的最高值与最低值。

5.3.2 数据来源及描述性统计

选取 2001~2018 年中国 30 个省份（不含港澳台地区和西藏）的面板数据为研究样本。从业人员数、能源消费总量、用水总量及各地区 GDP 均来自 2002~2019 年各省份统计年鉴以及能源统计年鉴。为了结果的可比性，将 GDP 以 2000 年不变价格进行平滑处理。资本存量参考单豪杰（2008）的研究成果，得到以 1952 年为基期的各个省份的资本存量，假定折旧率为 10.96%，将其转化为以 2000 年为基期的资本存量，如式（5-7）所示。

$$K_{it} = I_{it} + (1 - \delta) K_{it-1} \qquad (5-7)$$

其中，K_{it} 为地区 i 在 t 年的资本存量，I_{it} 为地区 i 在 t 年的投资额，δ 为地区 i 在 t 年的折旧率。

除 PM$_{2.5}$外，其他投入产出变量描述性统计见表 5 - 1。

表 5 - 1　　　　　　　其他投入产出变量描述性统计

主要变量	算术平均值	最小值	最大值	标准差
从业人员数（万人）	2427.04	268	6554.30	1618.42
能源消费总量（万吨标准煤）	9902.85	520	37650	7094.89
资本存量（亿元）	15509.50	745.25	85327.02	14424.51
用水总量（亿立方米）	192.95	19.94	590.10	136.03
GDP（亿元）	7543.22	295.42	42881.67	7095.44

资料来源：根据 2002 ~ 2019 年各省份统计年鉴及《中国能源统计年鉴》的数据整理得到。

PM$_{2.5}$的数据来源于哥伦比亚大学国际地球科学信息网络中心（Battelle Memorial Institute and CIESIN，2013），根据多纳泰拉等（Donkelaar et al.，2010）的思路利用卫星设备监测得到全球 PM$_{2.5}$浓度分布图。借助于此图，利用 Arcgis10.0 软件进行处理，得到中国 30 个省份 2001 ~ 2018 年 PM$_{2.5}$浓度高低值，PM$_{2.5}$浓度高低值即为 PM$_{2.5}$浓度区间上下界，描述性统计见表 5 - 2。

表 5 - 2　　　　　中国 30 个省份 2001 ~ 2018 年 PM$_{2.5}$浓度

区间值描述性统计　　　　　　单位：μg/m^3

地区		PM$_{2.5}$浓度值区间下界				PM$_{2.5}$浓度值区间上界			
		最大值	最小值	平均值	标准差	最大值	最小值	平均值	标准差
东部	北京	29.40	10.91	18.34	5.67	103.80	24.93	42.35	28.89
	天津	59.10	16.75	29.75	14.75	97.30	38.41	54.02	20.40
	河北	13.70	3.01	8.62	3.38	134.80	18.34	66.29	36.07
	上海	47.88	15.22	38.03	10.31	88.60	40.21	54.50	16.26
	山东	41.69	14.82	29.25	7.89	117.70	34.01	78.83	25.00
	福建	14.52	5.02	11.95	3.26	49.00	23.26	31.18	8.37
	辽宁	23.57	9.55	14.83	4.58	66.80	25.70	40.97	15.45
	江苏	46.28	10.99	37.04	11.97	113.30	13.99	61.81	26.84
	浙江	16.03	9.90	13.71	1.97	87.10	25.66	54.18	18.41
	广东	26.81	5.33	16.10	6.60	68.00	14.46	49.01	17.39
	海南	23.90	5.90	12.62	5.42	69.30	20.52	31.56	14.34

续表

地区		PM$_{2.5}$浓度值区间下界				PM$_{2.5}$浓度值区间上界			
		最大值	最小值	平均值	标准差	最大值	最小值	平均值	标准差
中部	安徽	25.50	6.12	19.98	6.15	98.80	18.03	60.63	23.42
	河南	30.34	15.03	23.81	4.25	133.70	49.73	74.53	26.15
	黑龙江	5.93	0.20	2.97	1.62	46.70	12.36	19.77	10.46
	湖北	21.62	13.90	17.38	2.38	123.10	47.33	64.66	22.84
	湖南	27.36	10.56	20.43	5.45	84.00	27.27	54.34	16.24
	吉林	22.99	5.25	9.55	5.63	49.64	14.92	27.72	13.45
	江西	23.65	2.52	17.62	7.28	82.80	19.08	47.96	18.14
	山西	23.90	12.58	17.27	3.80	116.40	34.22	53.37	27.56
西部	内蒙古	21.20	0.40	5.66	7.22	71.00	19.97	33.48	17.33
	宁夏	19.30	2.65	11.60	5.00	70.91	18.42	34.61	19.13
	广西	22.31	12.82	17.75	2.72	75.90	42.88	53.08	11.22
	贵州	33.60	11.80	17.33	6.56	89.09	35.15	52.49	20.43
	青海	4.16	0.00	2.61	1.38	81.90	23.08	37.32	18.59
	甘肃	13.44	1.80	5.94	3.45	77.80	30.80	43.97	16.38
	陕西	19.08	11.32	14.95	2.54	118.60	21.33	52.58	27.71
	四川	20.48	0.10	5.25	6.89	282.30	47.20	86.27	66.12
	新疆	5.04	0.00	3.61	1.77	279.10	39.22	85.19	90.70
	云南	10.71	0.81	4.00	2.68	86.50	38.39	52.50	15.83
	重庆	40.56	14.84	21.14	8.80	108.20	45.08	61.00	19.93

资料来源：PM$_{2.5}$数据来源于哥伦比亚大学国际地球科学信息网络中心，经 Arcgis10.0 软件处理得到。

5.4 区间环境效率的结果分析

5.4.1 区间环境效率测度及分类

利用 2001~2018 年中国 30 个省份的投入产出数据，应用 MaxDEA 6.16 软件，依据 SBM-Undesirable 区间模型，计算空气污染约束下中国各省份的区间环境效率，并根据分类思想对区间环境效率的结果进行分类，分别为 E − 、E + 和 E + + 三类，代表区间 DEA 无效、区间 DEA 部分有效和区间 DEA 有效，测度结果见表 5 − 3。

表 5 - 3 中国 30 个省份 2001 ~ 2018 年区间环境效率

省份	2001 年			2002 年			2003 年		
	L	U	分类	L	U	分类	L	U	分类
安徽	0.432	0.724	E -	0.454	0.748	E -	0.456	0.692	E -
北京	1.000	1.000	E + +	1.000	1.000	E + +	1.000	1.000	E + +
福建	1.000	1.000	E + +	1.000	1.000	E + +	0.764	1.000	E +
甘肃	0.371	1.000	E +	0.389	1.000	E +	0.404	1.000	E +
广东	1.000	1.000	E + +	1.000	1.000	E + +	1.000	1.000	E + +
广西	0.461	1.000	E +	0.499	1.000	E +	0.463	1.000	E +
贵州	0.328	1.000	E +	0.324	1.000	E +	0.318	1.000	E +
海南	1.000	1.000	E + +	1.000	1.000	E + +	1.000	1.000	E + +
河北	0.477	1.000	E +	0.481	1.000	E +	0.473	1.000	E +
河南	0.484	1.000	E +	0.501	1.000	E +	0.497	1.000	E +
黑龙江	0.613	1.000	E +	0.575	1.000	E +	0.566	1.000	E +
湖北	0.386	0.651	E -	0.407	1.000	E +	0.402	1.000	E +
湖南	0.462	0.753	E -	0.460	1.000	E +	0.442	0.756	E -
吉林	0.663	1.000	E +	0.669	1.000	E +	0.616	1.000	E +
江苏	0.604	1.000	E +	0.643	0.826	E -	0.725	1.000	E +
江西	0.522	1.000	E +	0.521	1.000	E +	0.487	1.000	E +
辽宁	1.000	1.000	E + +	1.000	1.000	E + +	1.000	1.000	E + +
内蒙古	1.000	1.000	E + +	1.000	1.000	E + +	1.000	1.000	E + +
宁夏	1.000	1.000	E + +	1.000	1.000	E + +	1.000	1.000	E + +
青海	1.000	1.000	E + +	1.000	1.000	E + +	1.000	1.000	E + +
山东	1.000	1.000	E + +	1.000	1.000	E + +	1.000	1.000	E + +
山西	0.507	1.000	E +	0.518	1.000	E +	0.541	1.000	E +
陕西	0.439	1.000	E +	0.466	1.000	E +	0.439	1.000	E +
上海	1.000	1.000	E + +	1.000	1.000	E + +	1.000	1.000	E + +
四川	0.434	1.000	E +	0.424	1.000	E +	0.432	1.000	E +
天津	1.000	1.000	E + +	1.000	1.000	E + +	1.000	1.000	E + +
新疆	0.418	1.000	E +	0.397	1.000	E +	0.394	1.000	E +
云南	0.460	1.000	E +	0.450	1.000	E +	0.451	1.000	E +
浙江	1.000	1.000	E + +	1.000	1.000	E + +	1.000	1.000	E + +
重庆	0.562	1.000	E +	0.531	1.000	E +	0.492	0.606	E -

续表

省份	2004 年			2005 年			2006 年		
	L	U	分类	L	U	分类	L	U	分类
安徽	0.478	1.000	E +	0.443	0.688	E −	0.430	0.726	E −
北京	1.000	1.000	E + +	1.000	1.000	E + +	1.000	1.000	E + +
福建	0.721	1.000	E +	0.685	1.000	E +	0.653	1.000	E +
甘肃	0.405	1.000	E +	0.419	1.000	E +	0.383	1.000	E +
广东	1.000	1.000	E + +	1.000	1.000	E + +	1.000	1.000	E + +
广西	0.433	1.000	E +	0.429	1.000	E +	0.407	0.698	E −
贵州	0.315	1.000	E +	0.331	1.000	E +	0.316	1.000	E +
海南	1.000	1.000	E + +	1.000	1.000	E + +	1.000	1.000	E + +
河北	0.509	1.000	E +	0.480	1.000	E +	0.469	1.000	E +
河南	0.480	1.000	E +	0.463	1.000	E +	0.457	1.000	E +
黑龙江	0.587	1.000	E +	1.000	1.000	E + +	0.596	1.000	E +
湖北	0.365	0.686	E −	0.361	0.714	E −	0.367	0.719	E −
湖南	0.441	1.000	E +	0.437	0.654	E −	0.431	0.681	E −
吉林	0.568	1.000	E +	0.644	1.000	E +	0.590	1.000	E +
江苏	0.599	1.000	E +	0.583	1.000	E +	0.577	1.000	E +
江西	0.499	1.000	E +	0.474	1.000	E +	0.437	1.000	E +
辽宁	1.000	1.000	E + +	1.000	1.000	E + +	0.706	1.000	E +
内蒙古	0.473	1.000	E +	0.503	1.000	E +	0.483	1.000	E +
宁夏	1.000	1.000	E + +	0.525	1.000	E +	0.521	1.000	E +
青海	1.000	1.000	E + +	1.000	1.000	E + +	1.000	1.000	E + +
山东	1.000	1.000	E + +	1.000	1.000	E + +	1.000	1.000	E + +
山西	0.624	1.000	E +	0.512	1.000	E +	0.431	1.000	E +
陕西	0.433	1.000	E +	0.407	1.000	E +	0.396	1.000	E +
上海	1.000	1.000	E + +	1.000	1.000	E + +	1.000	1.000	E + +
四川	0.408	0.693	E −	0.422	1.000	E +	0.406	1.000	E +
天津	1.000	1.000	E + +	1.000	1.000	E + +	1.000	1.000	E + +
新疆	0.400	1.000	E +	0.385	1.000	E +	0.339	1.000	E +
云南	0.431	1.000	E +	0.406	1.000	E +	0.379	1.000	E +
浙江	1.000	1.000	E + +	0.703	1.000	E +	0.702	1.000	E +
重庆	0.485	0.759	E −	0.441	1.000	E +	0.411	1.000	E +

续表

省份	2007 年			2008 年			2009 年		
	L	U	分类	L	U	分类	L	U	分类
安徽	0.416	0.726	E −	0.433	1.000	E +	0.391	0.604	E −
北京	1.000	1.000	E + +	1.000	1.000	E + +	1.000	1.000	E + +
福建	0.658	1.000	E +	0.532	1.000	E +	0.519	1.000	E +
甘肃	0.406	1.000	E +	0.401	1.000	E +	0.380	1.000	E +
广东	1.000	1.000	E + +	1.000	1.000	E + +	1.000	1.000	E + +
广西	0.400	0.721	E −	0.376	1.000	E +	0.354	1.000	E +
贵州	0.326	1.000	E +	0.320	1.000	E +	0.321	1.000	E +
海南	1.000	1.000	E + +	1.000	1.000	E + +	1.000	1.000	E + +
河北	0.470	1.000	E +	0.407	1.000	E +	0.449	1.000	E +
河南	0.430	0.695	E −	0.398	1.000	E +	0.417	1.000	E +
黑龙江	0.593	1.000	E +	0.530	1.000	E +	0.569	1.000	E +
湖北	0.393	0.771	E −	0.348	1.000	E +	0.494	1.000	E +
湖南	0.437	0.677	E −	0.433	1.000	E +	0.589	0.712	E −
吉林	0.577	1.000	E +	0.411	1.000	E +	0.549	1.000	E +
江苏	0.581	0.781	E −	0.589	1.000	E +	0.810	1.000	E +
江西	0.432	1.000	E +	0.427	1.000	E +	0.543	1.000	E +
辽宁	0.684	1.000	E +	0.560	0.784	E −	0.778	1.000	E +
内蒙古	0.479	1.000	E +	0.411	1.000	E +	0.499	1.000	E +
宁夏	0.507	1.000	E +	1.000	1.000	E + +	0.696	1.000	E +
青海	1.000	1.000	E + +	1.000	1.000	E + +	1.000	1.000	E + +
山东	1.000	1.000	E + +	1.000	1.000	E + +	1.000	1.000	E + +
山西	0.438	1.000	E +	0.415	1.000	E +	0.498	1.000	E +
陕西	0.418	1.000	E +	0.406	1.000	E +	0.536	1.000	E +
上海	1.000	1.000	E + +	1.000	1.000	E + +	1.000	1.000	E + +
四川	0.409	1.000	E +	0.375	1.000	E +	0.525	1.000	E +
天津	1.000	1.000	E + +	1.000	1.000	E + +	1.000	1.000	E + +
新疆	0.341	1.000	E +	0.363	1.000	E +	0.462	1.000	E +
云南	0.390	1.000	E +	0.371	1.000	E +	0.485	1.000	E +
浙江	0.675	1.000	E +	0.684	1.000	E +	0.900	1.000	E +
重庆	0.419	1.000	E +	0.419	0.582	E −	0.578	1.000	E +

省份	2010 年			2011 年			2012 年		
	L	U	分类	L	U	分类	L	U	分类
安徽	0.379	0.781	E −	0.373	1.000	E +	0.352	1.000	E +
北京	1.000	1.000	E + +	1.000	1.000	E + +	1.000	1.000	E + +
福建	0.622	1.000	E +	0.586	1.000	E +	0.511	1.000	E +
甘肃	0.382	1.000	E +	0.357	1.000	E +	0.360	1.000	E +
广东	1.000	1.000	E + +	1.000	1.000	E + +	1.000	1.000	E + +
广西	0.335	1.000	E +	0.311	1.000	E +	0.294	1.000	E +
贵州	0.339	1.000	E +	0.324	1.000	E +	0.325	1.000	E +
海南	1.000	1.000	E + +	1.000	1.000	E + +	1.000	1.000	E + +
河北	0.438	1.000	E +	0.420	1.000	E +	0.409	1.000	E +
河南	0.404	1.000	E +	0.383	1.000	E +	0.369	1.000	E +
黑龙江	0.550	1.000	E +	0.494	1.000	E +	0.466	1.000	E +
湖北	0.361	1.000	E +	0.362	1.000	E +	0.347	1.000	E +
湖南	0.426	0.809	E −	0.408	1.000	E +	0.385	1.000	E +
吉林	0.459	1.000	E +	0.422	1.000	E +	0.393	1.000	E +
江苏	0.600	1.000	E +	0.580	1.000	E +	0.580	1.000	E +
江西	0.414	1.000	E +	0.391	1.000	E +	0.376	1.000	E +
辽宁	0.667	1.000	E +	0.622	1.000	E +	0.578	1.000	E +
内蒙古	0.430	1.000	E +	0.372	1.000	E +	0.331	1.000	E +
宁夏	0.492	1.000	E +	0.453	1.000	E +	0.461	1.000	E +
青海	1.000	1.000	E + +	1.000	1.000	E + +	1.000	1.000	E + +
山东	1.000	1.000	E + +	1.000	1.000	E + +	1.000	1.000	E + +
山西	0.373	1.000	E +	0.347	1.000	E +	0.335	1.000	E +
陕西	0.395	1.000	E +	0.376	1.000	E +	0.360	1.000	E +
上海	1.000	1.000	E + +	1.000	1.000	E + +	1.000	1.000	E + +
四川	1.000	1.000	E + +	1.000	1.000	E + +	0.384	1.000	E +
天津	1.000	1.000	E + +	1.000	1.000	E + +	1.000	1.000	E + +
新疆	0.339	1.000	E +	0.295	1.000	E +	0.284	1.000	E +
云南	0.345	1.000	E +	0.321	1.000	E +	0.302	1.000	E +
浙江	0.682	1.000	E +	0.654	1.000	E +	0.628	1.000	E +
重庆	0.419	1.000	E +	0.420	1.000	E +	0.415	1.000	E +

续表

省份	2013 年			2014 年			2015 年		
	L	U	分类	L	U	分类	L	U	分类
安徽	0.402	1.000	E +	0.394	1.000	E +	0.395	1.000	E +
北京	1.000	1.000	E + +	1.000	1.000	E + +	1.000	1.000	E + +
福建	0.632	1.000	E +	0.601	1.000	E +	0.630	1.000	E +
甘肃	0.386	1.000	E +	0.386	1.000	E +	0.389	1.000	E +
广东	1.000	1.000	E + +	1.000	1.000	E + +	1.000	1.000	E + +
广西	0.427	1.000	E +	0.419	1.000	E +	0.344	1.000	E +
贵州	0.349	1.000	E +	0.355	1.000	E +	0.350	1.000	E +
海南	1.000	1.000	E + +	1.000	1.000	E + +	1.000	1.000	E + +
河北	0.417	1.000	E +	0.392	1.000	E +	0.399	1.000	E +
河南	0.404	1.000	E +	0.415	1.000	E +	0.406	1.000	E +
黑龙江	0.456	1.000	E +	0.430	1.000	E +	0.426	1.000	E +
湖北	0.390	1.000	E +	0.382	1.000	E +	0.388	1.000	E +
湖南	0.406	1.000	E +	0.395	1.000	E +	0.413	1.000	E +
吉林	0.426	1.000	E +	0.436	1.000	E +	0.423	1.000	E +
江苏	0.590	1.000	E +	0.601	1.000	E +	0.620	1.000	E +
江西	0.421	1.000	E +	0.434	1.000	E +	0.425	1.000	E +
辽宁	0.632	1.000	E +	0.569	1.000	E +	0.567	1.000	E +
内蒙古	0.360	1.000	E +	0.365	1.000	E +	0.361	1.000	E +
宁夏	0.485	1.000	E +	0.483	1.000	E +	0.473	1.000	E +
青海	1.000	1.000	E + +	1.000	1.000	E + +	1.000	1.000	E + +
山东	1.000	1.000	E + +	1.000	1.000	E + +	1.000	1.000	E + +
山西	0.357	1.000	E +	0.362	1.000	E +	0.352	1.000	E +
陕西	0.392	1.000	E +	0.404	1.000	E +	0.396	1.000	E +
上海	1.000	1.000	E + +	1.000	1.000	E + +	1.000	1.000	E + +
四川	0.444	1.000	E +	0.442	1.000	E +	0.440	1.000	E +
天津	1.000	1.000	E + +	1.000	1.000	E + +	1.000	1.000	E + +
新疆	0.281	1.000	E +	0.278	1.000	E +	0.264	1.000	E +
云南	0.336	1.000	E +	0.352	1.000	E +	0.336	1.000	E +
浙江	0.653	1.000	E +	0.657	1.000	E +	0.679	1.000	E +
重庆	0.518	1.000	E +	0.547	1.000	E +	0.555	1.000	E +

续表

省份	2016 年			2017 年			2018 年		
	L	U	分类	L	U	分类	L	U	分类
安徽	0.399	1.000	E +	0.411	1.000	E +	0.418	1.000	E +
北京	1.000	1.000	E + +	1.000	1.000	E + +	1.000	1.000	E + +
福建	0.614	1.000	E +	0.621	1.000	E +	0.627	1.000	E +
甘肃	0.393	1.000	E +	0.397	1.000	E +	0.401	1.000	E +
广东	1.000	1.000	E + +	1.000	1.000	E + +	1.000	1.000	E + +
广西	0.344	1.000	E +	0.385	1.000	E +	0.392	1.000	E +
贵州	0.345	1.000	E +	0.355	1.000	E +	0.359	1.000	E +
海南	1.000	1.000	E + +	1.000	1.000	E + +	1.000	1.000	E + +
河北	0.399	1.000	E +	0.385	1.000	E +	0.379	1.000	E +
河南	0.408	1.000	E +	0.422	1.000	E +	0.429	1.000	E +
黑龙江	0.442	1.000	E +	0.411	1.000	E +	0.400	1.000	E +
湖北	0.397	1.000	E +	0.407	1.000	E +	0.415	1.000	E +
湖南	0.415	1.000	E +	0.415	1.000	E +	0.418	1.000	E +
吉林	0.449	1.000	E +	0.448	1.000	E +	0.455	1.000	E +
江苏	0.630	1.000	E +	0.650	1.000	E +	0.660	1.000	E +
江西	0.418	1.000	E +	0.441	1.000	E +	0.449	1.000	E +
辽宁	0.536	1.000	E +	0.531	1.000	E +	0.516	1.000	E +
内蒙古	0.362	1.000	E +	0.363	1.000	E +	0.364	1.000	E +
宁夏	0.470	1.000	E +	0.482	1.000	E +	0.485	1.000	E +
青海	1.000	1.000	E + +	1.000	1.000	E + +	1.000	1.000	E + +
山东	1.000	1.000	E + +	1.000	1.000	E + +	1.000	1.000	E + +
山西	0.345	1.000	E +	0.354	1.000	E +	0.355	1.000	E +
陕西	0.388	1.000	E +	0.405	1.000	E +	0.410	1.000	E +
上海	1.000	1.000	E + +	1.000	1.000	E + +	1.000	1.000	E + +
四川	0.434	1.000	E +	0.458	1.000	E +	0.468	1.000	E +
天津	1.000	1.000	E + +	1.000	1.000	E + +	1.000	1.000	E + +
新疆	0.255	1.000	E +	0.249	1.000	E +	0.242	1.000	E +
云南	0.333	1.000	E +	0.348	1.000	E +	0.353	1.000	E +
浙江	0.698	1.000	E +	0.700	1.000	E +	0.711	1.000	E +
重庆	0.563	1.000	E +	0.620	1.000	E +	0.653	1.000	E +

资料来源：根据 MaxDEA 6.16 运算得出。

5.4.2　区间环境效率有效性分析

根据表 5 – 3 的研究结果可知，整体上，2001 ~ 2018 年中国整体省际区间环境效率有效性偏低。根据 DEA 区间有效性的分类可以清晰地发现：（1）区间 DEA 有效的省份。2001 年，区间 DEA 有效省份数占整体的 40%，不足一半；2002 年区间 DEA 有效省份占整体的 40%；2011 年区间 DEA 有效省份占整体的 26.6%；2012 年，区间 DEA 有效省份数仅占据整体的 23.33%，相对于 2001 年下降了接近 17 个百分点，特别有意思的是，自 2012 年开始，直到 2018 年止，区间 DEA 有效省份数保持 7 个不变，占据整体省份比重的 23.33%。另外，2003 ~ 2010 年，区间 DEA 有效省份数占整体比重分别为 36.67%、33.33%、30.00%、23.33%、23.33%、26.67%、23.33% 和 26.67%。因此，整体来看，考察期内持续区间 DEA 有效的省份仅有 7 个，占据整体省份的 23.33%。

（2）区间 DEA 部分有效的省份。这种类型的省份数随时间呈现增加状态。2001 年，区间 DEA 部分有效的省份占整体的 50%；2002 年上升到 53.33%；2011 年区间 DEA 部分有效的省份占整体比重为 73.33%；2012 年区间 DEA 部分有效的省份占整体比重为 76.67%，相比 2001 年上升了接近 27 个百分点，同样，自 2012 年开始，区间 DEA 部分有效的省份数量为 23 个，占据整体省份数量的 76.67%，该比重持续到 2018 年保持不变。另外，2003 ~ 2010 年区间 DEA 部分有效的省份数占整体比重分别为 53.33%、56.67%、60.00%、63.33%、56.67%、66.67%、70.00%、66.67%。

（3）区间 DEA 无效的省份数呈现倒"U"型状态，即先增加后减少。2001 年，区间 DEA 无效省份占总体比重为 10.00%，2007 年达到峰值 20.00%，2011 年下降到 0，自 2011 年以后，直到 2018 年，区间 DEA 无效省份不复存在，数量一直为 0；2002 ~ 2010 年区间 DEA 无效省份占总体比重分别为 6.67%、10.00%、10.00%、10.00%、13.33%、20.00%、

6. 67%、6. 67%、6. 67%。

图 5 - 1 直观地显示出中国省际区间效率的变化趋势。图 5 - 1 清晰地显示，考察期内，根据 2001 ~ 2018 年的有效省份数量的平均占比可知，区间 DEA 部分有效省份数是最多的，占据整体的 62. 22%，区间 DEA 无效省份数处于末位，占据整体的 8. 33%，区间 DEA 有效省份数则居于中间，为 29. 44%。随着时间的推移，区间 DEA 部分有效省份数在逐渐增加，而区间 DEA 无效省份数呈现先上升后下降的倒 "U" 型曲线，与区间 DEA 部分有效省份间的差距呈现先缩小后拉大的现象；区间 DEA 有效省份数呈现缓慢下降的状态，并且与区间 DEA 部分有效省份间的差距逐渐拉大。需要引起注意的是，2001 ~ 2010 年，区间 DEA 部分有效省份部分曲线在 2007 年为最低值；相对应的区间 DEA 无效省份曲线出现先上升后下降的变化态势，2011 年和 2012 年跌到了谷底。二者均在 2007 年出现拐点，究其原因，2007 年 $PM_{2.5}$ 平均浓度值为 29. 05μg/m³，在 2001 ~ 2010 年有最高的 $PM_{2.5}$ 的浓度值，其引起区间 DEA 无效省份数的增加和区间 DEA 部分有效省份数的相应减少。

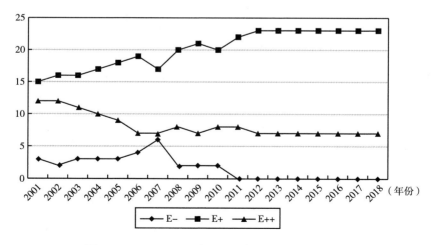

图 5 - 1   2001 ~ 2018 年区间 DEA 有效、部分有效
及无效的省份数趋势变化

5.4.3　区间环境效率的地区差异分析

表 5 - 4 显示了东部、中部、西部地区 2001 ~ 2018 年区间 DEA 无效 E -、区间 DEA 部分有效 E +、区间 DEA 有效 E + + 三类有效性省份平均占比总体情况。研究样本期间，东部地区无效的省份占据东部整体省份的 1.52%，西部地区区间 DEA 无效省份占 3.03%，中部地区区间 DEA 无效省份位居第一位，占比为 14.58%；区间 DEA 部分有效的省份，中部地区占比最高，高达 84.72%，西部地区次之，占据整体的 82.83%，东部地区位居末端，占整体的 38.38%；区间 DEA 有效的省份，东部地区占比高居第一位，占据东部地区省份的 60.10%，西部地区占比 14.14%，中部地区仅有 0.69% 的省份属于区间 DEA 有效。可以看出，区间 DEA 有效性差异明显。总体来看，东部地区区间 DEA 有效性最高，中部地区区间 DEA 无效性和部分有效性最高，分布差异巨大，考虑其原因主要可能是其相对投入产出水平不同造成的，东部、中部、西部地区平均 $PM_{2.5}$ 浓度值分别为 $38.80\mu g/m^3$、$37.16\mu g/m^3$ 和 $24.55\mu g/m^3$，可以看出东部、中部地区空气污染相对于西部地区较为严重，致使中部地区区间 DEA 有效省份要低于西部地区；而东部、中部、西部地区 GDP 平均值分别为 17144.94 亿元、9639.06 亿元和 5332.14 亿元，虽然空气污染浓度高于中部、西部地区，但东部地区 GDP 值也远远高于中部、西部地区，可见，东部地区投入要素所带来的正向效应要远远大于负向效应，因此，东部地区区间 DEA 有效省份数占比要高于中部、西部地区有效省份占比。

表 5 - 4　　2001 ~ 2018 年东部、中部、西部地区有效性平均占比

项目	东部地区	西部地区	中部地区	东部地区	西部地区	中部地区	东部地区	西部地区	中部地区
分类	E -	E -	E -	E +	E +	E +	E + +	E + +	E + +
平均值	0.0152	0.0303	0.1458	0.3838	0.8283	0.8472	0.6010	0.1414	0.0069

注：根据表 5 - 3 整理得出。

图 5 - 2 清晰地显示了东部、中部、西部地区区间 DEA 无效、区间

DEA 部分有效以及区间 DEA 有效省份数占比的变化趋势。

（1）区间 DEA 无效的地区差异。随时间序列趋势来看，2001 年，区间 DEA 无效省份占比分别为：东部地区 0、中部地区 37.5%、西部地区 0；2002 年，区间 DEA 无效省份占比分别为：东部地区 9.09%、中部地区 12.50%、西部地区 0；自 2010 年开始，东部、中部、西部地区区间 DEA 无效省份数量均为 0，此状态保持到 2018 年。从东部、中部、西部地区区间 DEA 无效省份占比的年份来看，东部地区中，区间 DEA 无效省份占比最高为 9.09%，分别是 2002 年、2007 年和 2008 年，其余年份均为 0；中部地区中，区间 DEA 无效省份占比最高为 50%，为 2007 年，占比最低为 0，分别是 2008 年、2010 年、2011 年和 2012 年；西部地区中，区间 DEA 无效省份占比最高为 18.18%，为 2004 年，另外除了 2003 年、2006 年、2007 年和 2008 年这四年的区间 DEA 省份占比为 9.09% 以外，其余年份区间 DEA 省份占比均为 0。

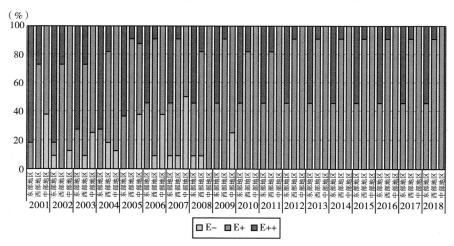

图 5 – 2　2001~2018 年三大地区区间 DEA 有效省份数占比差异

注：由 Excel 表制作。其中，E – 表示区间 DEA 无效省份数与各地区省份数之比，E +、E + + 同理。

（2）区间 DEA 部分有效的地区差异。随时间序列趋势来看，2001 年，东部、中部、西部地区区间 DEA 部分有效省份占比分别为 18.18%、62.50%、72.73%，中部、西部地区区间 DEA 部分有效省份占比较高，尤其是西部地区达到了 72.73%。研究样本期间，三大地区区间 DEA 部分有效省份占比呈现波动式提高状态，东部地区 20C9 年的区间 DEA 部分有效省份占比为 45.45%，相对于 2001 年，增长了 27.27 个百分点，值得注意的是，该地区的 DEA 部分有效省份数量占比到 2018 年止保持不变；中部地区在 2010 年区间 DEA 部分有效省份占比 100.00%，相对于 2001 年提升了 37.5 个百分点，并且该值保持到 2018 年；西部地区 2012 年的区间 DEA 部分有效省份占比为 90.91%，相对于 2001 年提升了 18.18 个百分点，该值保持到 2018 年；可以发现，中部地区增长幅度最大，东部地区次之，西部地区最弱。从东部、中部、西部地区区间 DEA 部分有效省份占比的年份来看，东部地区区间 DEA 部分有效占比最低的年份是 2002 年，只有 9.09%，最高为 45.45%，年份为 2009 ~ 2018 年，另外还有 2006 年，其他年份区间 DEA 部分有效省份占比处于 9.09% ~ 45.45%；中部地区区间 DEA 部分有效省份占比最低的年份是 2007 年，占比为 50.00%，最高为 100.00%，年份为 2010 ~ 2018 年，另外还有 2008 年，其他年份区间 DEA 部分有效省份占比处于 50.00% ~ 100.00%；西部地区区间 DEA 部分有效省份占比最低的年份是 2003 年和 2004 年，为 63.64%，最高为 90.91%，年份为 2012 ~ 2018 年，另外还有 2005 年和 2009 年，其他年份处于 63.64% ~ 90.91%。

（3）区间 DEA 有效的地区差异。随时间序列趋势来看，东部、西部地区区间 DEA 有效省份占比均呈现波动下降趋势，中部地区则表现比较平缓，2001 年，东部、中部、西部地区区间 DEA 有效省份占比分别为 81.82%、27.27%、0；东部地区区间 DEA 有效省份占比自 2006 年开始变为 54.55%，该值一直持续到 2018 年，下降幅度为 27.27 个百分点；中部地区区间 DEA 有效省份占比除 2005 年的 12.5% 外，其他年份区间 DEA 有效省份占比均为 0；西部地区区间 DEA 有效省份占比自 2012 年开始变为 9.09%，该值持续到 2018 年，相对于 2001 年下降了 18.18 个百分点。从东部、中部、西部地区区间 DEA 部分有效省份占比的年份来看，东部地区区间 DEA 有效省份占比最低的年份是 2006 ~ 2018 年，最低值均为 54.55%，区间 DEA 有效省份占比最高为

81.82%，为 2001～2002 年，其他年份处于二者之间；中部地区最高值为 12.50%，仅为 2005 年，其他年份均为 0，处于区间 DEA 有效省份占比为 0；西部地区区间 DEA 有效省份占比最低值为 9.09%，年份为 2005～2007 年、2009 年以及 2012～2018 年，最高值为 27.27%，年份为 2001～2003 年，其他年份值处于二者之间。

综上所述，空气污染影响下，东部、中部、西部地区区间环境效率差异显著，具有明显的不平衡发展态势。总体上，中部、西部地区应该充分利用国家的扶持政策，借鉴东部地区的先进技术、管理经验等，优化资源配置，淘汰落后产能，形成区域联动发展，共同治理空气污染，缩小同东部地区间的差距。

5.4.4　区间环境效率的省域差异分析

表 5-5 列出了 2001～2018 年区间环境效率有效、部分有效以及无效的省份数，其中自 2012 年开始，区间环境效率有效、部分有效以及无效省份不再发生变动，因此，该表中显示了 2001～2012 年的数据，2013～2018 年的数据同 2012 年一致。从表 5-5 中可以看出，研究样本期间，仅有北京、广东、海南、青海、山东、上海和天津 7 个省份一直处于区间 DEA 有效状态，仅占整体的 23.33%，长期处于区间 DEA 无效状态的省份为安徽、湖南、湖北，其余各省份大部分时间段处于区间 DEA 部分有效状态。可见，各省份区间 DEA 有效性差异也比较大。

下面以 2001 年、2006 年和 2012 年为例进行分析，有北京、福建、广东、海南、辽宁、内蒙古、宁夏、青海、山东、上海、天津、浙江 12 个省份处于区间 DEA 有效，其中 9 个省份位于东部地区，3 个省份位于西部地区，中部地区没有区间 DEA 有效省份，这是因为中部地区受到空气污染的影响要高于东部和西部地区，区间 DEA 有效性受到影响；处于 DEA 部分有效的省份有吉林、黑龙江、江苏、重庆、江西、山西、河南、河北、广西、云南、陕西、四川、新疆、甘肃、贵州 15

表 5-5　2001~2012 年各省份处于区间 DEA 有效的分布

分类	2001 年	2002 年	2003 年	2004 年	2005 年	2006 年
E-	安徽、湖北、湖南	江苏、湖北、湖南、安徽	重庆、湖南、安徽	四川、湖北、重庆	湖南、安徽、湖北	广西、湖南、安徽、湖北
E+	甘肃、广西、贵州、黑龙江、河南、江西、吉林、四川、山西、陕西、新疆、云南、重庆	甘肃、广西、贵州、黑龙江、河北、河南、吉林、山西、江西、四川、陕西、新疆、云南、重庆	福建、甘肃、广西、河南、河北、黑龙江、江西、山西、吉林、四川、陕西、云南、江苏、新疆、湖北	内蒙古、福建、甘肃、广西、河北、贵州、河南、黑龙江、江西、山西、陕西、云南、江苏、新疆、湖南、安徽	宁夏、浙江、内蒙古、福建、甘肃、广西、贵州、河北、河南、吉林、山西、江西、云南、陕西、新疆、江苏、四川、重庆	辽宁、黑龙江、浙江、宁夏、福建、甘肃、内蒙古、贵州、河南、吉林、河北、江西、山西、云南、陕西、新疆、江苏、四川、重庆
E++	北京、福建、广东、海南、辽宁、内蒙古、宁夏、青海、山东、上海、天津、浙江	北京、福建、广东、海南、辽宁、内蒙古、青海、山东、宁夏、上海、天津、浙江	北京、广东、海南、辽宁、内蒙古、宁夏、青海、山东、上海、天津、浙江	北京、广东、海南、宁夏、青海、辽宁、山东、上海、天津、浙江	北京、广东、海南、山东、青海、辽宁、天津、上海、黑龙江	北京、广东、海南、上海、青海、山东、天津

续表

分类	2007 年	2008 年	2009 年	2010 年	2011 年	2012 年
E −	河南、江苏、广西、浙江、安徽、湖南、湖北	辽宁、重庆	湖南、安徽	湖南、安徽		
E +	辽宁、黑龙江、宁夏、福建、甘肃、内蒙古、贵州、江西、新疆、河北、山西、云南、重庆、吉林、陕西、四川	黑龙江、浙江、福建、河北、山西、云南、江苏、安徽、湖南、内蒙古、甘肃、吉林、陕西、四川、广西、湖北、贵州、江西、新疆、河南、湖南	宁夏、黑龙江、浙江、甘肃、内蒙古、福建、河北、山西、云南、江苏、辽宁、重庆、吉林、陕西、四川、广西、新疆、河南、湖北	宁夏、黑龙江、浙江、甘肃、内蒙古、福建、河北、山西、云南、广西、新疆、江苏、辽宁、重庆、吉林、陕西、河南、湖北、贵州、江西	宁夏、黑龙江、浙江、甘肃、内蒙古、福建、吉林、陕西、贵州、江西、河北、山西、云南、河南、新疆、广西、重庆、湖北、湖南、江苏、辽宁、安徽	四川、宁夏、黑龙江、浙江、甘肃、内蒙古、贵州、福建、江西、新疆、河北、山西、云南、广西、重庆、吉林、陕西、江苏、河南、湖北、湖南、辽宁、安徽
E ++	北京、广东、海南、青海、山东、上海、天津	北京、广东、海南、青海、山东、上海、天津、宁夏	北京、广东、海南、青海、山东、上海、天津	北京、广东、海南、青海、山东、上海、天津、四川	北京、广东、海南、青海、山东、上海、天津、四川	北京、广东、海南、青海、山东、上海、天津

资料来源：根据表 5 − 3 统计得出。

个省份，其中，包括 2 个在东部地区、8 个在西部地区以及 5 个在中部地区；3 个省份为 DEA 无效，为中部地区的湖南、安徽、湖北。2006年，处于区间 DEA 有效状态的省份有北京、广东、海南、黑龙江、青海、山东、上海、天津、浙江，以 2001 年为基期进行比较，内蒙古、宁夏、上海 3 个省份变为区间 DEA 部分有效，广西从区间 DEA 部分有效变为区间 DEA 无效。到 2012 年仅有北京、广东、海南、青海、山东、上海和天津 7 个省份位于区间 DEA 有效状态，相对于 2001 年有 4个省份变为区间 DEA 部分有效，与此同时，2001 年区间 DEA 无效的省份则变成了区间 DEA 部分有效。

　　可见，区间环境效率有效省份数在减少，福建、辽宁、内蒙古、宁夏、浙江五省份在资源配置、节能降耗及空气污染治理方面存在一定的不足，致使自身的区间环境效率有效性降低，需要进一步引进或研发节能减排技术。区间环境效率无效省份数也在减少，广西、湖南、安徽和湖北四省份能够提升自身的区间环境效率，说明其能够认识到在资源配置和环境治理方面还有很大的提升空间，通过实施节能减排技术取得了初步成效，要继续加强和提升。因此，各省份根据测评结果可以更加清楚地了解自身区间环境效率有效性转变的原因，从横向上与其他各省份进行比较，可以明确进一步提升区间环境效率的方向。

　　图 5 - 3 显示了 2001 ~ 2018 年中国大陆 30 个省份区间环境效率有效、部分有效以及无效年份的分布。从图 5 - 3 可以看出，北京、广东、海南、青海、山东、上海、天津 7 个省份区间环境效率 18 年全部有效，仅占整体省份数的 1/5 左右，除此之外，福建 2 年、黑龙江 1 年、辽宁5 年、内蒙古 3 年、宁夏 5 年、四川 2 年及浙江 4 年，属于区间环境效率有效，其他省份全部处于区间环境效率部分有效及无效状态，可见，各省份每年区间环境效率差异较大，有效性年份多有不同且相对较少，区间环境效率提升空间很大，因此，各省份可以根据测度结果清楚地了解每年自身区间环境效率不高的根源，从时间序列上进行比较，明确改进的方向。

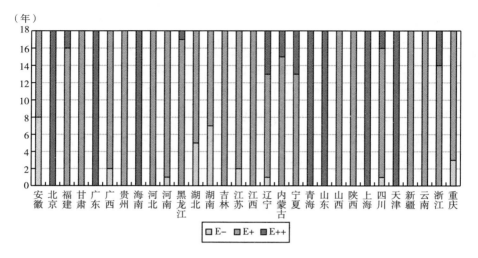

图 5 – 3   2001 ~ 2018 年各省份区间 DEA 有效性的年份数

5.5   区间环境效率的排序

5.5.1   区间环境效率的截面排序

用模糊左关系对 2001 ~ 2018 年各省份的区间效率值进行截面排序。以 2001 年为例，从表 5 – 6 可以看出，处于区间 DEA 有效的省份为北京、福建、广东、海南、辽宁、内蒙古、宁夏、青海、山东、上海、天津、浙江 12 个省份，它们的区间效率值均为 [1.000，1.000]，均属于 E + + ，它们的排序名次一致；处于区间 DEA 部分有效的省份为吉林、黑龙江、江苏、重庆、江西、山西、河南、河北、广西、云南、陕西、四川、新疆、甘肃、贵州；对于区间 DEA 无效的省份安徽、湖南和湖北来说，它们的区间效率值分别为 [0.432，0.724]、[0.462，0.753] 和 [0.386，0.651]，首先对安徽和湖南进行排序，根据 Left （安徽，湖南）= 0.192，说明在最大化问题中，湖南的区间数比安徽的区间数更优；其次对湖北和安徽进行模糊左排序，Left （湖北，安徽）= 0.55，说明安徽的区间数要优于湖北的区间数，因此，区间 DEA 无效的省份的排序为：湖南、安徽、湖北。

表 5 – 6　　　　　各省份 2001 ~ 2018 年 SBM-Undesirable 区间
DEA 效率截面排序

省份	2001 年	2002 年	2003 年	2004 年	2005 年	2006 年	2007 年	2008 年	2009 年
安徽	18	19	18	10	20	21	21	7	24
北京	1	1	1	1	1	1	1	1	1
福建	1	1	1	2	3	4	4	4	6
甘肃	15	16	13	16	15	17	15	14	20
广东	1	1	1	1	1	1	1	1	1
广西	10	8	9	13	13	23	23	16	21
贵州	16	17	16	18	19	20	18	21	22
海南	1	1	1	1	1	1	1	1	1
河北	9	9	8	7	9	10	9	12	18
河南	8	7	6	9	11	11	22	15	19
黑龙江	3	3	4	5	1	5	5	5	8
湖北	19	14	14	21	22	24	20	20	15
湖南	17	11	17	12	21	22	24	6	23
吉林	2	2	3	6	4	6	6	10	9
江苏	4	18	2	4	5	7	19	3	3
江西	6	5	7	8	10	12	11	8	10
辽宁	1	1	1	1	1	2	2	22	4
内蒙古	1	1	1	11	8	9	8	11	13
宁夏	1	1	1	1	6	8	7	1	5
青海	1	1	1	1	1	1	1	1	1
山东	1	1	1	1	1	1	1	1	1
山西	7	6	5	3	7	13	10	9	14
陕西	12	10	11	14	16	16	13	13	11
上海	1	1	1	1	1	1	1	1	1
四川	13	13	12	20	14	15	14	17	12
天津	1	1	1	1	1	1	1	1	1
新疆	14	15	15	17	18	19	17	19	17
云南	11	12	10	15	17	18	16	18	16
浙江	1	1	1	1	2	3	3	2	2
重庆	5	4	19	19	12	14	12	23	7

省份	2010 年	2011 年	2012 年	2013 年	2014 年	2015 年	2016 年	2017 年	2018 年
安徽	23	15	17	16	16	16	15	14	13
北京	1	1	1	1	1	1	1	1	1
福建	2	4	5	4	3	3	4	4	5
甘肃	3	18	16	19	18	17	17	17	16
广东	1	1	1	1	1	1	1	1	1
广西	4	22	23	10	12	22	22	19	18
贵州	5	20	21	22	22	21	21	21	21
海南	1	1	1	1	1	1	1	1	1
河北	6	9	9	13	17	14	14	18	19
河南	7	13	14	15	13	13	13	11	11
黑龙江	8	6	6	8	11	9	9	13	17
湖北	9	17	18	18	19	18	16	15	14
湖南	22	11	11	14	15	12	12	12	12
吉林	10	8	10	11	9	11	8	9	9
江苏	11	5	3	5	4	4	3	3	3
江西	12	12	13	12	10	10	11	10	10
辽宁	13	3	4	3	5	5	6	6	6
内蒙古	14	16	20	20	20	19	19	20	20
宁夏	15	7	7	7	7	7	7	7	7
青海	1	1	1	1	1	1	1	1	1
山东	1	1	1	1	1	1	1	1	1
山西	16	19	19	21	21	20	20	22	22
陕西	17	14	15	17	14	15	18	16	15
上海	1	1	1	1	1	1	1	1	1
四川	1	1	12	9	8	8	10	8	8
天津	1	1	1	1	1	1	1	1	1
新疆	18	23	24	24	24	24	24	24	24
云南	19	21	22	23	23	23	23	23	23
浙江	20	2	2	2	2	2	2	2	2
重庆	21	10	8	6	6	5	5	4

资料来源：由模糊左关系计算得到。

因此，根据此方法可以得到其他省份 2001～2018 年区间效率值的排序，见表 5-6。从表 5-6 可以看出，研究样本期间，区间 DEA 有效的省份，北京、广东、海南、青海、山东、上海和天津的截面排序并未发生变化，一直并列第一名，其他处于区间 DEA 部分有效或无效的省份的截面排序均发生了不同程度的变化。

5.5.2　区间环境效率的时序排序

为了更好地比较各省份区间 DEA 效率的差异，利用模糊左关系对各省份的时序性区间 DEA 的有效性进行排序，与区间 DEA 效率的截面排序原理一致，可以得出 2001～2018 年各省份区间 DEA 有效性时序性排序，见表 5－7。从表 5－7 中可以看出，考察期内，均处于区间 DEA 有效的省份有北京、广东、海南、青海、山东、上海和天津，其区间 DEA 有效性并未随时间的变化而发生改变，因此，研究样本的时间区间内每年的区间 DEA 有效性排序也未发生改变。除此之外，其余 23 个省份均属于区间 DEA 部分有效以及无效，其每年的区间 DEA 有效性在时间序列上面的排序均会发生较大的变化。

表 5－7　　　　2001～2018 年各省份区间 DEA 效率时序性排序

省份	2001 年	2002 年	2003 年	2004 年	2005 年	2006 年	2007 年	2008 年	2009 年
安徽	13	11	15	1	17	14	16	2	18
北京	1	1	1	1	1	1	1	1	1
福建	1	1	2	3	4	6	5	15	11
甘肃	16	10	4	3	1	13	2	6	15
广东	1	1	1	1	1	1	1	1	1
广西	3	1	2	4	5	18	17	10	11
贵州	9	12	16	18	8	17	10	15	14
海南	1	1	1	1	1	1	1	1	1
河北	4	2	5	1	3	7	6	13	8
河南	3	1	2	4	5	6	18	15	9
黑龙江	2	6	8	5	1	3	4	10	7
湖北	18	3	5	17	12	16	15	13	1
湖南	14	1	15	2	18	17	16	3	12
吉林	2	1	4	7	3	5	6	17	8

省份	2001 年	2002 年	2003 年	2004 年	2005 年	2006 年	2007 年	2008 年	2009 年
江苏	7	17	2	10	13	16	18	12	1
江西	2	3	5	4	6	9	11	12	1
辽宁	1	1	1	1	1	3	4	14	2
内蒙古	1	1	1	6	2	4	5	8	3
宁夏	1	1	1	1	3	4	5	1	2
青海	1	1	1	1	1	1	1	1	1
山东	1	1	1	1	1	1	1	1	1
山西	5	3	2	1	4	8	7	9	6
陕西	3	2	4	5	8	13	6	9	1
上海	1	1	1	1	1	1	1	1	1
四川	9	11	10	17	12	14	13	16	2
天津	1	1	1	1	1	1	1	1	1
新疆	2	4	5	3	6	10	8	7	1
云南	2	4	3	5	6	8	7	9	1
浙江	1	1	1	1	4	5	11	8	2
重庆	5	8	16	17	10	15	12	18	3
省份	2010 年	2011 年	2012 年	2013 年	2014 年	2015 年	2016 年	2017 年	2018 年
安徽	12	9	10	5	8	7	6	4	3
北京	1	1	1	1	1	1	1	1	1
福建	9	14	16	6	13	7	12	10	8
甘肃	14	18	17	11	12	9	8	7	5
广东	1	1	1	1	1	1	1	1	1
广西	14	15	16	6	7	13	12	9	8
贵州	7	13	11	5	3	4	6	2	1
海南	1	1	1	1	1	1	1	1	1
河北	9	10	12	11	16	15	14	17	18
河南	14	16	17	13	10	12	11	8	7
黑龙江	9	11	12	13	15	16	14	17	18
湖北	11	10	14	7	9	8	6	4	2
湖南	13	8	11	9	10	7	5	6	4
吉林	9	16	18	14	13	15	11	12	10
江苏	9	14	15	11	8	6	5	4	3
江西	16	17	18	14	10	13	15	8	7
辽宁	5	7	8	6	9	10	11	12	13

续表

省份	2010 年	2011 年	2012 年	2013 年	2014 年	2015 年	2016 年	2017 年	2018 年
内蒙古	7	9	16	15	10	14	13	12	11
宁夏	6	14	13	8	9	11	12	10	7
青海	1	1	1	1	1	1	1	1	1
山东	1	1	1	1	1	1	1	1	1
山西	10	16	18	12	11	15	17	14	13
陕西	14	17	18	15	11	12	16	10	7
上海	1	1	1	1	1	1	1	1	1
四川	1	1	15	5	6	7	8	4	3
天津	1	1	1	1	1	1	1	1	1
新疆	9	11	12	13	14	15	16	17	18
云南	13	17	18	14	11	15	16	12	10
浙江	9	13	15	14	12	10	7	6	3
重庆	13	11	14	9	7	6	4	2	1

资料来源：由模糊左关系排序法得出。

5.6　与 SBM-Undesirable 模型结果的比较

本章构建了 SBM-Undesirable 区间模型，并将其运用到包含空气污染"峰—谷值"的区间环境效率评价中来，与 SBM-Undesirable 模型的结果，使得技术效率的评价更为全面。将 SBM-Undesirable 区间模型下测度的结果与 SBM-Undesirable 模型的测度结果进行比较，SBM-Undesirable 区间模型具有一定的优势和劣势。

（1）相对于 SBM-Undesirable 模型的测度结果，区间视角下的测度结果更具有包容性和鲁棒性，囊括性更强，包含了不确定性、不精确性以及模糊性等特点。这些特点是 SBM-Undesirable 模型所不具备的，同时区间效率结果更能包含保守估计和乐观估计的结果，对空气污染高浓度和低浓度值影响下的环境效率的实际情况了解更加全面，且能大大减少数据的不真实程度带来的评价误差，使得在解决实际问题时更具现实意义。

（2）相对于 SBM-Undesirable 模型的测度结果，区间视角下的测度结果可以根据结果进行分类，包括区间 DEA 无效、部分区间 DEA 有效以及区间 DEA 有效三个部分。结果更加细化，更能反映各省份环境效率在空气污染影响下的真实程度，结果更全面、更深刻和更准确。

（3）与 SBM-Undesirable 模型的测度结果相比较，区间视角下的测度结果在进行区域省份之间横向对比以及时间序列趋势之间的纵向对比时，结果很难一目了然地进行比较得知，需要进行一定程度上的计算才能明晰，过程稍显烦琐。

（4）与 SBM-Undesirable 模型相比，区间视角下的 SBM-Undesirable-DEA 模型在计算时比较烦琐，如果出现新的简化方法或者软件的话，将大大减轻计算负担。

5.7 本章小结

在现有理论和方法的基础上，从区间数的模糊性出发，在区间 CCR 模型和 SBM-Undesirable 模型的构建思想基础上，建立了将空气污染这种非期望产出作为产出角度来考虑的 SBM-Undesirable 区间模型。并将该模型应用到基于空气污染浓度峰值（上界）—谷值（下界）的中国区间环境效率评价中，对中国 30 个省份 2001～2018 年的区间环境效率进行综合评价。并利用模糊左关系法从截面视角和时序视角对空气污染约束下的区间环境效率进行排序，有效衡量各地区区间环境效率的高低程度。最后，与第 4 章基于 SBM-Undesirable 模型的结果进行比较分析。本章得出如下研究结论。

（1）研究样本期间，区间 DEA 部分有效省份数是最多的，占据整体的 62.22%，区间 DEA 无效省份数处于末位，占据整体的 8.33%，区间 DEA 有效省份数则居于中间，为 29.44%。随着时间的推移，区间 DEA 部分有效省份数在逐渐增加，而区间 DEA 无效省份数呈现先上升

后下降的倒 "U" 型曲线，与区间 DEA 部分有效省份间的差距先缩小后拉大；区间 DEA 有效省份数呈现缓慢下降的状态，且与区间 DEA 部分有效省份间的差距逐渐拉大。

（2）研究样本期间，东部地区区间 DEA 无效的省份占据东部整体省份的 1.52%，西部地区区间 DEA 无效省份占 3.03%，中部地区区间 DEA 无效省份位居第一位，占比为 14.58%；区间 DEA 部分有效的省份，中部地区占比最高，占中部地区整体的 84.72%，西部地区次之，占比 82.83%，东部地区位居末端，占比为 38.39%；区间 DEA 有效的省份，东部地区占比高居第一位，占据东部地区省份的 60.10%，西部地区占比 14.14%，中部地区仅有 0.69% 的省份属于区间 DEA 有效。可以看出，东部、中部、西部地区区间环境效率差异显著，具有明显的不平衡发展态势。

（3）随着时间趋势变化，区间 DEA 有效省份和区间 DEA 无效省份数量均在减少，相反，区间 DEA 部分有效省份数量在增加。研究样本期间，仅有北京、广东、海南、青海、山东、上海和天津 7 个省份一直处于区间 DEA 有效状态，仅占整体的 23.33%，长期处于区间 DEA 无效状态的省份为安徽、湖南、湖北，其余各省份大部分时间段处于区间 DEA 部分有效状态。可见，各省份区间 DEA 有效性差异也比较大。

（4）利用模糊左关系从截面视角和时序视角对空气污染约束下的区间环境效率进行排序，考察期内横向截面显示各省份区间环境效率差异明显，具有较大的提升空间；纵向时序显示，除考察期内全部处于区间环境效率有效的省份以外，其余各省份区间环境效率有效年份较少，且有效性省份数呈现减少态势。

（5）将构建的 SBM-Undesirable 区间模型测度结果与 SBM-Undesirable 模型测度结果进行比较，使得空气污染约束下的环境效率评价结果更为全面，充实了效率理论评价的研究框架。

第6章 空气污染约束下中国全要素生产率测度及其比较

考虑到环境效率是一种静态水平的测度，而经济的运行是一个持续不断运动变化发展的状态，仅考虑静态水平的效率测度与实际生产过程不相符，将时间因素纳入进来进行测度的全要素生产率则属于动态测度，全要素生产率的测度相对来说更加科学、更加全面。另外，学者刘思明等（2019）、张跃等（2021）、马栋栋（2021）认为，经济高质量发展也是一种经济效率的表现，他们采用全要素生产率测度了经济的高质量发展水平。因此，进行空气污染约束下的中国全要素生产率的测度及比较，一方面可以反映纳入时间动态因素的全要素生产率的变化，另一方面可以衡量中国经济高质量发展水平的高低。基于上述分析，本章重点将空气污染纳入全要素生产率的评价框架，将全要素生产率分解为水平的环境效率与纵向的技术进步，并进行中国整体、东中西部地区、各省份全要素生产率比较研究。研究样本区间为 2001～2018 年。

6.1 研究方法

在使用 DEA 测度全要素生产率的模型中，Luenberger 生产率指数可以很好地弥补 Malmquist（M）指数和 Malmquist-Luenberger（ML）生产率指数的缺点，不需要对测度角度进行选择，同时又可以实现决策单元的投入和"坏"产出的减少以及"好"产出的增加，与至前沿最远距离函数相适应。因此，研究选取包含非期望产出的 SBM-Undesirable 模

型与 Luenberger 生产率指数相结合的模型测度全要素生产率。在法尔等
（Färe et al.，2007）定义的环境效率函数基础上，将每个省份作为一个
决策单元，每个决策单元中包含多个投入产出要素，其中，投入要素对
应的向量为：$X = (x_{ij}) \in R_{n \times m}^{+}$；期望产出要素对应的向量为：$Y^g =$
$(y_{n \times m}^{+}) \in R_{u \times m}^{+}$；非期望产出要素对应的向量为：$Y^b = (y_{ij}^b) \in R_{v \times m}^{+}$。生产
可能性集的构建形式如式（6-1）所示：

$$P(x) = \{(x, y^g, y^b) \mid x \geqslant X\lambda, y^g \leqslant Y^g\lambda, y^b = Y^b\lambda, \sum_{i=1}^{m}\lambda = 1, \lambda \geqslant 0\}$$

$$(6-1)$$

其中，λ 为权重。$\sum_{i=1}^{m}\lambda = 1$ 表示规模报酬可变；$\lambda \geqslant 0$ 为规模报酬不变。

对于某一特定 $DMU_0(x_0, y_0^g, y_0^b)$，托恩（Tone，2004）提出了包含
"好"与"坏"产出均在内的 SBM-Undesirable 模型，解决了投入产出
变量的松弛性问题，该模型如式（6-2）所示：

$$\overrightarrow{S_C^t}(x_k^t, y_k^t, b_k^t) = \rho^* = \min \frac{1 - \dfrac{1}{m}\sum_{i=1}^{m}\dfrac{s_i^-}{x_{i0}}}{1 + \dfrac{1}{s_1 + s_2}\left(\sum_{r=1}^{s_1}\dfrac{s_r^g}{y_{r0}^g} + \sum_{r=1}^{s_2}\dfrac{s_r^b}{y_{r0}^b}\right)}$$

$$(6-2)$$

$$\text{s. t.} \begin{cases} x_0 = X\lambda + s^- \\ y_0^g = Y^g\lambda - s^g \\ y_0^b = Y^b\lambda + s^b \\ \lambda \geqslant 0, s^- \geqslant 0, s^g \geqslant 0, s^b \geqslant 0 \end{cases}$$

其中，t 为时期（2001~2018 年），k 为中国 30 个省份；s^g 为期望产出
不足量，s^- 和 s^b 分别代表了投入的冗余量和非期望产出的超出量。目标
函数 ρ^* 是关于 s^-、s^g、s^b 严格递减的。

在式（6-2）的基础上，基于钱伯斯等（Chambers et al.，1996）
的思想，构建从 t 期至 $t+1$ 期的全要素生产率指数（SBM-Undesirable-
Luenberger，SUL），如式（6-3）所示：

$$SUL(x^{t+1},y^{t+1},f^{t+1};x^t,y^t,f^t)$$

$$=\left(\frac{\vec{S}_C^t(x^{t+1},y^{t+1},b^{t+1})}{\vec{S}_C^t(x^t,y^t,b^t)}\times\frac{\vec{S}_C^{t+1}(x^{t+1},y^{t+1},b^{t+1})}{\vec{S}_C^{t+1}(x^t,y^t,b^t)}\right)^{1/2}$$

$$=\frac{\vec{S}_C^{t+1}(x^{t+1},y^{t+1},b^{t+1})}{\vec{S}_C^t(x^t,y^t,b^t)}\times\left(\frac{\vec{S}_C^{t+1}(x^{t+1},y^{t+1},b^{t+1})}{\vec{S}_C^{t+1}(x^{t+1},y^{t+1},b^{t+1})}\times\frac{\vec{S}_C^t(x^t,y^t,b^t)}{\vec{S}_C^{t+1}(x^t,y^t,b^t)}\right)^{1/2}$$

$$=TEC(x^{t+1},y^{t+1},b^{t+1};x^t,y^t,b^t)\times EFF(x^{t+1},y^{t+1},b^{t+1};x^t,y^t,b^t)$$

$$(6-3)$$

其中，EFF 和 TEC 分别表示 t 至 $t+1$ 期技术效率和技术进步的变化。如果 SUL、EFF 和 TEC 的值大于 1，分别表示全要素生产率增长、技术效率增长和技术进步改善；如果 SUL、EFF 和 TEC 的值小于 1，分别表示全要素生产率下降、技术效率恶化和技术倒退。

6.2　变量选取与数据来源

（1）投入产出指标。

这里的投入产出指标的选取与第 4 章的投入产出指标相同，在此不再赘述。

（2）指标数据来源及描述性统计见第 4 章。

6.3　全要素生产率测度结果及比较

6.3.1　全要素生产率的测度

使用 MaxDEA6.16 软件结合公式（6-3）计算 2001~2018 年中国 30 个省份空气污染约束下全要素生产率及分解效应，结果分别见表 6-1、表 6-2 和表 6-3。

表 6－1　　　　　空气污染约束下的中国全要素生产率

省份	2001～2002 年	2002～2003 年	2003～2004 年	2004～2005 年	2005～2006 年	2006～2007 年	2007～2008 年	2008～2009 年	2009～2010 年
安徽	1.046	0.989	1.044	0.961	1.032	0.989	1.020	1.031	0.994
北京	1.025	1.032	1.129	1.030	1.029	1.033	1.093	1.171	1.052
福建	1.012	0.962	0.980	0.904	1.080	1.014	1.116	1.152	1.123
甘肃	1.052	0.960	1.098	0.986	1.010	1.018	1.021	1.036	1.021
广东	1.042	1.034	1.035	1.032	1.114	1.104	1.054	1.035	1.029
广西	0.979	0.941	0.975	1.004	1.001	1.002	1.014	0.994	0.952
贵州	1.003	0.990	0.976	1.006	1.017	1.006	1.021	1.027	1.052
海南	1.030	0.920	1.083	0.911	1.118	0.940	1.047	1.098	0.896
河北	1.044	0.995	1.194	1.025	1.029	1.068	1.068	1.126	1.082
河南	1.083	0.973	1.084	0.928	1.052	1.009	1.055	1.098	1.048
黑龙江	1.015	0.865	1.338	1.055	0.966	1.091	0.390	1.207	1.059
湖北	1.099	1.007	1.056	0.955	1.049	1.098	1.015	1.147	1.018
湖南	1.007	0.960	1.033	0.980	1.032	1.060	1.041	1.052	1.014
吉林	0.856	0.880	1.372	1.136	0.884	1.143	0.865	1.189	1.353
江苏	1.124	0.958	1.110	1.000	1.052	1.091	1.112	1.285	1.304
江西	0.985	0.917	1.016	0.978	0.984	1.005	1.030	1.067	1.022
辽宁	1.019	1.016	1.082	1.027	1.024	1.082	1.019	1.236	1.176
内蒙古	0.939	0.791	1.446	1.117	1.017	1.021	1.080	1.173	1.142
宁夏	1.002	0.655	0.915	0.956	0.979	0.987	1.019	0.932	1.042
青海	1.013	1.007	1.008	1.013	0.927	1.091	1.009	1.113	1.010
山东	1.148	1.034	1.280	1.036	1.159	1.199	1.179	1.162	1.103
山西	1.020	1.021	1.155	0.893	0.943	1.036	0.958	0.989	0.990
陕西	1.105	0.890	1.047	0.955	1.006	1.061	1.081	1.048	1.016
上海	1.027	1.089	1.009	1.211	1.081	1.084	1.023	1.019	1.153
四川	1.024	1.031	1.071	1.040	1.001	1.139	1.029	1.134	1.032
天津	1.019	1.012	1.029	1.013	1.034	1.027	1.026	1.043	1.080
新疆	0.976	0.977	1.028	1.008	0.961	1.049	1.015	1.013	1.020
云南	1.016	1.013	0.957	0.980	1.015	1.021	1.046	1.093	0.947
浙江	1.024	1.024	1.065	1.048	1.108	1.091	1.165	1.155	1.170
重庆	0.982	0.930	0.932	0.920	0.969	1.013	1.056	1.059	1.015

续表

省份	2010~2011年	2011~2012年	2012~2013年	2013~2014年	2014~2015年	2015~2016年	2016~2017年	2017~2018年	平均值
安徽	0.960	1.042	1.045	1.028	1.057	1.063	0.987	1.095	1.022
北京	1.018	1.018	1.024	1.066	1.048	1.022	1.053	1.107	1.056
福建	0.820	1.093	1.234	1.014	1.110	1.115	1.013	1.105	1.050
甘肃	0.822	1.015	1.066	0.993	1.003	1.011	1.003	1.009	1.007
广东	1.027	1.024	1.033	1.019	1.093	1.039	1.018	1.047	1.046
广西	0.939	1.022	1.035	1.022	1.086	1.059	0.952	1.151	1.008
贵州	0.943	1.015	1.024	0.989	1.017	1.037	0.976	1.062	1.010
海南	0.956	1.005	1.022	1.167	0.908	1.154	0.810	1.128	1.011
河北	0.886	1.065	0.997	1.058	1.088	1.086	1.069	1.145	1.060
河南	0.957	1.057	1.073	1.126	1.047	1.087	1.051	1.006	1.043
黑龙江	0.756	1.034	1.046	0.953	1.001	1.000	1.028	0.960	1.015
湖北	0.974	1.067	1.065	1.034	1.078	1.117	1.019	1.107	1.053
湖南	0.924	1.041	1.022	1.023	1.097	1.066	1.040	1.092	1.028
吉林	0.591	1.051	1.066	1.005	1.036	1.041	1.033	1.047	1.032
江苏	1.242	1.318	1.575	1.151	1.196	1.128	1.017	1.117	1.164
江西	0.919	1.035	1.043	0.996	1.020	1.125	1.000	1.130	1.016
辽宁	0.839	1.279	1.201	1.071	1.045	1.075	1.039	1.225	1.086
内蒙古	0.501	1.112	1.179	0.982	1.027	1.019	1.039	1.128	1.042
宁夏	0.832	0.989	1.018	0.980	0.973	1.004	0.973	1.014	0.957
青海	0.773	0.999	1.295	1.123	0.911	1.099	1.029	1.001	1.025
山东	1.026	1.134	1.190	1.150	1.088	1.056	1.075	1.092	1.124
山西	0.837	0.995	1.005	0.994	0.980	0.994	1.037	1.074	0.995
陕西	0.870	1.016	0.982	1.026	1.027	1.073	0.996	1.084	1.017
上海	1.028	1.065	1.014	1.125	1.020	1.018	1.016	1.068	1.062
四川	0.909	1.077	0.962	1.070	1.047	1.042	1.022	1.157	1.046
天津	1.026	1.029	1.033	1.030	1.026	1.021	1.015	1.048	1.030
新疆	0.779	0.974	0.975	0.966	0.973	0.979	0.980	0.992	0.980
云南	0.923	0.996	1.012	1.127	1.082	1.050	0.961	1.062	1.018
浙江	1.081	1.194	1.111	1.214	1.221	1.214	1.054	1.243	1.128
重庆	0.962	1.042	1.133	1.059	1.085	1.082	1.042	1.127	1.024

资料来源：利用 Maxdea6.16 软件计算得出。

表 6 - 2　　　　　　　　　　**全要素生产率分解的技术效率**

省份	2001 ~ 2002 年	2002 ~ 2003 年	2003 ~ 2004 年	2004 ~ 2005 年	2005 ~ 2006 年	2006 ~ 2007 年	2007 ~ 2008 年	2008 ~ 2009 年	2009 ~ 2010 年
安徽	1.039	0.973	1.004	0.953	0.993	0.946	0.969	0.969	0.970
北京	1.000	1.000	1.000	1.000	1.000	1.000	1.000	1.000	1.000
福建	1.000	0.945	0.933	0.894	1.019	0.948	1.019	1.021	1.042
甘肃	1.035	0.946	1.067	0.976	0.973	0.974	0.987	0.972	0.998
广东	1.000	1.000	1.000	1.000	1.000	1.000	1.000	1.000	1.000
广西	0.971	0.934	0.955	1.003	0.969	0.959	0.978	0.923	0.927
贵州	0.998	0.990	0.935	1.006	1.006	0.990	0.983	0.983	1.037
海南	1.000	0.919	1.074	0.908	1.112	0.930	1.015	1.063	0.888
河北	0.981	0.966	1.034	0.992	0.966	0.993	0.966	0.988	0.994
河南	1.052	0.954	0.997	0.910	0.992	0.938	0.971	0.995	0.970
黑龙江	1.000	0.863	1.159	1.000	0.954	1.048	0.882	1.133	1.000
湖北	1.083	0.995	0.921	0.939	1.018	1.063	0.933	1.026	0.960
湖南	0.973	0.943	0.996	0.970	0.984	1.002	0.995	1.007	0.985
吉林	0.844	0.868	1.240	1.101	0.867	0.991	0.777	1.022	1.153
江苏	1.038	0.931	1.041	0.966	0.972	1.001	1.020	1.000	1.021
江西	0.968	0.905	0.989	0.972	0.950	0.966	0.971	0.987	0.994
辽宁	1.000	1.000	1.000	1.000	1.000	1.000	1.000	1.000	1.000
内蒙古	0.934	0.787	1.360	1.000	1.000	1.000	1.000	1.000	1.000
宁夏	1.000	0.648	0.914	0.925	0.963	0.977	1.017	0.923	1.022
青海	1.000	1.000	1.000	1.000	0.924	1.082	1.000	1.000	1.000
山东	1.000	1.000	1.000	1.000	1.000	1.000	1.000	1.000	1.000
山西	1.003	1.019	1.082	0.893	0.943	0.987	0.895	0.904	0.963
陕西	1.100	0.890	0.945	0.951	0.992	1.042	1.011	0.951	0.985
上海	1.000	1.000	1.000	1.000	1.000	1.000	1.000	1.000	1.000
四川	0.940	1.005	0.993	1.023	0.946	1.045	0.947	1.021	0.958
天津	1.000	1.000	1.000	1.000	1.000	1.000	1.000	1.000	1.000
新疆	0.947	0.964	0.998	0.991	0.928	0.995	0.973	0.939	0.991
云南	0.976	0.996	0.918	0.970	0.969	0.960	0.992	1.011	0.896
浙江	1.000	1.000	1.000	0.915	0.984	0.949	1.009	0.962	1.020
重庆	0.974	0.930	0.877	0.918	0.952	0.997	0.996	0.994	0.991

续表

省份	2010 ~ 2011 年	2011 ~ 2012 年	2012 ~ 2013 年	2013 ~ 2014 年	2014 ~ 2015 年	2015 ~ 2016 年	2016 ~ 2017 年	2017 ~ 2018 年	平均值
安徽	0.958	1.036	1.036	0.999	1.030	1.039	0.961	0.982	0.992
北京	1.000	1.000	1.000	1.000	1.000	1.000	1.000	1.000	1.000
福建	0.814	1.061	1.051	1.002	1.030	1.027	1.008	0.994	0.989
甘肃	0.822	1.015	1.066	0.993	1.003	1.011	0.999	0.934	0.987
广东	1.000	1.000	1.000	1.000	1.000	1.000	1.000	1.000	1.000
广西	0.939	1.022	1.035	1.020	1.076	1.043	0.931	1.024	0.983
贵州	0.943	1.015	1.024	0.989	1.017	1.037	0.976	1.005	0.996
海南	0.956	1.005	1.022	1.147	0.810	1.040	0.776	1.066	0.984
河北	0.860	1.025	0.965	0.977	1.011	1.024	1.019	0.976	0.985
河南	0.923	1.016	1.033	1.076	0.979	1.034	1.017	0.887	0.985
黑龙江	0.756	1.005	0.975	0.953	0.917	0.953	1.028	0.907	0.973
湖北	0.963	1.048	1.045	0.987	1.033	1.082	0.987	0.955	1.002
湖南	0.922	1.031	1.004	1.011	1.058	1.042	1.040	0.963	0.996
吉林	0.591	1.051	1.066	1.005	1.033	1.033	1.025	0.913	0.975
江苏	0.979	1.033	1.487	1.000	1.000	1.000	1.000	1.000	1.029
江西	0.919	1.035	1.043	0.995	0.998	1.104	0.974	1.012	0.987
辽宁	0.703	1.082	0.988	0.927	0.968	1.008	1.022	1.018	0.983
内蒙古	0.501	1.101	1.122	0.967	0.959	0.992	1.033	0.923	0.981
宁夏	0.832	0.988	1.018	0.962	0.962	0.996	0.964	0.995	0.948
青海	0.773	0.999	1.294	1.000	0.911	1.098	1.000	1.000	1.005
山东	1.000	1.000	1.000	1.000	1.000	1.000	1.000	1.000	1.000
山西	0.837	0.995	1.005	0.994	0.980	0.994	1.037	1.070	0.977
陕西	0.870	1.016	0.982	1.025	1.022	1.064	0.986	1.017	0.991
上海	1.000	1.000	1.000	1.000	1.000	1.000	1.000	1.000	1.000
四川	0.901	1.048	0.936	1.055	1.007	1.012	1.022	1.035	0.994
天津	1.000	1.000	1.000	1.000	1.000	1.000	1.000	1.000	1.000
新疆	0.779	0.974	0.975	0.943	0.943	0.957	0.961	0.923	0.952
云南	0.923	0.996	1.012	1.125	1.040	1.005	0.961	0.986	0.985
浙江	0.946	1.036	0.926	1.048	1.067	1.113	0.962	1.090	1.001
重庆	0.962	1.042	1.133	1.055	1.077	1.069	1.026	1.030	1.001

资料来源：利用 Maxdea6.16 软件计算得出。

表 6 – 3 全要素生产率分解的技术进步指数

省份	2001 ~ 2002 年	2002 ~ 2003 年	2003 ~ 2004 年	2004 ~ 2005 年	2005 ~ 2006 年	2006 ~ 2007 年	2007 ~ 2008 年	2008 ~ 2009 年	2009 ~ 2010 年
安徽	1.007	1.016	1.039	1.009	1.039	1.045	1.052	1.064	1.025
北京	1.025	1.032	1.129	1.030	1.029	1.033	1.093	1.171	1.052
福建	1.012	1.018	1.051	1.011	1.060	1.069	1.096	1.129	1.079
甘肃	1.017	1.014	1.029	1.010	1.038	1.045	1.035	1.066	1.022
广东	1.042	1.034	1.035	1.032	1.114	1.104	1.054	1.035	1.029
广西	1.008	1.008	1.021	1.001	1.033	1.044	1.036	1.078	1.027
贵州	1.006	1.000	1.044	1.000	1.010	1.016	1.038	1.045	1.015
海南	1.030	1.000	1.009	1.004	1.006	1.011	1.031	1.032	1.009
河北	1.064	1.030	1.154	1.033	1.065	1.076	1.105	1.141	1.089
河南	1.029	1.020	1.087	1.020	1.060	1.075	1.087	1.104	1.081
黑龙江	1.015	1.002	1.154	1.055	1.012	1.040	1.008	1.065	1.059
湖北	1.014	1.012	1.147	1.017	1.030	1.033	1.087	1.118	1.060
湖南	1.035	1.018	1.037	1.010	1.048	1.058	1.046	1.044	1.029
吉林	1.014	1.013	1.106	1.032	1.020	1.153	1.114	1.164	1.173
江苏	1.083	1.029	1.067	1.036	1.082	1.090	1.090	1.284	1.278
江西	1.018	1.013	1.028	1.007	1.036	1.040	1.060	1.081	1.028
辽宁	1.019	1.016	1.082	1.027	1.024	1.082	1.019	1.236	1.176
内蒙古	1.006	1.004	1.063	1.117	1.017	1.021	1.080	1.173	1.142
宁夏	1.002	1.010	1.001	1.033	1.017	1.010	1.001	1.010	1.019
青海	1.013	1.007	1.008	1.013	1.003	1.008	1.009	1.113	1.010
山东	1.148	1.034	1.280	1.036	1.159	1.199	1.179	1.162	1.103
山西	1.017	1.002	1.067	1.000	1.001	1.050	1.070	1.094	1.029
陕西	1.004	1.001	1.108	1.004	1.015	1.018	1.069	1.103	1.032
上海	1.027	1.089	1.009	1.211	1.081	1.084	1.023	1.019	1.153
四川	1.089	1.026	1.079	1.017	1.059	1.090	1.087	1.111	1.077
天津	1.019	1.012	1.029	1.013	1.034	1.027	1.026	1.043	1.080
新疆	1.030	1.014	1.030	1.018	1.036	1.054	1.044	1.079	1.029
云南	1.041	1.017	1.042	1.009	1.047	1.064	1.054	1.081	1.057
浙江	1.024	1.024	1.065	1.145	1.127	1.150	1.155	1.201	1.147
重庆	1.008	1.000	1.063	1.003	1.018	1.017	1.060	1.066	1.024

省份	2010~2011年	2011~2012年	2012~2013年	2013~2014年	2014~2015年	2015~2016年	2016~2017年	2017~2018年	平均值
安徽	1.002	1.005	1.009	1.029	1.026	1.024	1.027	1.114	1.031
北京	1.018	1.018	1.024	1.066	1.048	1.022	1.053	1.107	1.056
福建	1.007	1.030	1.175	1.012	1.078	1.086	1.005	1.112	1.061
甘肃	1.000	1.000	1.000	1.000	1.000	1.000	1.004	1.080	1.021
广东	1.027	1.024	1.033	1.019	1.093	1.039	1.018	1.047	1.046
广西	1.000	1.000	1.000	1.002	1.009	1.015	1.022	1.124	1.025
贵州	1.000	1.000	1.000	1.000	1.000	1.000	1.000	1.057	1.014
海南	1.000	1.000	1.000	1.018	1.121	1.110	1.044	1.058	1.028
河北	1.031	1.039	1.033	1.083	1.076	1.061	1.049	1.173	1.077
河南	1.037	1.041	1.039	1.046	1.070	1.051	1.034	1.134	1.060
黑龙江	1.000	1.029	1.073	1.000	1.092	1.049	1.000	1.059	1.042
湖北	1.011	1.018	1.019	1.048	1.044	1.033	1.032	1.159	1.052
湖南	1.002	1.009	1.017	1.011	1.037	1.023	1.000	1.134	1.033
吉林	1.000	1.000	1.000	1.000	1.003	1.008	1.008	1.147	1.056
江苏	1.268	1.276	1.059	1.151	1.196	1.128	1.017	1.117	1.132
江西	1.000	1.000	1.000	1.001	1.022	1.019	1.027	1.116	1.029
辽宁	1.193	1.181	1.215	1.156	1.079	1.066	1.017	1.204	1.105
内蒙古	1.000	1.010	1.050	1.015	1.071	1.028	1.006	1.223	1.060
宁夏	1.000	1.000	1.000	1.019	1.011	1.008	1.009	1.020	1.010
青海	1.000	1.000	1.001	1.123	1.000	1.001	1.029	1.001	1.020
山东	1.026	1.134	1.190	1.150	1.088	1.056	1.075	1.092	1.124
山西	1.000	1.000	1.000	1.000	1.000	1.000	1.000	1.004	1.020
陕西	1.000	1.000	1.000	1.001	1.005	1.008	1.011	1.066	1.026
上海	1.028	1.065	1.014	1.125	1.020	1.018	1.016	1.068	1.062
四川	1.008	1.028	1.027	1.014	1.041	1.029	1.000	1.118	1.053
天津	1.026	1.029	1.033	1.030	1.026	1.021	1.015	1.048	1.030
新疆	1.000	1.000	1.000	1.024	1.031	1.023	1.020	1.075	1.030
云南	1.000	1.000	1.000	1.002	1.041	1.045	1.000	1.076	1.034
浙江	1.143	1.152	1.200	1.159	1.144	1.091	1.096	1.140	1.127
重庆	1.000	1.000	1.000	1.004	1.008	1.012	1.015	1.094	1.023

资料来源：利用 Maxdea6.16 软件计算得出。

6.3.2　中国全要素生产率及其分解效应

（1）中国全要素生产率及其分解效应。从横向水平来看，研究样本期间，SUL 指数的平均增长率为 3.9%，其中，技术效率贡献了 -1.1%，技术进步的贡献率为 5.0%。从分解效应方面来看，技术效率在一定程度上抑制了空气污染约束下中国全要素生产率的提升，而技术进步则成为空气污染约束下中国全要素生产率提升的主要源泉。

（2）中国全要素生产率及其分解效应的时序变化趋势。中国全要素生产率指数及其分解效应趋势如图 6-1 所示。图 6-1 显示，SUL 指数仅在 2002~2003 年以及 2010~2011 年出现了负增长，这两年增长率分别为 -3.8% 和 -9.6%，其余年份均为正增长，其中，增长率最高的是 2008~2009 年，增长率为 9.6%。技术效率出现正增长的年份有 2003~2004 年、2011~2012 年、2012~2013 年、2013~2014 年、2015~2016 年，增长率分别为 1.4%、2.3%、4.1%、0.8% 和 2.6%，其余年份均为负增长，增长率最低的年份为 2010~2011 年，增长率为 -12.1%。技术进步指数每年均为正增长，增长率最高的年份为

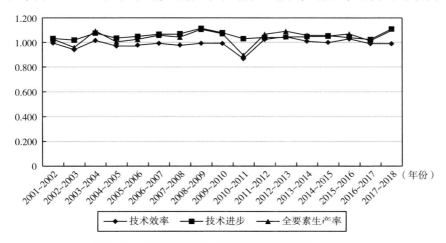

图 6-1　中国全要素生产率指数及其分解效应趋势

2008~2009 年，增长率为 10.4%，增长率最低的年份为 2002~2003 年，增长率为 1.7%。

6.3.3 东部、中部、西部地区全要素生产率变化趋势及其分解

（1）东部、中部、西部地区全要素生产率及其分解效应的横向比较。在研究样本期间，东部地区 SUL 指数平均增长率为 7.4%，其中，技术效率的贡献率为 -0.3%，技术进步的增长率为 7.7%；在研究样本期间，中部地区 SUL 指数平均增长率为 2.6%，其中，技术效率的贡献率为 -1.4%，技术进步的贡献率为 4.0%；在研究样本期间，西部地区 SUL 指数平均增长率为 1.2%，技术效率的贡献率为 -1.6%，技术进步的贡献率为 2.9%。综合而言，东部、中部、西部地区的全要素生产率的增长率依次降低，技术效率对其各自的全要素生产率的贡献率依次降低，技术进步则成为三大地区全要素生产率提升的主要动力。

（2）东部、中部、西部地区全要素生产率及其分解效应的时序比较。东部、中部、西部地区的 SUL 指数及其分解效应随时间变化的趋势如图 6-2 所示。图 6-2 显示，三大地区 SUL 指数变化趋势比较相似，均在 2010~2011 年出现了最低值，SUL 增长率均为负值，分别为 -0.5%、-13.5%、-15.9%，三大地区全要素生产率的负增长也导致全国水平在该时间段内全要素生产率的负增长；东部地区的 SUL 指数在其余年份均出现正向增长，增长率最高的为 2008~2009 年，增长率为 13.5%，其次是 2012~2013 年的 13.0%；中部地区的 SUL 指数除 2010~2011 年的负增长之外，还有 2002~2003 年的 -4.9%、2004~2005 年的 -1.4%、2005~2006 年的 -0.7%、2007~2008 年的 -1.6%，其余年份呈现正向增长，增长率最高的为 2003~2004 年的 13.7%；西部地区的 SUL 指数除 2010~2011 年的负增长之外，还有 2002~2003 年的 -7.4%、2004~2005 年的 -0.1%、2005~2006 年的 -0.9%、2016~2017 年的 -0.2%，其余年份呈现正增长，增长率最高的为 2017~2018

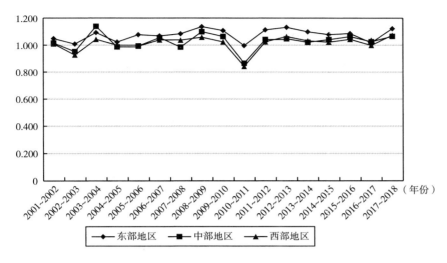

图6-2 东部、中部、西部地区的 SUL 指数变化趋势

年的 7.2%。从分解效应来看，东部地区技术效率出现正向增长的年份
有 2001~2002 年、2003~2004 年、2005~2006 年、2007~2008 年、
2008~2009 年、2011~2012 年、2012~2013 年、2013~2014 年、2015~
2016 年、2017~2018 年，增长率分别为 0.2%、0.7%、0.5%、0.3%、
0.3%、2.2%、4.0%、0.9%、1.9% 和 1.3%，其余年份的技术效率均
出现负增长，其中，增长率最高的为 2012~2013 年，增长率最低的为
2010~2011 年的 -6.7%；中部地区技术效率出现正向增长的年份有
2003~2004 年、2008~2009 年、2011~2012 年、2012~2013 年、2013~
2014 年、2014~2015 年、2015~2016 年、2016~2017 年，增长率分别
为 4.9%、0.5%、2.7%、2.6%、0.3%、0.3%、3.5% 和 0.9%，其
余年份的技术效率均出现负增长，其中，增长率最高的为 2003~2004
年，增长率最低的为 2010~2011 年的 -14.1%；西部地区技术效率出
现正向增长的年份有 2006~2007 年、2011~2012 年、2012~2013 年、
2013~2014 年、2014~2015 年、2015~2016 年，增长率分别为 0.2%、
2.0%、5.4%、1.2%、0.2% 和 2.6%，其余年份的技术效率均出现负
增长，其中，增长率最高的为 2012~2013 年，增长率最低的为 2010~
2011 年的 -16%。东部、中部、西部地区所有年份技术进步指数均呈

现正向增长，其中，东部地区技术进步指数增长率最高的为 2008 ~
2009 年，增长率为 13.2%，增长率最低的为 2002~2003 年，增长率为
2.9%；中部地区技术进步指数增长率最高的为 2017~2018 年，增长率
为 10.8%，增长率最低的为 2010~2011 年，增长率为 0.6%；西部地
区技术进步指数增长率最高的为 2017~2018 年，增长率为 8.5%，增长
率最低的为 2010~2011 年，增长率为 0.1%。

6.3.4　中国各省份全要素生产率变化趋势及其分解

（1）中国各省份全要素生产率指数变化趋势及其分解效应的横向
比较。中国 30 个省份的全要素生产率指数（SUL）及其分解效应排
序见表 6-4。表 6-4 显示，中国 30 个省份中，SUL 指数呈现负增长
的省份仅有山西、新疆和宁夏，增长率分别为 -0.5%、-2.0% 和
-4.3%，其余省份均呈现正向增长，排名前 5 位的省份及其增长率
分别为江苏 16.4%、浙江 12.8%、山东 12.4%、辽宁 8.6% 和上海
6.2%。在其分解效应中，技术效率呈现正向增长的有 10 个省份，分
别为江苏 2.9%、青海 0.5%、湖北 0.2%、浙江 0.1%、重庆 0.1%、
山东 0、上海 0、广东 0、北京 0、天津 0，其余省份均出现负增长，
排名后 5 位的省份及其增长率分别为山西 -2.3%、吉林 -2.5%、黑
龙江 -2.7%、新疆 -4.8% 和宁夏 -5.2%；所有 30 个省份的技术进
步指数均呈现正向增长，排名前 5 位的省份及其增长率分别为江苏
13.2%、辽宁 12.7%、上海 12.4%、陕西 10.5% 和江西 7.7%，排
名后 5 位的省份及其增长率分别为安徽 2.1%、浙江 2.0%、甘肃
2.0%、北京 1.4% 和宁夏 1.0%。

（2）中国各省份全要素生产率指数变化趋势及其分解效应的时序
比较。根据表 6-1、表 6-2、表 6-3 的结果，得出中国各省全要素
生产率指数变化趋势及其分解效应的时序排名结果，分别见表 6-4、
表 6-5 和表 6-6。

表 6 - 4　　　　　　中国各省份全要素生产率指数时序变化

排序	2001 ~ 2002 年	2002 ~ 2003 年	2003 ~ 2004 年	2004 ~ 2005 年	2005 ~ 2006 年	2006 ~ 2007 年	2007 ~ 2008 年	2008 ~ 2009 年
1	山东	上海	内蒙古	上海	山东	山东	山东	江苏
2	江苏	山东	吉林	吉林	海南	吉林	浙江	辽宁
3	陕西	广东	黑龙江	内蒙古	广东	四川	福建	黑龙江
4	湖北	北京	山东	黑龙江	浙江	广东	江苏	吉林
5	河南	四川	河北	浙江	上海	湖北	北京	内蒙古
6	甘肃	浙江	山西	四川	福建	江苏	陕西	北京
7	安徽	山西	北京	山东	河南	浙江	内蒙古	山东
8	河北	辽宁	江苏	广东	江苏	青海	河北	浙江
9	广东	云南	甘肃	北京	湖北	黑龙江	重庆	福建
10	海南	天津	河南	辽宁	天津	上海	河南	湖北
11	上海	青海	海南	河北	安徽	辽宁	广东	四川
12	北京	湖北	辽宁	天津	湖南	河北	海南	河北
13	四川	河北	四川	青海	北京	陕西	云南	青海
14	浙江	贵州	浙江	新疆	河北	湖南	湖南	河南
15	山西	安徽	湖北	贵州	辽宁	新疆	江西	海南
16	辽宁	新疆	陕西	广西	内蒙古	山西	四川	云南
17	天津	河南	安徽	江苏	贵州	北京	天津	江西
18	云南	福建	广东	甘肃	云南	天津	上海	重庆
19	黑龙江	甘肃	湖南	湖南	甘肃	云南	甘肃	湖南
20	青海	湖南	天津	云南	陕西	内蒙古	贵州	陕西
21	福建	江苏	新疆	江西	四川	甘肃	安徽	天津
22	湖南	广西	江西	安徽	广西	福建	辽宁	甘肃
23	贵州	重庆	上海	宁夏	江西	重庆	宁夏	广东
24	宁夏	海南	青海	湖北	宁夏	河南	新疆	安徽
25	江西	江西	福建	陕西	重庆	贵州	湖北	贵州
26	重庆	陕西	贵州	河南	黑龙江	江西	广西	上海
27	广西	吉林	广西	重庆	新疆	广西	青海	新疆
28	新疆	黑龙江	云南	海南	山西	安徽	山西	广西
29	内蒙古	内蒙古	重庆	福建	青海	宁夏	黑龙江	山西
30	吉林	宁夏	宁夏	山西	吉林	海南	吉林	宁夏

排序	2009~2010 年	2010~2011 年	2011~2012 年	2012~2013 年	2013~2014 年	2014~2015 年	2015~2016 年	2016~2017 年	2017~2018 年
1	吉林	江苏	江苏	江苏	浙江	浙江	浙江	山东	浙江
2	江苏	浙江	辽宁	青海	海南	江苏	海南	河北	辽宁
3	辽宁	上海	浙江	福建	江苏	福建	江苏	浙江	四川
4	浙江	广东	山东	辽宁	山东	湖南	江西	北京	广西
5	上海	山东	内蒙古	山东	云南	广东	湖北	河南	河北
6	内蒙古	天津	福建	内蒙古	河南	山东	福建	重庆	江西
7	福建	北京	四川	重庆	上海	河北	青海	湖南	内蒙古
8	山东	湖北	湖北	浙江	青海	广西	河南	辽宁	海南
9	河北	重庆	上海	河南	辽宁	重庆	河北	内蒙古	重庆
10	天津	安徽	河北	吉林	四川	云南	重庆	山西	江苏
11	黑龙江	河南	河南	甘肃	北京	湖北	辽宁	吉林	北京
12	贵州	海南	吉林	湖北	重庆	安徽	陕西	青海	湖北
13	北京	贵州	安徽	黑龙江	河北	北京	湖南	黑龙江	福建
14	河南	广西	重庆	安徽	湖北	四川	安徽	四川	安徽
15	宁夏	湖南	湖南	江西	天津	河南	广西	湖北	湖南
16	四川	云南	江西	广西	安徽	辽宁	山东	广东	山东
17	广东	江西	黑龙江	天津	陕西	吉林	云南	江苏	陕西
18	江西	四川	天津	广东	湖南	陕西	四川	上海	山西
19	甘肃	河北	广东	北京	广西	内蒙古	吉林	天津	上海
20	新疆	陕西	广西	贵州	广东	天津	广东	福建	贵州
21	湖北	辽宁	北京	海南	福建	江西	贵州	甘肃	云南
22	陕西	山西	陕西	湖南	吉林	上海	北京	江西	天津
23	重庆	宁夏	贵州	宁夏	江西	贵州	天津	陕西	吉林
24	湖南	甘肃	甘肃	上海	山西	甘肃	内蒙古	安徽	广东
25	青海	福建	海南	云南	甘肃	黑龙江	上海	新疆	宁夏
26	安徽	新疆	青海	山西	贵州	山西	甘肃	贵州	甘肃
27	山西	青海	云南	河北	内蒙古	新疆	宁夏	宁夏	河南
28	广西	黑龙江	山西	陕西	宁夏	宁夏	黑龙江	云南	青海
29	云南	吉林	宁夏	新疆	新疆	青海	山西	广西	新疆
30	海南	内蒙古	新疆	四川	黑龙江	海南	新疆	海南	黑龙江

资料来源：根据表 6-1 制作得出。

表 6 - 5 中国各省份技术效率时序变化

排序	2001 ~ 2002 年	2002 ~ 2003 年	2003 ~ 2004 年	2004 ~ 2005 年	2005 ~ 2006 年	2006 ~ 2007 年	2007 ~ 2008 年	2008 ~ 2009 年
1	山东	上海	山东	上海	山东	山东	山东	江苏
2	四川	山东	河北	浙江	浙江	吉林	浙江	辽宁
3	江苏	广东	黑龙江	内蒙古	广东	浙江	吉林	浙江
4	河北	北京	湖北	黑龙江	江苏	广东	河北	内蒙古
5	广东	河北	北京	江苏	上海	四川	福建	北京
6	云南	江苏	陕西	山东	河北	江苏	北京	吉林
7	湖南	四川	吉林	宁夏	福建	上海	江苏	山东
8	新疆	浙江	河南	河北	河南	辽宁	湖北	河北
9	海南	河南	辽宁	广东	四川	河北	河南	福建
10	河南	湖南	四川	吉林	湖南	河南	四川	湖北
11	上海	福建	山西	北京	云南	福建	内蒙古	青海
12	北京	云南	江苏	辽宁	安徽	云南	山西	四川
13	浙江	辽宁	浙江	河南	甘肃	湖南	陕西	河南
14	辽宁	安徽	内蒙古	新疆	新疆	新疆	江西	陕西
15	天津	甘肃	重庆	四川	江西	山西	重庆	山西
16	江西	新疆	福建	湖北	天津	安徽	广东	江西
17	山西	吉林	贵州	天津	广西	甘肃	云南	云南
18	甘肃	江西	云南	青海	湖北	广西	安徽	新疆
19	黑龙江	天津	安徽	福建	北京	江西	湖南	广西
20	湖北	湖北	湖南	湖南	辽宁	黑龙江	新疆	重庆
21	吉林	宁夏	广东	甘肃	吉林	湖北	贵州	甘肃
22	青海	广西	新疆	云南	重庆	北京	广西	黑龙江
23	福建	青海	甘肃	安徽	内蒙古	天津	甘肃	安徽
24	广西	内蒙古	天津	江西	宁夏	内蒙古	海南	贵州
25	重庆	黑龙江	江西	海南	陕西	陕西	天津	湖南
26	安徽	山西	广西	陕西	黑龙江	重庆	上海	天津
27	内蒙古	陕西	上海	重庆	贵州	贵州	辽宁	广东
28	贵州	海南	海南	广西	海南	海南	青海	海南
29	陕西	重庆	青海	山西	青海	宁夏	黑龙江	上海
30	宁夏	贵州	宁夏	贵州	山西	青海	宁夏	宁夏

续表

排序	2009～2010 年	2010～2011 年	2011～2012 年	2012～2013 年	2013～2014 年	2014～2015 年	2015～2016 年	2016～2017 年	2017～2018 年
1	江苏	江苏	江苏	辽宁	浙江	江苏	江苏	浙江	内蒙古
2	辽宁	辽宁	辽宁	浙江	辽宁	浙江	海南	山东	辽宁
3	吉林	浙江	浙江	山东	江苏	海南	浙江	北京	河北
4	上海	河南	山东	福建	山东	广东	福建	河北	湖北
5	浙江	河北	上海	黑龙江	上海	黑龙江	辽宁	海南	吉林
6	内蒙古	上海	河南	江苏	青海	山东	河北	河南	浙江
7	山东	广东	河北	内蒙古	河北	辽宁	山东	湖北	河南
8	河北	山东	福建	河南	北京	福建	河南	青海	湖南
9	河南	天津	天津	河北	湖北	河北	黑龙江	江西	广西
10	天津	北京	黑龙江	天津	河南	内蒙古	云南	安徽	四川
11	福建	湖北	四川	广东	天津	河南	广东	广西	江苏
12	四川	四川	广东	四川	安徽	北京	湖北	新疆	江西
13	湖北	福建	湖北	北京	新疆	湖北	四川	广东	安徽
14	黑龙江	湖南	北京	湖北	广东	云南	内蒙古	江苏	福建
15	云南	安徽	内蒙古	湖南	宁夏	四川	安徽	辽宁	北京
16	北京	吉林	湖南	上海	海南	湖南	湖南	上海	重庆
17	陕西	内蒙古	安徽	安徽	内蒙古	新疆	新疆	天津	山东
18	湖南	黑龙江	宁夏	青海	四川	天津	北京	重庆	甘肃
19	新疆	云南	吉林	宁夏	福建	安徽	天津	陕西	云南
20	广东	陕西	云南	吉林	湖南	江西	江西	宁夏	新疆
21	山西	新疆	陕西	云南	重庆	上海	上海	吉林	上海
22	江西	山西	新疆	陕西	云南	宁夏	广西	内蒙古	陕西
23	广西	江西	山西	新疆	广西	广西	重庆	福建	黑龙江
24	安徽	广西	江西	山西	陕西	重庆	陕西	甘肃	海南
25	重庆	重庆	广西	江西	江西	陕西	宁夏	黑龙江	贵州
26	甘肃	甘肃	重庆	广西	黑龙江	吉林	吉林	云南	天津
27	宁夏	宁夏	甘肃	重庆	吉林	青海	青海	四川	广东
28	贵州	贵州	贵州	甘肃	山西	山西	山西	湖南	宁夏
29	青海	青海	青海	贵州	甘肃	甘肃	甘肃	山西	山西
30	海南	海南	海南	海南	贵州	贵州	贵州	贵州	青海

资料来源：根据表 6－2 制作得出。

表 6 - 6 中国各省份技术进步指数时序变化

排序	2001~2002 年	2002~2003 年	2003~2004 年	2004~2005 年	2005~2006 年	2006~2007 年	2007~2008 年	2008~2009 年
1	陕西	山西	内蒙古	吉林	海南	青海	江苏	黑龙江
2	湖北	四川	吉林	四川	福建	湖北	福建	海南
3	河南	青海	黑龙江	贵州	湖北	黑龙江	宁夏	湖北
4	安徽	辽宁	山西	广西	贵州	四川	海南	吉林
5	江苏	山东	海南	内蒙古	内蒙古	陕西	陕西	福建
6	甘肃	浙江	甘肃	黑龙江	辽宁	湖南	浙江	四川
7	山西	天津	江苏	青海	山东	江苏	青海	云南
8	青海	广东	河北	辽宁	天津	内蒙古	内蒙古	湖南
9	福建	北京	安徽	山东	广东	辽宁	辽宁	江苏
10	辽宁	上海	青海	天津	北京	山东	山东	青海
11	山东	云南	辽宁	广东	上海	天津	天津	内蒙古
12	浙江	湖北	山东	北京	安徽	广东	广东	辽宁
13	黑龙江	贵州	浙江	上海	河南	北京	北京	山东
14	天津	安徽	天津	河北	陕西	上海	上海	天津
15	广东	河北	广东	新疆	湖南	重庆	重庆	广东
16	北京	新疆	北京	甘肃	浙江	新疆	湖南	北京
17	海南	河南	上海	江西	甘肃	河北	云南	上海
18	宁夏	甘肃	新疆	云南	江苏	吉林	甘肃	河南
19	上海	福建	河南	湖南	云南	贵州	贵州	重庆
20	贵州	湖南	湖南	江苏	广西	山西	广西	河北
21	河北	广西	四川	安徽	河北	宁夏	新疆	江西
22	云南	江苏	江西	陕西	宁夏	甘肃	江西	贵州
23	重庆	重庆	广西	湖北	黑龙江	江西	河南	甘肃
24	湖南	海南	陕西	宁夏	重庆	云南	安徽	安徽
25	广西	江西	贵州	重庆	江西	广西	河北	浙江
26	江西	陕西	福建	浙江	四川	浙江	四川	陕西
27	新疆	吉林	湖北	河南	山西	福建	湖北	新疆
28	四川	黑龙江	云南	海南	新疆	安徽	山西	宁夏
29	内蒙古	内蒙古	宁夏	福建	青海	河南	黑龙江	广西
30	吉林	宁夏	重庆	山西	吉林	海南	吉林	山西

续表

排序	2009~2010 年	2010~2011 年	2011~2012 年	2012~2013 年	2013~2014 年	2014~2015 年	2015~2016 年	2016~2017 年	2017~2018 年
1	吉林	山东	内蒙古	江苏	海南	重庆	浙江	湖南	浙江
2	福建	天津	辽宁	青海	云南	广西	江西	山西	山西
3	贵州	广东	福建	重庆	河南	浙江	青海	内蒙古	海南
4	宁夏	北京	吉林	内蒙古	重庆	湖南	湖北	黑龙江	四川
5	江苏	上海	湖北	吉林	四川	云南	重庆	重庆	重庆
6	浙江	江苏	四川	甘肃	浙江	吉林	陕西	吉林	广西
7	黑龙江	湖北	重庆	福建	陕西	湖北	广西	四川	辽宁
8	青海	重庆	安徽	湖北	广西	安徽	湖南	辽宁	陕西
9	内蒙古	安徽	浙江	江西	湖南	福建	海南	河北	江西
10	辽宁	海南	江西	安徽	吉林	陕西	安徽	河南	贵州
11	山东	浙江	江苏	广西	福建	贵州	贵州	福建	青海
12	天津	贵州	湖南	河南	江苏	河北	河南	青海	江苏
13	广东	广西	河北	贵州	青海	四川	吉林	江苏	山东
14	北京	河南	广西	海南	山东	甘肃	福建	山东	天津
15	上海	云南	陕西	宁夏	天津	江苏	河北	天津	广东
16	甘肃	湖南	河南	云南	广东	山东	四川	广东	北京
17	江西	江西	贵州	山西	北京	天津	甘肃	北京	上海
18	河北	四川	甘肃	湖南	上海	广东	辽宁	上海	宁夏
19	重庆	陕西	黑龙江	山东	安徽	北京	云南	甘肃	福建
20	新疆	河北	海南	天津	江西	上海	江苏	湖北	云南
21	湖南	山西	山东	广东	山西	江西	山东	陕西	安徽
22	陕西	宁夏	天津	北京	甘肃	山西	天津	贵州	河北
23	河南	甘肃	广东	上海	贵州	河南	广东	江西	湖南
24	安徽	福建	北京	辽宁	湖北	辽宁	北京	宁夏	湖北
25	山西	新疆	上海	陕西	河北	宁夏	上海	浙江	甘肃
26	湖北	青海	青海	新疆	内蒙古	内蒙古	宁夏	安徽	新疆
27	四川	黑龙江	云南	黑龙江	宁夏	新疆	山西	云南	内蒙古
28	广西	辽宁	山西	河北	黑龙江	黑龙江	内蒙古	新疆	吉林
29	云南	吉林	宁夏	四川	新疆	青海	新疆	广西	黑龙江
30	海南	内蒙古	新疆	浙江	辽宁	海南	黑龙江	海南	河南

资料来源：根据表 6-3 制作得出。

第一，全要素生产率指数（SUL）时序变化比较。中国各省份 SUL 指数时序变化见表 6-4。表 6-4 显示，中国各省份全要素生产率增长幅度变化不一，研究样本期间，增长率排名第一位的共涉及 6 个省份，其中，山东出现了 5 次，包括 2001～2002 年、2005～2006 年、2006～2007 年、2007～2008 年、2016～2017 年；江苏出现了 4 次，分别在 2008～2009 年、2010～2011 年、2011～2012 年、2012～2013 年；浙江出现了 4 次，分别在 2013～2014 年、2014～2015 年、2015～2016 年、2017～2018 年；上海出现了 2 次，包括 2002～2003 年、2004～2005 年；内蒙古和吉林分别在 2003～2004 年和 2009～2010 年的增长率排名第一。研究样本期间，增长率排名在末位的省份共涉及 6 个，其中，海南出现了 4 次，分别在 2006～2007 年、2009～2010 年、2014～2015 年、2016～2017 年；吉林出现了 3 次，包括 2001～2002 年、2005～2006 年、2007～2008 年；宁夏出现了 3 次，分别在 2002～2003 年、2003～2004 年、2008～2009 年；新疆出现了 2 次，包括 2011～2012 年、2015～2016 年；黑龙江出现了 2 次，分别在 2013～2014 年、2017～2018 年；山西、内蒙古和四川均出现了 1 次，分别在 2004～2005 年、2010～2011 年、2012～2013 年处于末位。

第二，技术效率（EFF）变化比较。中国各省份 EFF 指数变化见表 6-5。表 6-5 显示，中国各省份全要素生产率的分解效应技术效率的增长幅度变化差异相对较小，研究样本期间，增长率排名在第一位的省份共涉及 6 个，其中，江苏出现了 6 次，包括 2008～2009 年、2009～2010 年、2010～2011 年、2011～2012 年、2014～2015 年、2015～2016 年；山东出现了 5 次，分别在 2001～2002 年、2003～2004 年、2005～2006 年、2006～2007 年、2007～2008 年；浙江出现了 2 次，分别在 2013～2014 年、2016～2017 年；上海出现了 2 次，包括 2002～2003 年、2004～2005 年；辽宁和内蒙古分别在 2012～2013 年、2017～2018 年技术效率指数排名首位。研究样本期间，增长率排名在末位的省份共涉及 5 个，其中，贵州出现了 6 次，包括 2002～2003 年、2004～2005 年、2013～2014 年、2014～2015 年、2015～2016 年、2016～2017 年；宁夏出现了

4 次,分别在 2001～2002 年、2003～2004 年、2007～2008 年、2008～2009 年;海南出现了 4 次,分别在 2009～2010 年、2010～2011 年、2011～2012 年、2012～2013 年;青海出现了 2 次,包括 2006～2007 年、2017～2018 年;山西出现了 1 次,在 2005～2006 年处于末位。

第三,技术进步(TEC)变化比较。中国各省份 TEC 指数变化见表 6－6。表 6－6 显示,中国各省份全要素生产率的分解效应技术进步的增长幅度变化差异较大,研究样本期间,增长率排名第一位的省份共涉及 12 个,分布并不集中,其中,吉林出现了 2 次,分别在 2004～2005 年、2009～2010 年;海南出现了 2 次,分别在 2005～2006 年、2013～2014 年;江苏出现了 2 次,包括 2007～2008 年、2012～2013 年;内蒙古出现了 2 次,包括 2003～2004 年、2011～2012 年;浙江出现了 2 次,包括 2015～2016 年、2017～2018 年;另外几个省份分别出现了 1 次,陕西 2001～2002 年、山西 2002～2003 年、青海 2006～2007 年、黑龙江 2008～2009 年、山东 2010～2011 年、湖南 2016～2017 年、重庆 2014～2015 年。研究样本期间,增长率处于末位的省份共涉及 10 个,分布并不集中,其中,海南出现了 4 次,包括 2006～2007 年、2009～2010 年、2014～2015 年、2016～2017 年;吉林出现了 3 次,分别在 2001～2002 年、2005～2006 年、2007～2008 年;山西出现了 2 次,分别在 2004～2005 年、2008～2009 年;另外几个省份分别出现了 1 次,宁夏 2002～2003 年、重庆 2003～2004 年、内蒙古 2010～2011 年、新疆 2011～2012 年、浙江 2012～2013 年、黑龙江 2015～2016 年、辽宁 2013～2014 年、河南 2017～2018 年。

6.4 本章小结

本章进行了空气污染约束下的中国全要素生产率的测度及比较,一方面可以反映纳入时间动态因素的全要素生产率的变化,另一方面可以衡量中国经济高质量发展水平的高低。本章使用 SBM-Undesirable-Luenberger 模型对中国 2001～2018 年的 30 个省份全要素生产率进行测度，并将全要素生产率分解为技术进步和技术效率指数，并进行区域比较。得出如下研究结论。

（1）研究样本期间，横向来看，空气污染约束下的中国全要素生产率指数的平均增长率为 3.9%，其中，技术效率贡献了﹣1.1%，技术进步的贡献率为 5.0%。从分解效应方面来看，技术效率在一定程度上抑制了空气污染约束下中国全要素生产率的提升，而技术进步则成为空气污染约束下中国全要素生产率提升的主要源泉。纵向来看，全要素生产率指数仅在 2002～2003 年以及 2010～2011 年出现了负增长，这两年增长率分别为﹣3.8% 和﹣9.6%，其余年份均为正向增长。

（2）研究样本期间，横向来看，东部地区、中部地区和西部地区全要素生产率的增长率依次降低，技术效率对其各自的全要素生产率的贡献依次降低，技术进步则成为三大地区全要素生产率提升的主要动力。纵向来看，三大地区 SUL 指数变化趋势比较相似，均在 2010～2011 年出现了最低值，SUL 增长率均为负值，分别为﹣0.5%、﹣13.5%、﹣15.9%，三大地区全要素生产率的负增长也导致全国水平在该时间段内的全要素生产率的负增长。

（3）研究样本期间，横向来看，中国 30 个省份中，SUL 指数呈现负增长的省份仅有山西、新疆和宁夏，增长率分别为﹣0.5%、﹣2.0% 和﹣4.3%，其余省份均呈现正向增长。纵向来看，中国各省份全要素生产率增长幅度变化不一，2001～2018 年的 18 年中，增长率排名第一位的省份共涉及 6 个，山东出现的次数最多；增长率排名在末位的省份共涉及 6 个，海南出现的次数最多。

第7章 环境规制对中国环境效率的影响研究

　　为了更好地解释空气污染约束下中国环境效率的变化差异，探索空气污染约束下中国环境效率提升主要影响因素的实际效果，以期为中国经济增长质量的改善以及各省份节能减排提供更为完备的决策信息，本章选用 DEA 分析方法中两阶段法即 two-stage method 检验空气污染约束下环境效率水平受到外界环境因素的影响程度。第一步即利用 SBM-Undesirable 模型评估出决策单元的环境效率值，第二步，以此环境效率为因变量，与各种外界环境因素进行计量回归，判断各外界环境因素对环境效率值的影响方向与程度。有关技术效率影响因素的选择依据，学术界迄今尚无正式理论可供参考。影响空气污染约束下中国环境效率的因素较多，除了投入、产出指标等因素以外，还要受到经济发展、产业结构、人口密度、FDI、贸易依存度等相关因素的影响。而经济发展与空气污染约束下的环境效率之间是否符合传统的环境库兹涅茨曲线？空气污染的"污染天堂效应"在中国是否存在？环境规制等因素能否改善当前空气污染以及提升空气污染约束下的环境效率？这些问题均需要进一步验证。

　　与已有文献相比，本章的贡献在于探讨考虑空气污染的"库兹涅茨曲线"及 FDI 的"污染天堂"在中国的存在性，以及环境规制等相关因素能否改善当前的空气污染现状。具体地，根据第 4 章测度出的空气污染约束下的中国环境效率，运用 TOBIT 模型，实证分析了环境规制、技术进步等因素能否改善空气污染以及是否能够提升环境效率（何枫等，2016；Ma et al.，2021）。

7.1　研 究 方 法

显然，空气污染约束下的环境效率值处于 0 ~ 1，是一个典型的受限因变量，因此，本章拟采用 DEA – TOBIT 模型检验环境效率和影响因素的关系，具体 TOBIT 模型如式（7 – 1）所示。

$$
\begin{aligned}
\ln EF_{it} = a_i &+ \beta_1 \ln PGDP_{it} + \beta_2 (\ln PGDP_{it})^2 + \beta_3\, S\widetilde{GDP}_{it} + \beta_4 \ln ENVR_{it} \\
&+ \beta_5\, TRADE_{it} + \beta_6\, FDI_{it} + \beta_7 \ln TECH_{it} + \beta_8\, R\&D_{it} \qquad (7-1) \\
&+ \beta_9 \ln POP_{it} + \beta_{10} D_{it} + \varepsilon_{it}
\end{aligned}
$$

其中，i 和 t 分别表示省份和年度，EF 表示空气污染约束下的省际环境效率值，ε 为误差项，β 为待估参数。$PGDP$ 表示经济发展水平，用人均 GDP 对数表示，并引进人均 GDP 对数的平方项；$SGDP$ 表示产业结构，用第二产业增加值占 GDP 的比值表示；$ENVR$ 表示环境规制，用各地区环境污染治理投资额与 GDP 的比值表示；$TRADE$ 表示贸易依存度，用各地区进出口贸易总额与 GDP 的比值表示；FDI 表示外资依存度，用各地区外商直接投资额与 GDP 的比值表示；$TECH$ 和 $R\&D$ 表示技术创新，其中 $TECH$ 用各地区专利申请授权数的对数表示，$R\&D$ 用各地区 $R\&D$ 经费支出占 GDP 的比值表示；POP 和 D 衡量地区特征，其中 POP 用各地区人口密度的对数表示，$D = 1$，表示东部地区为 1，否则 $D = 0$。

7.2　变 量 选 取

在分析环境效率的影响因素时，现有研究关于各因素对技术效率的影响结论并不统一，而空气污染约束条件下的环境效率影响因素研究鲜有涉及。本章以第 4 章所测度的中国环境效率为被解释变量，重点考察技术创新和环境规制因素的影响。同时，根据生产率相关的决定理论、国内外已有研究和文献以及笔者自己的思考选择控制变量,以新的视角检验空气污染约束下环境效率与经济发展之间是否符合环境库兹涅茨曲线形式,重点考察以环境规制为首的各种因素对空气污染约束下的环境效率的影响。除此之外,估计了技术创新、产业结构、贸易依存度、外资依存度和地区特征对环境效率的影响,探索空气污染治理和环境效率提升的路径。

(1)空气污染约束下的环境效率。以各省份 2001~2018 年空气污染约束下的环境效率 lnEF 为被解释变量。

(2)主要解释变量:环境规制 ln$ENVR$。环境规制测量的方法主要包括:环境污染投资额占地区生产总值的比重;污染物去除量与去除率;环境规章制度作为虚拟变量;各地区排污费收入。采用环境污染投资额占地区生产总值的比重(袁鹏和程施,2011),来表示各地区对环境污染治理的重视程度。严格的环境规制表明政府加强了对环境的重视程度,企业在更高的环境标准下会相对较少污染物的排放,提升市场的集中度和竞争力,而同时也会提高企业的生产成本,增加企业的负担,妨碍经济产出的增长,此种情况下很难判定环境规制的双重效果对环境效率的影响方式,在宽松的环境规制条件下,与之原理类似。

(3)控制变量:①经济规模。环境质量与经济发展水平之间的关系是学者们关注的重要议题,以环境库兹涅茨曲线为代表的倒"U"型关系成为研究的重点内容(Grossman and Krueger,1994)。而当前空气污染与经济发展之间究竟是否符合倒"U"型曲线关系亟待检验。使用人均地区生产总值 ln$PGDP$ 及其平方项来衡量各地区的经济规模(袁鹏和程施,2011;焦兵和孙君厚,2015)。

②产业结构 $SGDP$。使用第二产业增加值与当地地区生产总值之比来代替(黄永春和石秋平,2015)。通常情况下,第二产业以工业为主,第二产业增加值与 GDP 的比值越高,说明工业污染越严重,环境效率值越低。预期符号为负。

③贸易依存度 $TRADE$。选用进出口贸易总额与 GDP 的比值来衡量(曾贤刚,2011)。用来评估各地区对外贸易发展对空气污染的影响。

发达国家相对较高的环境质量标准是倒逼我国改善环境质量还是带来更严重的环境压力（康雨，2016；刘修岩和董会敏，2017），需要进一步验证。

④外资依存度 *FDI*。采用外商直接投资额与 GDP 的比值来表示（陈玉桥，2013）。主要是为了检验"污染天堂"在中国的适用性。FDI 对中国环境的影响结论并不统一。一方面，FDI 为东道主国家带来了先进的技术（Eskeland and Harrison，2003；李力等，2016）。另一方面，也可能将污染产业向该国家转移（Xing and Kolstad，2002；刘飞宇和赵爱清，2016）。这两个观点都得到了一定的支持（涂正革，2008；袁鹏和程施，2011；周俊和秦俏寒，2017）。FDI 的引进究竟是加重了中国的空气污染，还是有利于空气污染的治理，结论需要进一步验证。

⑤技术创新。技术进步与创新是影响能源需求、气候变化与环境治理的关键因素（魏一鸣等，2013）。技术创新过程比较复杂且形式多样，致使国内外衡量技术创新的指标并没有统一的标准，综合来看，测度技术创新的指标主要有：第一，从投入角度来看，R&D 经费支出和技术改造费支出；第二，从产出角度来看，专利、技术合同成交额及产品产值。技术创新对环境效率的影响并没有统一的结论。曾贤刚（2011）则认为，技术进步对环境效率有负面影响；汪克亮等（2010）发现，技术进步能够显著提高能源效率；而涂正革（2008）从技术改造、自主研发和技术引进三个方面考察技术创新的影响，发现前者有抑制环境效率的作用，后两者则能够显著提高环境效率。可见，技术创新对环境效率的影响需要进一步验证。而技术创新能否改善空气污染提升其约束下的环境效率则是本章重点探讨的变量之一。为了全面评价技术创新的影响以及数据的可得性，本章从技术创新的投入和产出角度进行综合考虑，投入角度采用研发强度也即 R&D 经费支出占 GDP 的比重来衡量（汪克亮等，2010），产出角度采用地区专利申请授权数 ln*TECH* 来衡量（曾贤刚，2011）。

⑥地区特征。对于地区特征这一变量，学者们主要采用人口密度来衡量。而人口密度对环境所造成的影响并不统一。克罗珀和格里菲思

（Cropper and Griffiths，1994）、秦蒙等（2016）认为，人口密度越高，对周围的环境造成的压力就越大，从而使环境退化。塞尔登和宋（Selden and Song，1994）并不认同该观点，他们认为在同等收入水平的基础上，人口密度越大的国家对周围环境的关心程度就越高，就越会提升人们对环境的保护程度和力度。为了验证这一变量对空气污染所造成的影响，引入人口密度 $\ln POP$。此外，中国区域经济发展不平衡，为了全面考察地区特征所带来的影响，引入虚拟变量 D（周五七和聂鸣，2013），该虚拟变量假设：若为东部地区，则 $D=1$；否则 $D=0$。经济发展程度越高，环境效率就越高，判定系数为正。

7.3 数 据 来 源 及 描 述 性 统 计

数据来源于 2002～2019 年的《中国能源统计年鉴》《中国统计年鉴》《中国对外贸易统计年鉴》以及各省份统计年鉴。为了便于对结果进行比较，将 GDP 以 2000 年不变价格进行平滑处理。对外贸易总额折算成人民币单位时所使用的汇率为中国人民银行汇率统计数据的年平均值。变量描述性统计见表 7-1。

表 7-1　　　　　　　　变量描述性统计（2001～2018 年）

变量	符号	算数平均数	最小值	最大值	标准差
人均 GDP（元/人）	*PGDP*	27709.08	3001.86	155178.16	25254.62
第二产业增加值占 GDP 的比重（%）	*IGDP*	45.22	16.54	59.05	7.07
环境污染治理投资额占 GDP 的比重（%）	*ENVR*	1.32	0.05	4.24	0.68
进出口贸易总额与 GDP 的比值（%）	*TRADE*	30.88	1.70	172.15	37.85
外商直接投资与 GDP 的比值（%）	*FDI*	2.64	0.01	9.52	2.06

变量	符号	算数平均数	最小值	最大值	标准差
地区申请专利授权数（项）	*TECH*	48353.81	124	793819	92615.78
R&D 经费支出占 GDP 的比重（%）	*R&D*	1.34	0.14	6.01	1.05
人口密度（人/km²）	*POP*	388.47	6.01	3825.69	534.96
虚拟变量	*D*	D = 1：11 个省份		D = 0：19 个省份	

资料来源：《中国统计年鉴》《中国能源统计年鉴》《中国对外贸易统计年鉴》及各省份统计年鉴。

7.4　实证结果分析与讨论

7.4.1　多重共线性检验

在进行实证分析前，需要对回归方程中各变量之间的多重共线性进行检验。先对各自变量的相关系数进行诊断，采用 Stata15.0 软件得到各变量的相关系数矩阵，见表 7 - 2。

表 7 - 2　　　　　　　　　　各变量相关系数矩阵

变量	ln*EFFI*	ln*PGDP*	*SGDP*	*ENVR*	*TRADE*	*FDI*	ln*TECH*	*RD*	ln*POP*	*D*
ln*EFFI*	1.000									
ln*PGDP*	0.361	1.000								
SGDP	- 0.069	- 0.070	1.000							
ENVR	- 0.143	0.116	0.045	1.000						
TRADE	0.519	0.506	- 0.095	- 0.134	1.000					
FDI	0.414	0.202	0.081	- 0.242	0.491	1.000				
ln*TECH*	0.086	0.763	0.075	- 0.092	0.435	0.169	1.000			
RD	0.337	0.569	- 0.285	0.008	0.589	0.217	0.536	1.000		
ln*POP*	0.067	0.244	0.006	- 0.072	0.423	0.340	0.403	0.317	1.000	
D	0.655	0.532	- 0.075	- 0.145	0.670	0.536	0.417	0.449	0.381	1.000

从表 7 - 2 可以看出，各系数之间的系数的绝对值最高值达到
0.670，其他相关系数均小于此值，各系数之间相关关系并不是很高。
但该方法下无明确的判定标准。为了进一步判定各变量之间是否存在共
线性，对各系数作出方差膨胀因子，见表 7 - 3。

表 7 - 3   各变量的方差膨胀因子

变量	ln*TECH*	ln*PGDP*	ln*POP*	*TRADE*	*D*	*RD*	*FDI*	*SGDP*	*ENVR*
VIF	3.43	3.62	1.47	2.49	2.35	2.14	1.66	1.26	1.27
1/VIF	0.292	0.276	0.680	0.402	0.426	0.467	0.603	0.793	0.785

由表 7 - 3 可知，各系数的方差膨胀因子最高为 3.62，各变量的方
差膨胀因子的平均值为 2.19。根据方差膨胀因子判定的方法可知，如
果该因子大于 10，那么该方程便存在多重共线性，因此，可知该回归
方程中各变量之间不存在多重共线性。综上所述，结合相关系数矩阵和
方差膨胀因子的结果得知，该回归方程并不存在多重共线性，可以进行
下一步实证分析。

7.4.2 实证结果及分析

为了消除异方差，将非比值数据进行对数化处理。为了观察各系数
的稳定性，采用计量分析软件 Stata12.0 对面板 TOBIT 模型的变量进行
逐一回归，依此检验各因素变量对空气污染约束下省际环境效率的影
响，结果见表 7 - 4。

表 7 - 4   TOBIT 面板数据估计结果

变量	(1)	(2)	(3)	(4)	(5)	(6)
a	-2.165 (-0.82)	-2.167 (-0.83)	-2.199 (-0.83)	-2.931 (-1.12)	-4.059 (-1.52)	-4.351 (-1.63)
ln*PGDP*	0.717 (1.73*)	0.718 (1.72*)	0.724 (1.70*)	0.950 (1.80*)	1.200 (2.21**)	1.226 (2.34**)
(ln*PGDP*)²	-0.045 (-1.71*)	-0.047 (-1.69*)	-0.047 (-1.70***)	-0.068 (-2.39**)	-0.082 (-2.21***)	-0.085 (-2.90***)

续表

变量	(1)	(2)	(3)	(4)	(5)	(6)
ln*SGDP*	-0.345 (-2.40**)	-0.333 (-2.30**)	-0.328 (-2.20**)	-0.270 (-1.85*)	-0.247 (-1.71*)	-0.241 (-1.68*)
ln*POP*	-0.228 (-2.69***)	-0.216 (-2.77***)	-0.216 (-2.75***)	-0.068 (-3.05***)	-0.284 (-3.05***)	-0.294 (-3.06***)
D	1.19 (6.07***)	1.200 (5.99***)	1.202 (5.95**)	1.381 (6.42*)	1.359 (6.41***)	1.366 (6.38***)
ln*TRADE*		0.069 (2.09**)	0.070 (2.08**)	0.071 (2.12**)	0.070 (2.09**)	0.066 (1.98**)
ln*FDI*			-0.004 (-0.14)	-0.020 (-0.82)	-0.021 (-0.87)	-0.019 (-0.78)
ln*TECH*				0.087 (2.80***)	0.081 (2.62***)	0.085 (2.73***)
R&D					0.052 (1.81*)	0.056 (2.73**)
ln*ENVR*						-0.057 (-1.70*)
Sigma_u	0.400 (5.92***)	0.401 (5.96***)	0.403 (5.88***)	0.474 (5.74***)	0.465 (5.72***)	0.465 (5.72***)
Obs	360	360	360	360	360	360
Log Likelihood	54.235	54.230	54.240	57.912	60.830	60.830

注：*、**、*** 分别表示在 10%、5%、1% 的水平下显著；括号中的值为 *Z* 值。

（1）环境效率视角下 EKC 曲线的检验。表 7 - 4 中第 1 ~ 6 列显示，PGDP 一次项符号为正，PGDP 二次项符号为负，并结合 EKC 曲线判定规则，发现空气污染约束下的环境效率与经济增长之间呈现传统的倒"U"型曲线形式。需要说明的是，传统的 EKC 曲线认为，经济增长达到一定水平后，环境污染会不断下降或者环境绩效会不断提高，但是该倒"U"型曲线含义恰恰与之相反。这一估计结果表明，在转折点之前，经济水平的提高会提升人们对周围环境质量的要求，使政府治理空气污染的压力增大，从而加强对空气污染的治理，相应地提升了环境绩效；而当人均 GDP 超过转折点后，环境监管机会成本将会增加，污染物减排难度也会提升，经济发展已不再是提高环境绩效的重要因素。有研究表明，中国工业环境绩效与经济发展水平之间也呈现倒"U"型曲线关系（袁鹏和程施，2011），这一结果也与本书研究结论不谋而合，在一定程度上与本书研究结果相互佐证。

（2）产业结构。表7-4中第1~6列显示，第二产业增加值占GDP比例的估计系数为负且非常显著。这一结果说明第二产业增加值比重的增加，引起了空气污染约束下的环境效率的下降。第二产业以工业为主，而工业所造成的空气污染相当严重。有经验研究发现，工业增加值比例越高，空气污染天数将会显著增加，空气污染会越严重（何枫和马栋栋，2015）。2001年，我国第二产业增加值占GDP的比重为45.9%；2018年第二产业增加值占GDP的比重为40.7%，研究样本期间呈现倒"U"型曲线形式，以2006年为拐点，2006年第二产业占比达到47.9%，2006年以后，虽然比重有所下降，但其基数仍然较高，依然会消耗更多的能源和资源，排放出更多的环境污染物，制约环境效率的提升。因此，彻底治理空气污染、提升环境绩效与产业化结构调整密不可分。但也有学者认为工业比重与技术效率上升具有一致性（王德文等，2004），这可能是由于其研究的中国所处的工业阶段不同以及所选择样本和指标的不同造成的。

（3）地区特征。表7-4中第1~6列显示，用于测度地区特征的两个指标出现了两极分化，人口密度变量系数为负，且通过了显著性检验，而地区虚拟变量系数均为正，且通过了显著性检验。这表明，人口密度与环境效率有显著的负向关系。该结果与宋等（Song et al.，2013）、塞尔登和宋（Selden and Song，1994）等的观点并不相符，这说明人口密度的提升所带来的环境压力要高于其人口聚集所产生的正向效应，人口密度的提高加大了当地的生态压力，提升了自然环境保护的难度，从而使得空气污染程度更加严重，环境绩效损害程度提升（Cropper and Griffiths，1994）。而东部地区为1的虚拟变量则能显著提升环境效率，这说明经济发展较早的东部地区在资金、人才、基础设施等方面都具有优势，这些优势能够促进环境效率的提升。

（4）贸易依存度。表7-4中第2~6列显示，进出口贸易总额与

GDP 比值的估计系数为正且非常显著。这一结果与曾贤刚（2010）、林伯强和刘泓汛（2015）的研究结论一致，说明贸易依存度会促进环境绩效的改善，有利于空气污染的治理。这是因为，一方面，国外较高的标准要求能够倒逼我国技术效率的提升（王志平等，2014）；另一方面，对外贸易在提高人们生活水平和经济收入的同时也提升了人们对环境质量的要求，从而促使环境及空气污染治理及环境绩效得以提升。

（5）外资依存度。表 7－4 中第 3~6 列显示，外商直接投资与 GDP 比值的估计系数为负，但未通过显著性检验。从这一估计结果可以看出，FDI 的增加能够抑制空气污染约束下的环境效率的提升，一定程度上支持"污染天堂"假说的存在。在要素相对价格、双边贸易水平、市场规模等因素的诱导下，FDI 进入中国，为中国带来了大量的高能耗制造业或者污染密集型产业，导致环境及空气污染，降低了环境效率。李和程（Li and Cheng，2004）的结论同样发现 FDI 对环境效率的影响不显著。与涂正革（2008）的研究结论并不一致，他发现，FDI 规模每增长 1%，环境效率反而下降 3.2 个百分点。另外，与宋等（Song et al.，2013）、王兵等（2010）的结论并不相符，他们发现"污染天堂"假说在我国并不成立，这可能与研究所选择的样本和污染物的不同有关。

（6）技术创新。这是本章重点考虑的一个变量。表 7－4 中第 4~6 列显示，地区专利申请授权数和 R&D 经费支出占 GDP 的比重两个系数为正，影响系数分别为 0.072 和 0.042，且均通过显著性检验。支持了涂正革（2008）、刘世锦等（2015）的研究结果。这一结果说明，无论从技术创新的投入角度即 R&D 经费支出占比来看，还是从技术创新的产出角度即地区专利申请授权数来看，技术创新均能显著提升环境效率，也即地区专利申请授权数和 R&D 经费都能促进地区技术创新能力的提升，有利于空气污染的治理。从技术创新的投入角度来看，我国 R&D 经费支出 2001 年为 1042.5 亿元，占 GDP 的比重为 0.95%，2018 年经费支出为 19674.22 亿元，占 GDP 的比重为 2.16%，以每年接近 9% 的增长率在增长，说明我国对科技重视程度在加大，而且能够有效地为环境及空气污染治理提供良好的资金支持；从技术创新的产出角度来看，2001 年国内专利申请授权数为 99278 项，2018 年为 1802166 项，平均每年增加 94604 项，增长速率惊人，为环境和空气污染治理提供了良好的技术支持，但地区专利申请授权数区域差异比较明显，在 2001 ～ 2018 年，其平均极差值为 332582 项，东部发达地区应该为较落后的中西部地区提供技术支持，缩小地区之间的技术差距，共同有效地治理空气污染，提升环境绩效。

（7）环境规制。表 7 - 4 中第 6 列显示，各地区环境污染治理投资额与 GDP 的比值系数为负，且非常显著。这也是本章重点考察的一个变量。这一结果说明环境规制对环境效率具有负面影响。造成这种情况的原因与我国环境污染治理模式有关，我国污染治理模式以末端治理为主，从绝对值数字上来看，2001 年环境污染治理投资额为 1015 亿元，2018 年为 5468 亿元，以平均每年 247.39 亿元的增加值在增加，然而这种环境污染治理投资额绝对值增加的方式是建立在污染物增加的基础之上的，污染物越多，治理投入就越高，但并没有有效地治理当前的环境和空气污染。从各地区环境污染治理投资额占 GDP 的比例来看，我国用于环境污染治理的投资额比重较低，2001 ～ 2018 年各省份环境污染治理投资额占比均值不足 2%，最高值也仅为 4.24%，最低值为 0.05%，可以反映出我国对环境及空气污染治理不够重视，持续性不强。陈诗一（2016）同样认为，在经济发展新常态下，减排与转型需要严格的环境规制政策作保障。因此，可以看出当前的环境规制政策需要进一步完善，实施从源头上解决及过程控制的政策，才能从根本上解决环境污染问题。

7.4.3　稳健性检验

为了检验回归结果的稳健性，采取以下方法进行重新计量。（1）对各变量逐一引入，检验变量加入前后符号的正负及显著性是否发生明显改变。从表 7 - 4 中可以看出，各变量在逐一引入其他变量之后，各变量符号的正负及显著性未发生明显改变，说明结县的回归比较稳健。
（2）将研究区间缩短至 2001 ~ 2012 年，进一步对结果进行重新估计，
稳定性回归结果见表 7 - 5。结果显示，各变量的显著性和正负号并未
有明显改变，可见结果是比较稳健的。

表 7 - 5 稳健性回归结果

变量	结果	变量	结果
a	− 7. 543 （ − 3. 15 ** ）	lnFDI	− 0. 813 （ − 0. 75 ）
ln$PGDP$	2. 191 （4. 65 *** ）	ln$TECH$	0. 072 （2. 75 ** ）
（ ln$PGDP$ ）^{2}	− 0. 135 （ − 5. 25 *** ）	$R\&D$	0. 042 （1. 73 * ）
ln$SGDP$	− 0. 778 （ − 2. 63 ** ）	ln$ENVR$	− 0. 05 （ − 2. 55 ** ）
lnPOP	− 0. 381 （ − 2. 99 ** ）	Sigma_u	0. 536 （5. 06 *** ）
D	1. 498 （6. 06 *** ）	Obs	360
ln$TRADE$	0. 235 （2. 40 ** ）	Log Likehood	97. 82

注：＊ 、 ＊＊ 、 ＊＊＊ 分别表示在 10% 、5% 、1% 的水平下显著；括号中的值为 Z 值。

7.5 本章小结

本章以第 4 章测度的空气污染约束下中国 2001 ~ 2018 年各省份环
境效率为基础，运用面板 TOBIT 模型对以环境规制为首的主要因素对
环境效率影响的实际效果进行了实证分析，另外，检验了空气污染的库
兹涅茨曲线以及 FDI 的 "污染天堂" 效应在中国的存在性，估计了经
济规模、产业结构、贸易依存度、技术创新、外资依存度和地区特征等

因素对环境效率的影响。结果如下所述。

（1）经济规模与空气污染约束下的环境效率符合环境库兹涅茨曲线形式。PGDP 一次项为正，二次项为负，验证了空气污染约束下的环境效率与经济增长之间呈现倒 "U" 型曲线形式。环境效率随着经济增长先提高后下降，与传统的 EKC 曲线含义恰好相反。

（2）技术创新与空气污染约束下的环境效率之间具有显著的正相关性，这说明无论从技术创新的投入角度即 R&D 经费支出占比来看，还是从技术创新的产出角度即地区专利申请授权数来看，技术创新均能显著提升环境效率，也即地区专利申请授权数和 R&D 经费均可促进地区技术创新能力的提升，有利于空气污染的治理。

（3）环境规制对空气污染约束下的环境效率影响为负且非常显著，这一结果说明环境规制对环境效率具有负面影响。造成此种情况的原因与我国环境污染治理模式有关，我国污染治理模式以末端治理为主。可以看出当前的环境规制政策需要进一步完善，只有实施从源头上解决及过程控制的政策，才能从根本上解决环境污染问题。

（4）贸易依存度对空气污染约束下的环境效率有显著的正向影响，地区发达程度与空气污染约束下的环境效率之间呈现正相关关系。

（5）人口密度、产业结构则对环境效率有显著的负向影响。FDI 的引进同样能抑制地区环境效率水平，一定程度上支持 "污染天堂" 假说，但其影响并不显著。

第8章　环境效率视角下空气污染
与公众健康的关联研究

　　空气污染引起了我国公众和各级政府的广泛关注。空气污染严重影响了人们的生活，正在成为影响公众健康的主要危险因素之一。据世界银行统计，中国每年因环境污染导致的经济损失约占 GDP 的 5.8%。而在众多的环境污染中，空气污染所造成的污染尤为严重，《迈向环境可持续的未来——中华人民共和国国家环境分析》报告中指出，2012 年，中国的空气污染造成的经济损失数值较高，基于居民健康的疾病成本估算的话相当于 GDP 的 1.2%，如果基于居民的支付意愿进行估算的话，该数值高达 3.8%。同时，根据世界卫生组织估计，中国 1/5 的肺癌与 $PM_{2.5}$ 污染有直接关系（Cohen，2013）。若一味追求 GDP 增长的经济效益，会忽略空气污染等环境污染及其所引致的公众健康问题，因此，探究空气污染约束下的环境效率与公众健康之间的关联程度，不仅有助于促进经济的绿色、高质量、高效率增长，而且有助于提高经济政策和公共政策的质量和效率。

8.1　研究方法

　　构建的模型来自格罗斯曼（Grossman，1972）创建的健康生产函数，并借鉴由克罗珀（Cropper，1981）、王俊和昌忠泽（2007）、陈硕和陈婷（2014）、祁毓和卢洪友（2015）、马等（Ma et al.，2021）予

以改进建立的宏观健康生产函数，将影响健康需求的因素确定为空气污
染约束下的环境效率、教育变量、卫生服务变量、社会变量以及生活方
式因素，构建空气污染约束下的环境效率与公众健康关联的回归方程如
式（8－1）所示。

$$\ln HEAL_{it} = a_i + \beta_1 \ln EFF_{it} + \beta_2 \ln EDU_{it} + \beta_3 CZRJ_{it} + \beta_4 \ln NCRJ_{it}$$
$$+ \beta_5 \ln GGJK_{it} + \beta_6 \ln RYS_{it} + \beta_7 \ln POP_{it} + \beta_8 \ln CITY_{it}$$
$$+ \beta_9 \ln YCXF_{it} + \varepsilon_{it} \qquad (8-1)$$

其中，i 和 t 分别表示省份和年度，$HEAL$ 表示公众健康水平，用万人中
呼吸系统疾病死亡人数来表示；ε 表示误差项；β 表示待估参数。EFF
表示空气污染约束下的省际环境效率值。教育变量中，EDU 表示教育
程度，用学龄儿童入学率表示。卫生变量中，有公众健康支出及私人健
康支出两个指标，公众健康用财政支出中卫生经费与 GDP 的比 $GGJK$ 来
衡量，私人健康支出用城镇居民家庭人均医疗保健消费支出占城镇居民
家庭人均可支配收入的比例 $CZRJ$、农村居民家庭人均医疗保健消费支
出占农村居民家庭人均总收入的比例 $NCRJ$ 两个变量来衡量；RYS 表示
千人卫生技术人员数。社会变量中，POP 用人口密度来表示；$CITY$ 表
示城市化水平。$YCXF$ 表示生活方式因素变量，用城镇居民家庭人均烟
草类消费支出来表示。

8.2 变量选取及数据

8.2.1 变量选取

本章在实证分析中采用我国省际面板数据来估计空气污染约束下中
国环境效率与公众健康的关联程度。

（1）被解释变量：公众健康。本书研究的对象是空气污染，而空
气污染对公众所造成的主要是呼吸系统疾病等方面的影响。因此，本章

选用每万人中呼吸系统疾病死亡人数来衡量公众健康状况，该指标包括流行性感冒、肺炎、其他急性下呼吸道感染、慢性下呼吸道疾病以及呼吸系统疾病的剩余部分 5 类呼吸系统疾病的死亡人数（陈硕和陈婷，2014）。

（2）鉴于本书所研究的对象是空气污染，以及相关参考文献也是针对公众健康的研究（Grossman，1972；张宁等，2006；EUA，2006；王俊和昌忠泽，2007；苗艳青，2008；Ma et al.，2021），本章采用的核心解释变量主要是：空气污染约束下的中国各省份环境效率。为了衡量空气污染约束下的环境效率与公众健康的关联程度，以第 4 章中计算出的空气污染约束下各省份环境效率 $lnEFF$ 为解释变量。从空气污染约束下的环境效率测度可知，在其他投入产出变量不变的情况下，空气污染越严重，环境效率水平就越低；反之，环境效率水平就越高。本书判定空气污染约束下的环境效率水平对公众健康有正向影响。

（3）控制变量如下：①教育变量。格罗斯曼（Grossman，1972）将教育纳入健康生产函数中来，他认为教育水平的高低也是影响健康水平的一个重要变量。教育变量与健康水平之间的影响结论并不统一。徐颖科和刘海庆（2011）验证教育变量对农村居民健康的影响为负；张宁等（2006）则认为，教育变量与居民健康生产效率之间的关系并不显著。需要说明的是，一般采用"人均受教育程度"来考察教育水平与健康的关系，而鉴于该指标和数据的可得性比较困难，本章选取学龄儿童入学率 $lnEDU$ 来代表各地区的教育水平（刘泽云和胡文斌，2012）。教育变量对公众健康水平的影响需要进一步验证。

②卫生医疗变量。卫生医疗变量包括私人健康卫生支付能力和公共卫生服务变量两个指标。第一，私人健康卫生支付能力。私人健康卫生支出涉及两个指标：城镇居民健康支出和农村居民健康支出。一方面，为了衡量经济发展水平给公众健康所带来的影响，另一方面，为了衡量家庭健康支出用于卫生费用的结构比例。私人健康卫生支付比例越高，居民对健康的重视程度就越高，这将会提升居民健康水平（Puring-Junoy，1998）。本章选取城镇居民家庭人均医疗保健消费支出占城镇居民

家庭人均可支配收入的比例 ln*CZRJ*、农村居民家庭人均医疗保健消费支出占农村居民家庭人均总收入的比例 ln*NCRJ* 两个变量来衡量私人健康卫生支付能力（张宁等，2006）。预计私人健康卫生支付能力对公众健康的影响为正。第二，公共卫生服务变量。公共卫生服务变量涉及两个指标：一个是用财政支出中卫生费用占 GDP 的比例 ln*GGJK* 来衡量公众健康支出；另一个是医疗机构的卫生投入。医疗机构的卫生投入也是影响公众健康的主要因素，这其中最为直观的指标就是人力资本。本章使用为人口提供健康服务的医生、医师及护士等也即千人卫生技术人员数 ln*RYS* 来衡量卫生变量（张宁等，2006）。公众健康支出越高，政府提供的基础卫生设施覆盖范围就越广泛，卫生人力资本就越充分，有助于公众健康水平的提升。预计符号为正。

③社会变量。在本章研究中，社会变量包括人口密度和城市化水平两个指标。第一，人口密度。人口密度越大，人们越容易获得有限财政约束下的卫生服务（Cochrane et al.，1978），节约社会治理公共成本，提高公众健康水平，同时，人口密度 ln*POP* 也是影响健康生产的主要变量（Crémieux et al.，1999），因此，本章选取各地区人口密度作为社会因素中的一个主要表征变量（卢洪友和祁毓，2013）。预计人口密度对公众健康的影响为正。第二，城市化水平。城市化水平较高的地区，人们会更加有效地接受高质量的卫生服务（Gerdtam et al.，1992）。但城镇中高度紧张的生活压力会减少居民体育锻炼的时间（陈安平，2011），同时城市化过程中会造成一定的环境污染压力，给居民健康带来威胁。本章选取城市化水平 ln*CITY* 作为其中的一个控制变量，用以衡量我国的城市化水平给公众健康带来的影响。采用城镇人口或非农人口与总人口的比值进行计算。预计城市化水平对健康的影响不确定。

④生活方式因素变量。居民的健康水平与其生活方式密不可分。烟草类产品消费越高，居民所遭受的呼吸道疾病越严重。本章采用城镇居民家庭人均烟草类消费支出 ln*YCXF* 作为控制变量（EUA，2006；苗艳青，2008），用以考察我国烟草消费情况对公众健康带来的影响。烟草消费支出越高，居民健康水平越低，判定该变量对公众健康影响为负。

8.2.2　数据来源及描述性统计

受限于被解释变量万人中呼吸系统疾病死亡人数的数据可得性，仅能获取 2004 ~ 2010 年中国 30 个省份万人中呼吸系统疾病死亡人数的数据，与前面研究时间段有所差异，本章选取 2004 ~ 2010 年中国 30 个省份的面板数据为研究样本。

被解释变量万人中呼吸系统疾病死亡人数来自全国疾病监测系统死因监测数据库（2004 ~ 2010 年）。空气污染约束下的环境效率采用第 4 章的测度结果，其他变量来自 2005 ~ 2011 年各省份统计年鉴、历年中国人口统计年鉴，历年中国卫生统计年鉴以及中国经济与社会发展统计数据库。各变量的描述性统计见表 8 – 1。

表 8 – 1　　　　　　　　　各变量的描述性统计

变量	符号	平均值	最小值	最大值	标准差
万人中呼吸系统疾病死亡人数（人）	*HEAL*	0.555	0.049	3.249	0.546
空气污染约束下的环境效率	*EFF*	0.711	0.360	1.000	0.240
学龄儿童入学率（%）	*EDU*	99.356	81.640	100.000	1.464
城镇居民家庭医疗保健支出与可支配收入比（%）	*CZRJ*	5.385	2.831	8.248	1.217
农村居民家庭医疗保健支出与总收入比（%）	*NCRJ*	3.820	1.860	7.139	1.027
财政支出中卫生经费占 GDP 的比重（%）	*GGJK*	0.964	0.292	3.004	0.555
千人医疗技术人员数（人）	*RYS*	4.292	2.000	13.580	1.900
人口密度（人/km²）	*POP*	392.872	7.600	3632.000	506.089
城市化水平（%）	*CITY*	21.818	0.263	89.300	26.367
烟草消费（元）	*YCXF*	184.753	59.810	454.400	84.134

注：万人中呼吸系统疾病死亡人数来自全国疾病监测系统死因监测数据库（2004 ~ 2010 年）；其他各变量数据来自 2005 ~ 2011 年各省份统计年鉴、历年中国人口统计年鉴、历年中国卫生统计年鉴以及中国经济与社会发展统计数据库。

8.3　实证结果分析和讨论

8.3.1　多重共线性及模型检验

在进行实证分析前，需要对回归方程中各变量之间的多重共线性进行检验。首先对各自变量的相关系数进行诊断，采用 Stata 得到各变量的相关系数矩阵，见表 8-2。

表 8-2　　　　　　　　各变量相关系数矩阵

变量	ln*HEAL*	ln*EFF*	ln*EDU*	ln*CZRJ*	ln*NCYJ*	ln*GGJK*	ln*RYS*	ln*POP*	ln*City*	ln*YCXF*
ln*HEAL*	1.000									
ln*EFF*	0.209	1.000								
ln*EDU*	0.100	-0.003	1.000							
ln*CZRJ*	0.083	0.141	-0.027	1.000						
ln*NCYJ*	0.381	0.095	0.177	0.298	1.000					
ln*GGJK*	0.174	-0.258	-0.215	-0.031	0.347	1.000				
ln*RYS*	0.371	0.616	0.146	0.160	0.448	0.034	1.000			
ln*POP*	0.117	0.037	0.220	-0.294	-0.153	-0.452	0.186	1.000		
ln*City*	0.180	-0.010	0.073	-0.171	0.199	0.520	0.273	0.052	1.000	
ln*YCXF*	0.242	-0.145	0.097	-0.224	0.277	0.311	0.110	0.290	0.402	1.000

从表 8-2 可以看出，各系数之间的系数最高值为 0.616，其他相关系数均小于此值，各系数之间相关关系并不是很高。但该方法下无明确的判定标准，为了进一步判定各变量之间是否存在共线性，对各系数作出方差膨胀因子 VIF，见表 8-3。

表 8-3　　　　　　　　各变量的方差膨胀因子

变量	ln*GGJK*	ln*RYS*	ln*POP*	ln*EFF*	ln*NCYJ*	ln*City*	ln*YCXF*	ln*CZRJ*	ln*EDU*
VIF	3.12	2.77	2.28	2.20	1.90	1.84	1.67	1.36	1.25
1/VIF	0.321	0.361	0.439	0.454	0.527	0.543	0.600	0.736	0.803

由表 8 - 3 可知，各系数的方差膨胀因子最高为 3.12。根据方差膨胀因子判定的方法，如果该因子大于 10，那么该方程便存在多重共线性，因此，可知该回归方程中各变量之间不存在多重共线性。综合相关系数矩阵和方差膨胀因子得知，该回归方程并不存在多重共线性，可以进行下一步实证分析。

对于面板数据而言，一般有三种模型估计：混合效应估计模型、固定效应模型和随机效应模型。在进行模型选择时，通过 F 检验选择固定效应模型是否优于混合效应模型，通过 Hausman 检验，确定选择固定效应模型还是随机效应模型。在进行模型回归时，为了观察变量的稳定性以及结果的稳健性，对模型中的变量逐一进行引入，并汇报 F 检验值，从 F 检验结果可以看出，Prob > F = 0.000，故拒绝原假设，认为固定效应明显优于混合回归，允许每位个体拥有自己的截距项，固定效应模型优于混合效应。再次进行 Hausman 检验，由于 P 值为 0.0000，故拒绝原假设，认为应该使用固定效应模型，而非随机效应模型。因此，本章最终判定使用面板的固定效应模型。同时，为了便于数据的分布更贴近于正态分布，及避免回归时的异方差问题，对各个变量进行对数化处理。

8.3.2 结果分析及讨论

受公众健康数据可得性的限制，本章采用 30 个省份 2004 ~ 2010 年 7 年的数据，利用 Stata15.0 对空气污染对公众健康的影响进行计量回归，结果见表 8 - 4。

从表 8 - 4 的面板固定效应模型的回归结果可以看出，各个变量的估计结果在（1）~（7）的不同模型下系数的大小发生微小的变化，系数方向基本不变，表现出很高的稳定性。

（1）空气污染、环境效率与公众健康。表 8 - 4 中第 1 ~ 7 列显示，空气污染约束下的环境效率与万人呼吸道疾病死亡人数之间的系数为负，且通过了显著性检验。从计量结果可以看出，在其他变量因素不变

表 8-4　面板固定效应模型估计结果

变量	(1)	(2)	(3)	(4)	(5)	(6)	(7)
a	-2.323 (-7.75***)	-3.483 (-0.20)	7.147 (0.43)	12.534 (0.75)	23.182 (1.36)	19.656 (1.17)	17.029 (1.03)
$\ln EFF$	-3.416 (-4.62***)	-3.411 (-4.58***)	-2.312 (-3.03**)	-1.813 (-2.28**)	-2.044 (-2.58**)	-1.986 (-2.55***)	-2.068 (-2.72**)
$\ln EDU$		0.253 (0.07)	-2.323 (-0.64)	-2.296 (-0.64)	-2.334 (-0.66)	-1.981 (-0.57)	-2.355 (-0.69)
$\ln CZRJ$			-0.450 (-0.86)	-0.772 (-1.27)	-1.017 (-1.67*)	-1.127 (-1.87*)	-0.822 (-1.38)
$\ln NCYJ$			1.837 (4.07***)	1.540 (3.14**)	1.290 (2.59**)	1.271 (2.60**)	1.056 (2.19**)
$\ln GGJK$				0.864 (3.31**)	0.873 (3.38***)	1.359 (4.36***)	0.823 (2.34**)
$\ln RYS$				-3.054 (-2.99**)	-2.701 (-2.64**)	-2.010 (-1.94*)	-2.352 (-2.31**)

续表

变量	(1)	(2)	(3)	(4)	(5)	(6)	(7)
ln*POP*					-1.912 (-2.28**)	-1.654 (-1.99**)	-2.175 (-2.62**)
ln*CITY*						-0.110 (-2.68**)	-0.127 (-3.14**)
ln*YCXF*							1.426 (3.03**)
Obs	210	210	210	210	210	210	210
F	3.73	3.61	3.11	3.35	3.13	3.47	3.91
Prob > F	0.000	0.000	0.000	0.000	0.000	0.000	0.000
R - sq: whin	0.107	0.107	0.1866	0.239	0.261	0.291	0.327

注：*，**，*** 分别表示在 10%，5%，1% 的水平下显著；括号中的值为 t 值。

的条件下，环境效率每提升1%，万人呼吸道疾病死亡人数就会减少2%；反之，万人呼吸道疾病死亡人数就会增加至少2%。为了使结果更加直观，将百分比转化为绝对值。目前，空气污染约束下的环境效率值为0.706，假设提升到未考虑空气污染的环境效率水平也即0.867，环境效率值增加了0.161，万人呼吸道疾病死亡人数可减少0.255人；目前万人呼吸道疾病死亡人数为0.555人，那么环境效率增加0.161单位后的万人呼吸道疾病死亡人数为0.300人。可见，空气污染约束下的环境效率与公众健康之间的关系还是较为密切的。因此，考虑空气污染与环境效率的关系后，空气污染越严重，环境效率越低，所引起的万人中呼吸系统疾病死亡人数就越多，公众健康水平就越差；反之，空气污染越轻，环境效率越高，就会降低万人中呼吸系统疾病的死亡人数，公众健康水平就越良好。医学上由 $PM_{2.5}$ 引致的死亡率的提升在发达国家及国内特定地区也已被证实，本结论从空气污染约束下的环境效率与万人呼吸道疾病死亡人数的关系角度也证实了空气污染对公众健康造成的危害程度较高。

（2）教育变量。表8-4中第2~7列显示，学龄儿童入学率这一教育变量与万人中呼吸系统疾病死亡人数的系数为负，但未通过显著性检验。这一研究结果表明，教育程度与公众健康之间并不存在有效的显著性。而苗艳青和陈文晶（2010）则发现，教育程度初中及以下的人群健康易受到空气污染的影响，教育程度较高的居民因为年龄、医疗保险等因素的影响较少受到空气污染的影响；李向前等（2013）却发现，教育水平的提升将会导致健康水平的降低，认为卫生健康保健知识与正规教育相脱节。这些研究在一定程度上佐证了本书的研究结论。但徐颖科和刘海庆（2011）发现，初中升学率对农村居民的死亡率有正向影响，健康教育课程的缺乏使得农村居民很难将自己的健康放在首位。因此，教育变量对公众健康的影响颇为重要，指标选取的不同、样本数据的差异都会造成研究结论不一。

（3）卫生医疗变量。第一，私人健康支付能力。表8-4中第3~7列显示，私人健康支出中的城镇居民健康支出能力与万人中呼吸系统疾病死亡人数的系数为正，但并没有通过显著性检验。而农村居民健康支出能力则与万人中呼吸系统疾病死亡人数的系数为负，且通过了显著性检验。城镇和农村居民健康支出能力表现出不同的正负向关系，这与其社会经济条件及公共服务待遇有关（张宁等，2006）。城镇居民的收入水平较高，医疗卫生服务待遇及城市医疗保险都要高于农村居民，但城镇居民对个体健康水平的要求及健康投入也更高，同时，城镇受到汽车、工业、建筑等因素对环境破坏的影响要远远高于农村，使得农村居民健康支出对农村居民健康产生一定的正面贡献，而城镇居民健康支出能力并没有通过显著性检验。

第二，公共卫生服务变量。表 8 - 4 中第 4 ~ 7 列显示，一方面，财政支出中卫生经费支出占 GDP 的比重与万人中呼吸系统疾病死亡人数的系数为正，且通过了显著性检验。这一研究结果表明我国公众健康支出并没有抑制万人中呼吸系统疾病死亡人数的增加，这说明我国公众健康支出的利用效率并不理想，且存在一定的问题，公众健康支出占 GDP 的比例一直处于较低水平，平均值仅为 0.964%，且有一些公共卫生服务机构并没有为需要的人群提供及时的服务和公共卫生产品，从而会出现公共卫生健康支出越高，万人中呼吸系统疾病死亡人数越多，公众健康水平越低的现象。张宁等（2006）也发现，公众健康支出比例的提升并不能促进地区健康卫生系统效率的提升，该研究结论与本章的研究结论形成相互佐证的结果。另一方面，表 8 - 4 中第 4 ~ 7 列显示，千人卫生技术人员数与万人中呼吸系统疾病死亡人数的系数为负且通过了显著性检验。该研究结果表明，千人卫生技术人员的增加能有效减少万人中呼吸系统疾病死亡人数。研究样本期间，我国 2004 年千人卫生技术人员数平均为 3.944 人，2010 年每千人卫生技术人员数达 4.899 人，卫生技术人员的增加保障居民能够得到及时的卫生服务，卫生技术人员持续性提升自己的业务能力，为居民提供了基础的健康卫生服务，有效地减少了呼吸系统疾病死亡人数，保障了公众健康水平。

（4）社会变量。第一，表 8 - 4 中第 5 ~ 7 列显示，人口密度与万人中呼吸系统疾病死亡人数的系数为负，且通过了显著性检验。这一研究结果表明，人口密度越高的地区，万人中呼吸系统疾病死亡人数就越少。这是因为人口密度高的地区，居民得到卫生服务的可及性就越高，同时降低了公共部分的服务和监督成本，提升了地区卫生服务的服务效率和管理效率（Cochrane et al.，1978）。因此，人口密度高实现了对公众健康水平提升的促进作用。第二，城市化水平。表8-4中第6~7列显示，城市化水平与万人中呼吸系统疾病死亡人数的系数为负，且通过了显著性检验。这一研究结果表明，城市化水平越高的地区，万人中呼吸系统疾病死亡人数就越少。高城市化水平意味着较为集中的人群能够享受城市中高质量的卫生保健服务以及较为先进的卫生服务基础设施，但同时由于城镇高度紧张的生活压力减少了居民的锻炼时间从而影响健康产出（陈安平，2011）。综合来看，城市化水平给公众健康带来的正向效应要高于负向效应，因此高城市化水平降低了万人呼吸系统疾病死亡人数，提高了公众的健康水平。

（5）生活方式因素变量。表8-4中第7列显示，城镇居民家庭人均烟草类消费支出与万人中呼吸道疾病死亡人数之间呈现显著正向关系。这一结果从统计学上证实了吸烟对于呼吸系统发病率的影响是具有显著意义的。城镇居民用于人均烟草类消费支出越高，一方面居民的身心健康直接受到香烟中有害物质的危害，另一方面会降低城镇居民的锻炼频率，导致万人中呼吸道疾病死亡人数越多，公众健康水平就越低。

8.3.3 稳健性检验

接下来，进行如下的稳健性检验：（1）减少样本数量，选取2004~2009年30个省份的样本数据进行重新检验，主要研究结论没有显著变化；（2）将空气污染以$PM_{2.5}$年均值表示，代替当前空气污染约束下的环境效率，尝试将其代入回归模型；（3）将控制变量各省份平均受教育年限代替学龄儿童入学率，同时借鉴张宁等（2006）将私人健康支出表示为城镇居民家庭人均医疗保健消费性支出×城镇人口与农村居民家庭人均医疗保健消费性支出 × 农村人口之和，代入计量模型进行重新估计。上述发现对回归结果无显著影响，说明本章的研究结论具有较好的稳健性。

8.4　本章小结

本章运用面板数据固定效应模型对第 4 章测度的空气污染约束下中国环境效率与公众健康之间的关联程度进行了实证分析。受限于公众健康的数据缺失问题，以 2004～2010 年我国 30 个省份为样本数据，以万人中呼吸系统疾病死亡人数表示公众健康，以空气污染约束下的环境效率作为解释变量，选取了教育程度、卫生医疗变量、社会因素、居民生活方式为控制变量，以格罗斯曼生产函数为理论框架基础进行了计量回归。研究结果如下所述。

（1）空气污染约束下的环境效率与万人中呼吸系统疾病死亡人数系数为负，且通过了显著性检验。从计量结果可以看出，在其他变量不变的条件下，环境绩效每提升 1%，万人中呼吸道疾病死亡人数就会减少至少 2%。如果空气污染约束下的环境效率值提升到未考虑空气污染技术效率水平，也即环境效率值增加了 0.161，那么，万人中呼吸道疾病死亡人数将由目前的 0.555 人下降到 0.300 人。

（2）教育变量中，学龄儿童入学率这一教育变量与万人中呼吸系统疾病死亡人数的系数为负，但未通过显著性检验。这一研究结果表明教育程度与公众健康之间并不存在显著的相关关系。

（3）卫生医疗变量中，私人健康支出中的城镇居民健康支出能力与万人中呼吸系统疾病死亡人数的系数为正，但并没有通过显著性检验。而农村居民健康支出能力则与万人中呼吸系统疾病死亡人数的系数为负，且通过了显著性检验。

财政支出中卫生经费支出占 GDP 的比重与万人中呼吸系统疾病死亡人数的系数为正，且通过了显著性检验。千人卫生技术人员数与万人中呼吸系统疾病死亡人数的系数为负且通过了显著性检验。该研究结果表明，千人卫生技术人员的增加能有效减少万人中呼吸系统疾病死亡人数。

（4）社会变量中，人口密度与万人中呼吸系统疾病死亡人数的系数为负，且通过了显著性检验。这一研究结果表明，人口密度越高的地区，万人中呼吸系统疾病死亡人数就越低。

城市化水平与万人中呼吸系统疾病死亡人数的系数为负，且通过了显著性检验。这一研究结果表明，城市化水平越高的地区，万人中呼吸系统疾病死亡人数就越少。

（5）居民生活方式变量中，城镇居民家庭人均烟草类消费支出与万人呼吸道疾病死亡人数之间呈现显著正向关系。这一结果从统计学上证实了吸烟对于呼吸系统发病率的影响具有显著意义。

第9章 数字经济对中国全要素生产率的影响研究

数字经济以数据要素为核心，在刺激消费、拉动投资、推动技术变革等方面发挥了重要作用，渗透于各个生产环节，极大地改变了生产、生活与消费方式，对于整合各种优良资源、优化生产要素配置、提升生产效率等方面提供了核心驱动力和可行路径（荆文君和孙宝文，2019；丁志帆，2020）。数字经济能否提升空气污染约束下的中国全要素生产率，为全要素生产率增长提供有效的驱动力？有无中介效应？全要素生产率与经济规模之间是否具有非线性关系？外商直接投资、科技创新水平、要素禀赋结构、城镇化水平、产业高级化水平等这些因素又将如何影响全要素生产率？这些问题亟待现实的数据支撑。因此，本章重点关注的是，以 2011～2018 年中国 30 个省份的面板数据为研究样本，考察数字经济对中国全要素生产率的直接影响效果及间接作用机制，并综合考虑其他因素对全要素生产率的实际影响效果，对于实现空气污染的有效治理和经济高质量发展具有重要的现实意义。考虑到数字经济相关数据的可获得性，本章的研究样本区间为 2011～2018 年。

9.1 研究方法

为考察数字经济发展对全要素生产率的影响，构建数字经济与全要素生产率之间的计量模型，如式（9–1）所示，并结合前人的研究

（赵涛等，2020；杨慧梅和江璐，2021；何维达等，2022）以及笔者的思考来确定其他影响全要素生产率的因素。

$$\ln SML_{it} = \beta_0 + \beta_1 \ln DIG_{it} + \beta_1 \ln PGDP_{it} + \beta_2 (\ln PGDP_{it})^2 + \beta_3 \ln FDI_{it} +$$
$$\beta_4 \ln RD_{it} + \beta_5 \ln KL_{it} + \beta_6 \ln CITY_{it} + \beta_7 \ln ST_{it} + \varepsilon_{it} \qquad (9-1)$$

其中，i 和 t 分别表示地区和年度，ε 表示误差项，β 表示系数；*SML*、*DIG*、*PGDP*、*FDI*、*RD*、*KL*、*CITY*、*ST* 分别表示空气污染约束下的全要素生产率、数字经济、人均 GDP、外商直接投资、科技创新水平、要素禀赋结构、城镇化水平、产业高级化水平。

另外，考虑到数字经济可能会对全要素生产率具有中介效应，对中介变量科技创新水平进行检验，构建数字经济对科技创新水平影响的回归模型，如式（9-2）所示；进一步地，引入数字经济与科技创新水平的交互效应，通过数字经济及其与科技创新水平的交互效应的系数是否显著判定中介效应是否存在，回归模型如式（9-3）所示。

$$\ln RD_{it} = \beta_0 + \beta_1 \ln DIG_{it} + \varepsilon_{it} \qquad (9-2)$$

$$\ln SML_{it} = \beta_0 + \beta_1 \ln DIG_{it} + \beta_1 \ln PGDP_{it} + \beta_2 (\ln PGDP_{it})^2 + \beta_3 \ln FDI_{it}$$
$$+ \beta_4 \ln KL_{it} + \beta_5 \ln CITY_{it} + \beta_6 \ln ST_{it} + \beta_7 \ln DIG_{it} \times \ln RD_{it} + \varepsilon_{it}$$
$$(9-3)$$

9.2 变量选取测度与数据描述性统计

在式（9-1）中，各变量含义如下。

（1）被解释变量：空气污染约束下中国各省份的全要素生产率 SML。该指标以第 6 章测度的空气污染约束下的中国全要素生产率为基础，因所测度的 SML 指数为环比指数，这里将其转化为以 2011 年为基期的累积增长指数。

（2）主要解释变量：数字经济 *DIG*。数字经济的测度借鉴赵涛等

（2020）的方法，从五个层面进行相关指标，包括互联网普及率、互联网相关从业人员数、互联网相关产出、数字金融普惠发展和移动互联网用户数，数字经济评价指标体系见表9-1。

表 9-1　　　　　　　　　　数字经济评价指标体系

一级指标	二级指标	三级指标	指标解释	属性
数字经济发展水平	互联网普及率	每百人互联网用户数	反映各城市互联网普及程度	正
	互联网相关从业人员数	计算机服务和软件从业人员占比	反映数字经济的发展程度	正
	互联网相关产出	移动互联网用户数	反映各城市互联网需求程度	正
	数字金融普惠发展	中国数字普惠金融指数	反映数字金融的发展程度	正
	移动互联网用户数	每百人移动电话数	反映电信普及程度	正

通过熵值法将表9-1中的五个层面的指标进行降维处理，凝合成数字经济发展综合指数。熵值法计算过程如下所示。

第一步：数据标准化，对数据进行无量纲化处理。正向指标采用式（9-4）进行处理，负向指标采用式（9-5）进行处理。

$$Y_{ij} = \frac{X_{ij} - \min(X_{ij})}{\max(X_{ij}) - \min(X_{ij})} + \rho\,(\text{正向指标}) \qquad (9-4)$$

$$Y_{ij} = \frac{\max(X_{ij}) - X_{ij}}{\max(X_{ij}) - \min(X_{ij})} + \rho\,(\text{负向指标}) \qquad (9-5)$$

式（9-4）和式（9-5）中，$\max(X_{ij})$ 为所有年份指标中的最大值，$\min(X_{ij})$ 为所有年份指标中的最小值，ρ 为阿基米德无穷小，Y_{ij} 为数据标准化处理后的指标值。

第二步：计算第 i 年的第 j 项指标所占比重，使用 P_{ij} 来表示，具体计算如式（9-6）所示。

$$P_{ij} = \frac{Y_{ij}}{\sum_{i=1}^{n} Y_{ij}} \qquad (9-6)$$

第三步：根据式（9-7）计算信息熵。

$$E_{ij} = -\frac{1}{\ln(n)} \sum_{i=1}^{n} P_{ij} \ln P_{ij} \qquad (9-7)$$

第四步：根据式（9-8）结合信息熵的结果计算指标的冗余度。

$$D_j = 1 - E_j \qquad (9-8)$$

第五步：根据式（9-9）结合信息熵冗余度计算指标的相应权重。

$$W_j = \frac{D_j}{\sum_{j=1}^{m} D_j} \qquad (9-9)$$

第六步：得到每个指标权重之后，则每个指标在第 i 年的评分可根据式（9-10）计算得出。

$$S_{ij} = W_j \times Y_{ij} \qquad (9-10)$$

通过熵值法计算得出每个省份 2011～2018 年数字经济发展综合指数，见表 9-2。从表 9-2 中可以观察得出，2011～2018 年，每个省份的数字经济发展水平差别很大，并且所有省份的数字经济发展水平均随着时间的变化而呈现提升趋势，可见数字经济在 2011～2018 年增长幅度较大。以 2011 年和 2018 年为例来说，2011 年，排名靠前的五个省份分别为：北京、上海、广东、浙江和福建，排名后五位的省份分别为：云南、河南、江西、甘肃和贵州。2018 年，排名靠前的五个省份分别为：北京、上海、浙江、广东和江苏，排名后五位的省份分别为：江西、甘肃、湖南、黑龙江和新疆。对比 2011 年和 2018 年来说，排名靠前的省份数字经济发展水平有略微变化，排名靠后的省份数字经济发展水平变化较大，可反映出数字经济发展水平基础较好的省份发挥出了自己的优势，与其他省份拉开了距离。

表 9 - 2　　　　　2011～2018 年中国 30 个省份数字经济发展水平

省份	2011 年	2012 年	2013 年	2014 年	2015 年	2016 年	2017 年	2018 年
北京	0.3137	0.3992	0.4793	0.5207	0.5863	0.5648	0.6394	0.7727
天津	0.1713	0.2384	0.2907	0.3180	0.3642	0.3679	0.4283	0.5328
河北	0.1089	0.1711	0.2371	0.2575	0.2991	0.3137	0.3748	0.4524
山西	0.1157	0.1821	0.2422	0.2699	0.3135	0.3242	0.3766	0.4497
内蒙古	0.1250	0.1947	0.2601	0.2839	0.3290	0.3358	0.3926	0.4776
辽宁	0.1490	0.2145	0.2829	0.3151	0.3618	0.3593	0.4176	0.4863
吉林	0.1160	0.1787	0.2385	0.2729	0.3190	0.3262	0.3877	0.4629
黑龙江	0.1056	0.1642	0.2282	0.2650	0.3112	0.3199	0.3791	0.4362
上海	0.2309	0.3063	0.4066	0.4332	0.4861	0.4723	0.5493	0.6650
江苏	0.1625	0.2289	0.3019	0.3281	0.3785	0.3750	0.4414	0.5505
浙江	0.2018	0.2768	0.3449	0.3732	0.4289	0.4160	0.4908	0.6048
安徽	0.0907	0.1585	0.2217	0.2572	0.2943	0.3097	0.3704	0.4569
福建	0.1767	0.2461	0.3158	0.3380	0.3917	0.3844	0.4485	0.5408
江西	0.0827	0.1509	0.2142	0.2486	0.2899	0.3014	0.3649	0.4452
山东	0.1162	0.1801	0.2523	0.2798	0.3240	0.3335	0.3892	0.4661
河南	0.0829	0.1426	0.2130	0.2432	0.2870	0.3024	0.3664	0.4533
湖北	0.1148	0.1813	0.2503	0.2826	0.3264	0.3344	0.3994	0.4856
湖南	0.0975	0.1631	0.2208	0.2468	0.2884	0.2984	0.3573	0.4364
广东	0.2047	0.2679	0.3430	0.3673	0.4172	0.4082	0.4861	0.6025
广西	0.0983	0.1598	0.2158	0.2462	0.2937	0.3037	0.3608	0.4527
海南	0.1340	0.1985	0.2630	0.2912	0.3499	0.3439	0.4182	0.5231
重庆	0.1175	0.1807	0.2499	0.2800	0.3271	0.3333	0.3987	0.4898
四川	0.1031	0.1674	0.2383	0.2672	0.3191	0.3237	0.3846	0.4692
贵州	0.0773	0.1389	0.1957	0.2332	0.2802	0.2945	0.3706	0.4760
云南	0.0853	0.1483	0.2159	0.2469	0.2950	0.3009	0.3702	0.4600
陕西	0.1359	0.1979	0.2554	0.2919	0.3391	0.3463	0.4086	0.5178
甘肃	0.0812	0.1433	0.2061	0.2401	0.2870	0.2868	0.3523	0.4420
青海	0.1087	0.1621	0.2256	0.2565	0.3119	0.3076	0.3831	0.5005
宁夏	0.1115	0.1766	0.2348	0.2707	0.3268	0.3221	0.3996	0.4960
新疆	0.1083	0.1784	0.2472	0.2675	0.3138	0.3066	0.3534	0.4283

　　注：根据熵值法结合表 9 - 1 中的指标体系计算得出。

（3）控制变量：①经济发展水平。采用人均 GDP 的对数来表示 *PGDP*，并引入人均 GDP 的平方项，主要考察经济发展水平与全要素生产率之间的二次型关系。其中，人均 GDP 采用以 2011 年为基期的 GDP 平减指数进行了平减，剔除了价格因素。②经济开放因素。用实际利用外商直接投资占 GDP 的比重来表示 *FDI*，用以考察外商直接投资对全要素生产率的影响情况。③科技创新水平。用 R&D 经费支出占 GDP 的比重来表示 *RD*，主要考察科学技术水平方面的经费支出对全要素生产率的影响。④要素禀赋结构水平 *KL*。采用各省份的资本存量与劳动人数的比值，用以考察要素禀赋的合理性对全要素生产率的影响情况，以便进一步优化资源配置。⑤城镇化水平。采用城镇人口与常住人口之比表示 *CITY*，城镇化水平的提升可能促使劳动力转向城市，人口数量从第一产业向第二、第三产业转移，提高了劳动生产率，进而提升全要素生产率。⑥产业结构水平。采用第二产业增加值与第三产业增加值之比来表示 *ST*，用以验证产业结构的合理性对全要素生产率的影响。

全要素生产率指标由 SBM-undesirable-luenberger 模型计算得出；数字经济相关指标来自《中国统计年鉴》及北京大学数字金融研究中心，并经熵值法计算得出；其他控制变量数据来源于 2012～2019 年《中国统计年鉴》及各省份统计年鉴。各变量的描述性统计见表 9－3。

表 9－3　　　　　　　　　各变量的描述性统计

变量	符号	单位	平均值	标准差	最小值	最大值
全要素生产率	*SML*	—	1.25	0.40	0.85	3.66
数字经济	*DIG*	—	0.31	0.13	0.08	0.77
人均 GDP	*PGDP*	元/人	40328.66	28556.63	10131.29	155178.20
经济开放因素	*FDI*	—	0.02	0.02	0.00	0.08
科技创新水平	*RD*	%	1.61	1.10	0.41	6.01
要素禀赋结构	*KL*	元/人	18.18	9.07	5.26	55.11
城镇化水平	*CITY*	%	57.11	12.30	34.96	89.60
产业结构水平	*ST*	%	0.98	0.33	0.06	1.90

9.3　计量结果与分析

9.3.1　多重共线性及模型检验

在面板数据回归之前，首先利用方差膨胀因子（the variance inflation factor，VIF）检验各变量之间是否存在共线性问题，方差膨胀因子平均值为4.01，最高值为8.36，远小于普遍情况下的经验值10，因此可以确定各自变量之间不存在多重共线性问题。

进一步地，在模型回归之前，在混合效应、固定效应以及随机效应之间进行 F 检验和豪斯曼检验（Hausman），以选取合适的面板模型。第一，判定选取混合回归还是固定效应回归，采用 F 检验进行判定，结果为 $F(29,202)=21.32$，$\text{Prob}>F=0.0000$，根据判定原则，强烈拒绝原假设，固定效应模型明显优于混合效应，因此应采用固定效应模型。第二，在第一步的基础上，进一步确定选取固定效应模型还是随机效应模型。利用 Hausman 检验方法进行检验，得到结果 $\text{chi2}(8)=41.81$，p 值为0.0000，根据 Hausman 的判定原则，需强烈拒绝原假设，固定效应模型优于随机效应模型。综合两种检验，故使用固定效应模型进行回归。

9.3.2　基准回归

在使用 STATA15.0 软件进行计量回归时，为了避免异方差，对各变量均采取对数化处理。分别采用混合效应、固定效应和随机效应模型对式（9-1）进行估计，得到表9-4。根据模型的有效性检验可知，固定效应模型优于混合效应与随机效应，因此，根据固定效应模型结果进行分析。

表 9 - 4　　　　　　　　　数字经济对全要素生产率影响的估计结果

变量	OLS	RE	FE
常数	- 12.413 *** (- 2.92)	21.934 *** (4.36)	39.777 *** (7.37)
$\ln DIG$	0.160 *** (3.36)	0.169 *** (3.51)	0.099 * (1.79)
$\ln PGDP$	2.754 *** (3.44)	- 4.039 *** (- 4.01)	- 8.393 *** (- 7.27)
$\ln PGDP^2$	- 0.116 *** (- 3.18)	0.183 *** (4.12)	0.376 *** (7.32)
$\ln FDI$	0.006 (0.33)	- 0.029 (- 1.60)	- 0.044 ** (- 2.35)
$\ln RD$	0.105 ** (2.59)	0.192 *** (2.65)	0.262 *** (2.78)
$\ln KL$	0.058 (0.94)	0.276 *** (2.85)	0.335 *** (2.83)
$\ln CITY$	- 0.843 *** (- 3.90)	- 0.075 (- 0.24)	1.454 *** (3.06)
$\ln ST$	0.030 (0.86)	- 0.011 (- 0.42)	0.004 (0.15)
R^2	0.352	0.596	0.631
观察值	240	240	240

注：括号中的值为 t 值；*、**、*** 分别表示在 10%、5%、1% 的水平上显著。OLS、RE、FE 分别表示混合效应估计、随机效应估计、固定效应估计。

（1）数字经济 DIG。数字经济的系数为正，并且通过了 10% 水平的显著性检验，数字经济显著提升了中国各省份的全要素生产率。数字经济的迅速发展通过信息技术不断渗透到各行各业之中，从而提升各行各业的资源配置效率，减少空气污染物的排放，提高生产部门的要素利用效率，进而提升全要素生产率。另外，数字经济对全要素生产率造成直接正向影响的更深层次的原因在于，数字经济的"可复制性和共享性"的特点使得数据资源突破传统的边际效益递减规律的限制，具有低自然消耗和低污染排放的环境友好特征，同时具有低成本和高回报的特征，对全要素生产率具有正向促进作用。

（2）经济发展水平 *PGDP*。人均 GDP 的一次项为负，二次项为正，说明全要素生产率与经济发展水平之间呈现"U"型关系。中国经济水平的提升在发展初期可能过度依赖各种要素的投入，资源能源的大量消耗带来了高污染、高排放、高能耗"三高"的局面，全要素生产率水平随着经济的发展逐渐下降；而在经济水平发展到一定程度之后，中国经济从原有的粗放式的发展模式，转变为集约减排型的现代化经济模式，生态文明也成为国家的发展战略，经济的发展不再依赖于资源能源的绝对投入，而更加倾向于资源能源的利用效率的提升，从而有利于全要素生产率的提升。

（3）经济开放因素 *FDI*。外商直接投资的系数为负并且通过了 5% 的显著性水平，说明 FDI 的引入在一定程度上抑制了全要素生产率的提高。可能的原因在于，FDI 的进入可能向中国转移了大量的高能耗制造业或者污染密集型产业，造成了大量的污染，使得东道主国家出现了"污染天堂"效应；也有可能对外资技术形成依赖，抑制了中国企业的自主创新。

（4）科技创新水平 *RD*。科技创新水平的系数为正并且通过了 1% 水平的显著性检验，说明科技创新水平的提升有利于全要素生产率的提高。事实上，技术创新是提高全要素生产率的主要方法之一（李宗显和杨千帆，2021），该结果也验证了这种说法，因此，只有加强以企业为主体、以市场为导向、深度融合产学研的技术创新体系，加大自主研发力度，深化核心技术的攻关优势，力促科技创新成果的完美转化，才能更有效地促进全要素生产率的提升。

（5）要素禀赋结构 *KL*。要素禀赋结构的系数为正并且通过了 1% 水平的显著性检验。事实上，全要素生产率在理论上来说是一种资源的配置效率，优化资本与劳动的配置效率可以直接提高全要素生产率。2011 年，中国资本存量与从业人员数的比值平均为 119400 元/人，2018 年该比值增加到 247200 元/人，平均每年上涨 15975 元/人，增长幅度比较大，该数值的提升促进了中国全要素生产率的提升。因此，积极引导资源和生产要素的有效流动，比如由低效率部门向高效率部门进行有效转移，推动整体资源配置的效益最大化以及效率分配的最优化，从而为中国经济的高质量发展提供有力支撑。

（6）城镇化水平 *CITY*。城镇化水平的系数为正并且通过了 1% 水平的显著性检验，说明城镇化水平的推进有效提升了中国的全要素生产率水平。这与赵莎莎等（2019）的研究结果相互佐证。在城镇化推进中人口由乡村转移到城市，城镇劳动力市场加大了对高素质及高质量人才的需求，也引致了相应的高素质及高质量人才的供给；同时，人口就业数量由第一产业逐渐向第二、第三产业转移，生产率效率不断得到提升；另外，人口聚集使得人们对周围环境质量的要求提升，促使向绿色消费行为、企业的绿色生产行为进行转变，对空气污染产生了降促效应。因此，城镇化水平的不断推进提升了全要素生产率水平。

（7）产业结构高级化 *ST*。第二产业与第三产业增加值比值的系数为正，说明产业结构的高级化水平会有利于空气污染的治理，可以提升全要素生产率。原因可能是产业结构的逐步升级可以引导生产要素的流动，从生产效率低的产业流向生产效率较高的产业，进一步提升技术水平，促使全要素生产率的提升（杨慧梅和江璐，2021），但遗憾的是该变量并未通过显著性检验。

9.3.3　中介效应

考虑到数字经济可能会对全要素生产率具有中介效应，采用固定效应模型对公式（9-2）进行回归，结果见表 9-5 第一列。结果显示，数字经济的系数为正并且通过了 1% 水平的显著性检验。说明数字经济对于科技创新水平具有显著正向促进作用。表 9-5 第二列是根据公式（9-3）进行的回归，该模型中添加了数字经济与科技创新的交互项，用以检验科技创新水平在数字经济影响全要素生产率的过程中是否产生了调节作用。结果显示，数字经济的系数依然为正，并且通过了 5% 水平的显著性检验；数字经济与科技创新水平的交互项系数为正并且通过了 1% 水平的显著性检验。这一结果显示，科技创新水平强化了数字经济对全要素生产率的提升力度，科技创新水平发挥了相应的中介调节效应。

表 9 – 5　　　　　数字经济对全要素生产率的影响机制检验结果

变量	lnRD	lnSML
常数项	0.504 *** (28.84)	29.625 *** (4.57)
lnDIG	0.167 *** (12.79)	0.116 ** (2.08)
lnPGDP		− 6.706 *** (− 4.99)
lnPGDP2		0.301 *** (4.99)
lnFDI		− 0.041 ** (− 2.21)
lnKL		0.237 ** (2.00)
lnCITY		1.753 *** (3.81)
lnST		0.003 (0.13)
lnDIG × lnRD		0.115 *** (4.57)
Sigma_u	0.568	0.338
Obs	240	240

注：括号中的值为 t 值；*、**、*** 分别表示在10%、5%、1%的水平上显著。

9.3.4　稳健性检验

为了进一步检验本章研究分析及结论的稳健性，对模型进行稳健性检验。（1）变量逐一回归法。将各变量放入模型（9 – 1）中进行逐一回归，观察不含控制变量及包含控制变量下数字经济的正负号及显著性变化情况。表 9 – 6 中第（1）~（6）列显示加入控制变量前以及加入控制变量之后的情况比较，显示数字经济及其他控制变量的正负号均未出现改变，显著性也基本保持不变，说明数字经济发展对全要素生产率具有正的显著性影响，计量回归结果是稳健的。（2）工具变量法。参考

表9-6

稳健性检验结果

变量	(1)	(2)	(3)	(4)	(5)	(6)	(7)
常数项	0.518*** (19.91)	21.680*** (4.44)	22.789*** (4.59)	24.609*** (5.17)	32.555*** (6.71)	39.777*** (7.37)	36.405*** (6.02)
$\ln DIG$	0.257*** (13.21)	0.293*** (5.84)	0.282 (5.65***)	0.257*** (5.25)	0.112** (1.99)	0.099* (1.79)	
$\ln PGDP$		-4.008*** (-4.66)	-4.127*** (-4.85)	-4.550*** (-5.44)	-6.071*** (-7.03)	-8.393*** (-7.27)	-7.716*** (-6.03)
$\ln PGDP2$		0.190*** (4.98)	0.194*** (5.16)	0.211*** (5.70)	0.270*** (7.19)	0.376*** (7.32)	-0.349*** (-6.14)
$\ln FDI$			-0.048** (-2.49)	-0.062*** (-3.26*)	-0.039** (-2.06)	-0.044** (-2.35)	-0.026* (-1.70)
$\ln RD$				0.337*** (3.49)	0.341*** (3.70)	0.262*** (2.78)	0.218** (2.42)
$\ln KL$					0.496*** (4.61)	0.335*** (2.83)	0.219* (1.77)

续表

变量	(1)	(2)	(3)	(4)	(5)	(6)	(7)
ln*CITY*						1.454 *** (3.06)	1.396 *** (2.85)
ln*ST*						0.004 (0.15)	0.001 (0.05)
ln*DIG* − 1							0.115 ** (2.28)
sogma_u	0.178	0.209	0.224	0.259	0.285	0.681	0.377
Obs	240	240	240	240	240	240	210

注：括号中的值为 *t* 值；*、**、*** 分别表示在 10%、5%、1% 的水平上显著。

郭家堂和骆品亮（2016）、范合君和吴婷（2020）等的做法，将数字经济滞后一期作为当期的工具变量，放入模型（9 - 1）中进行固定效应回归检验，结果见表 9 - 6 中第（7）列，结果显示，数字经济滞后一期的系数为正并且通过了 5% 水平的显著性检验，数字经济对全要素生产率具有显著正向促进作用；其他控制变量正负号及显著性未见显著改变，说明结果是稳健的。

9.4　本章小结

本章以中国 2011 ~ 2018 年 30 个省份的面板数据为研究样本，采用第 6 章所测度的空气污染约束下的全要素生产率为被解释变量，重点探究了以数字经济为核心变量的因素对全要素生产率的影响情况，研究的主要结论如下。

（1）研究样本期间，数字经济的系数显著为正，数字经济提升了中国各省份的全要素生产率。

（2）全要素生产率与经济发展水平之间呈现"U"型关系。

（3）外商直接投资对全要素生产率具有负向显著性影响。

（4）科技创新水平对全要素生产率具有正向显著性影响。

（5）要素禀赋结构对全要素生产率具有正向显著性影响。

（6）城镇化水平对全要素生产率具有正向显著性影响。

（7）产业结构高级化对全要素生产率具有正向影响，但不显著。

进一步地，对数字经济通过科技创新水平的中介效应进行了检验，发现科技创新水平强化了数字经济对全要素生产率的提升力度，科技创新水平发挥了相应的中介调节效应。

最后，使用变量逐一回归法和工具变量法分别对数字经济影响全要素生产率的结果进行检验，发现数字经济及其他控制变量的正负号均未出现改变，显著性也基本保持不变，说明数字经济发展对全要素生产率具有正的显著性影响，计量回归结果是稳健的。

第 10 章　空气污染治理下中国经济质效提升的政策建议

10.1　研究结论

空气污染严重地影响了我国的交通、居民生活、工业生产、公众健康和经济高质量发展。大量的文献和研究成果论证了各种环境污染物约束下的效率及生产率差异分析，发现效率评价不仅要体现经济效益的产出，同时还要体现对能源、资源的充分利用以及环境的保护程度，而较少文献将空气污染考虑进来。本书将空气污染纳入效率研究框架中，以空气污染为主要研究对象，并构建考虑非期望产出的 SBM-DEA 区间模型，测度了空气污染约束下的中国环境效率、区间环境效率以及全要素生产率，在此基础上进行一系列相关实证分析，分别涉及空气污染的"库兹涅茨曲线"及 FDI 的"污染天堂效应"在中国的存在性，环境规制等因素对空气污染及环境效率的实际影响效果，环境效率视角下空气污染与公众健康的关联程度，数字经济等因素对全要素生产率的实际影响效果及其传导机制。本书的主要结论如下。

（1）考虑空气污染约束下的环境效率平均值为 0.711，无约束下技术效率值为 0.848。两者有显著差异，空气污染约束下的环境效率到生产前沿面的距离远大于无约束下的技术效率。基于变异系数及秩和检验的结果均显示不考虑空气污染约束的技术效率评价是有偏的。

（2）总体来看，中国各省份在不改变投入产出的前提下，能源消耗、水资源消耗、空气污染减排空间以及缩减从业人员的潜力较大。样本考察期间，各地区节能潜力、节水潜力、空气污染减排潜力、缩减从业人员潜力的平均值分别为28.92%、30.25%、22.51%、32.13%。节能减排应成为中国各省份提升环境效率的工作重点。

（3）SBM-Undesirable 区间模型的构建及应用使效率评价更加全面。考虑空气污染高低浓度区间数的效率测度表明，区间 DEA 部分有效、有效、无效省份数依次减少，分别占比62.22%、29.44%和8.33%。模糊左关系排序法显示，横向截面上各省份区间 DEA 环境效率差异明显，具有较大的提升空间；纵向时序上区间 DEA 环境效率有效年份较少且有效性省份数呈减少态势。将构建的 SBM-Undesirable 区间模型测度结果与 SBM-Undesirable 模型测度结果进行比较，丰富了空气污染约束下的效率评价方法，充实了研究框架。

（4）空气污染约束下的全要素生产率平均增长率为3.9%，其中，技术效率贡献了 -1.1%，技术进步的贡献率为5.0%；东、中、西部地区全要素生产率的增长率依次降低。技术效率在一定程度上抑制了中国全要素生产率的提升，而技术进步则成为全要素生产率提升的主要源泉。随时间趋势来看，全要素生产率指数仅在2002～2003年以及2010～2011年出现了负增长，这两年增长率分别为 -3.8% 和 -9.6%，其余年份均为正向增长。东部、中部、西部地区的全要素生产率指数变化趋势与全国地区相似。分省份来看，中国30个省份中全要素生产率指数呈现负增长的仅有山西、新疆和宁夏3个省份，增长率分别为 -0.5%、-2.0% 和 -4.3%，其余省份均呈现正向增长。

（5）空气污染约束下的环境效率与经济规模存在倒"U"型曲线关系，但与传统的环境库兹涅茨曲线的意义恰好相反。环境规制、产业结构、人口密度均与空气污染约束下的环境效率显著负相关。技术创新、贸易依存度、地区发达程度与空气污染约束下的环境效率之间显著正相关。FDI 对环境效率具有负向影响但不显著。

（6）空气污染约束下的环境效率与公众健康之间具有显著的正相关性。在其他变量因素不变的条件下，环境效率每提升1%，万人中呼吸道疾病死亡人数就会减少至少 2%；如果空气污染约束下的环境效率值提升到未考虑空气污染下的技术效率水平，也即环境效率值增加了 0.161，那么，万人中呼吸道疾病死亡人数将由目前的 0.555 人下降到 0.300 人。一方面，农村居民健康支出能力、千人卫生技术人员数、人口密度及城市化水平与公众健康呈正相关性。另一方面，教育程度、城镇居民健康支出能力与公众健康之间并不存在有效显著性。

（7）数字经济对空气污染约束下的全要素生产率具有显著正向影响，并且通过科技创新对全要素生产率产生正向调节作用。全要素生产率与经济发展水平之间呈现"U"型关系；外商直接投资对全要素生产率具有负向显著性影响；科技创新水平、要素禀赋结构、城镇化水平均对全要素生产率具有正向显著性影响；产业结构高级化对全要素生产率也具有正向影响，但不显著。

10.2　政　策　建　议

10.2.1　汲取国外空气污染治理经验

空气污染治理是集政策、制度和技术于一身的复杂问题，借鉴国外的空气污染治理经验，结合我国具体国情，建立我国空气污染的治理体系。结合本书第 3 章英国、美国、欧盟各国、日本等国家在治理空气污染中的经验，均离不开空气污染相关政策的制定和有效实施，涉及法律法规措施和经济措施的实施，法律法规措施包括各种清洁大气法、空气质量法以及碳排放交易协定等法律的制定，经济措施包括高科技的研发投入、停车费、汽车排污费等方案方法，因此，空气污染治理，要有一个健全的法律体系和统一的空气质量标准体系。结合我国的实际情况，建立健全法律体系，保障空气污染治理有法可依、有法可循，这样才能保证空气污染治理的成效。

首先，构建全国统一的空气污染监测网络，对以 $PM_{2.5}$ 为首的颗粒物污染进行合理监控。如意大利采取了欧盟的空气质量监测标准，对 $PM_{2.5}$、PM_{10} 等颗粒物实施 24 小时监测，而且要拥有历史数据可以进行对比。我国目前的 $PM_{2.5}$ 历史监测数据并不能有效查看，致使各政府和学者并不能及时有效地进行研究，进而导致政策措施不能及时跟进，政策措施的实施效果不能及时得到反馈。所以，加强空气污染监测网络的建设是空气污染治理的首要基础条件。其次，建立空气污染治理法律法规体系，保障空气污染治理有法可依、有章可循。例如，英国政府为了治理空气污染，制定了《产业环境发展法》《制碱法》《清洁空气法》等法律，为治理城市空气污染提供了坚强的法律后盾。目前我国有关空气污染的法律法规有《环境保护基本法》《大气污染防治法》等基础法规，还有在此基础上制定的《大气污染防治行动计划》，有关颗粒物污染的法律还需要加强建设，提供专项治理和相关配套辅助制度等宏观层面的法制环境。当然，涉及地方区域的差异性以及空气污染的空间溢出性的特点，地方法律法规的制定又势在必行，区域之间的联防联控法律也应一并出台。最后，建立空气质量监督体系，积极引导公众参与到空气污染治理体系之中。公众参与方式不仅包括绿色出行、低碳生活等，还应承担监督空气污染治理的责任。政府应建立空气污染举报平台，公布违规举报电话，加强社会监督，设立相应的奖励机制，鼓励公众参与到空气污染治理工作中来，如有发现违规的区域或者企业，可以进行举报。例如，美国洛杉矶空气污染监测数据 24 小时实时网上发布，公众可以随时在网上查询，甚至可以参与环保机构有关空气污染治理的听证会。

10.2.2 加强区域之间联防联控

根据本书第 3 章的研究结论"我国空气污染呈现区域性污染"，第 4 章空气污染约束下的环境效率研究结论"东部、中部、西部地区环境效率平均值分别为 0.899、0.585、0.601"，第 6 章研究空气污染约束下的全要素生产率"横向来看，东部地区、中部地区和西部地区全要素生产率的增长率依次降低，技术效率对其各自的全要素生产率的贡献依次降低，技术进步则成为三大地区全要素生产率提升的主要动力"，得知我国区域间的环境效率及全要素生产率差异较大，因此，应该清晰地看到区域间的差异性现象，分别制定与之相适应的发展战略，促进区域间的空气污染治理、环境效率以及全要素生产率的收敛与平衡。《发展改革委关于进一步加强区域合作工作的指导意见》也明确指出，"加强区域合作是实现区域协调发展的重要途径之一。以推动实施'一带一路'建设、京津冀协同发展、长江经济带建设三大战略为引领，努力构筑各地区比较优势充分发挥、各类要素有序自由流动和优化配置、地区间良性互动的区域发展格局"。

　　空气污染呈现区域和跨界状态，空气污染治理时存在的难题有：跨界污染难以确定污染源；污染源各地之间难以达成治理成本和收益一致的协议。因此，当出现跨区域空气污染时，政策的制定致使区域之间的管辖问题难以确定，而空气污染的治理仅靠一个城市或者一个省份的力量是远远不够的，空气污染的治理需要各个地区密切合作。所以，省际或城市之间需要共同参与制定相关政策才能有效解决空气污染问题。首先，应成立区域空气污染治理指挥小组，制定共同协议来联合治理空气污染，避免出现空气污染因空气流动而转移的现象，该协议的共同目标是治理污染，要避免相互指责、相互推诿的情况。在此协议的框架之下，各地区之间协同进行空气污染的治理，空气污染防治的标准也应统一，包括防治空气污染的标准和细化空气污染防治的标准，同时，各地区之间也应遵守协议内的相关规定，非政府部门、私人组织、工业和商业组织也在跨地区空气污染治理中担任重要的角色。其次，东部地区空气污染约束下的环境效率高于中西部地区，东部地区经济发展程度高于中西部地区，中西部地区目前正在成为重化工业等产业转移的接收地，一方面，中西部地区应该充分学习环境绩效相对较高的东部地区的资源环境管理与发展经验，另一方面在接收产业转移的时候不能一味地接纳高能耗、高污染、高排放、低附加值的产业转移，而是要积极接纳发展战略性新兴产业和现代服务业等低能耗、低污染、低排放以及高附加值产业的转移。经济发达的东部地区在治理空气污染时也应承担更多的责任与义务。通过地区之间的联防联控，使得空气污染得到有效治理，地区之间的环境效率和全要素生产率差距也会逐渐缩小。

10.2.3 提升能源资源环境的配置效率

根据第 4 章的研究结论显示，空气污染约束下的中国整体环境效率值为 0.607，整体水平较低；根据第 6 章的研究结论显示，研究样本期间，空气污染约束下的全要素生产率的平均增长率为 3.9%，其中，技术效率贡献了 -1.1%，技术进步的贡献率为 5.0%。从分解效应方面来看，技术效率在一定程度上抑制了空气污染约束下中国全要素生产率的提升，而技术进步则成为空气污染约束下中国全要素生产率提升的主要源泉。无论是整体的静态环境效率水平，还是考虑动态时间因素的全要素生产率，平均值都比较低，因此，要提升能源资源环境的配置效率，从根本上改善中国整体或各省份的环境效率或生产率水平。事实上，降低空气污染、提升整体的环境效率及全要素生产率水平与整体的能源资源环境的使用效率是密切相关的，粗放式的经济发展模式下能源资源环境的效率比较低，也可能造成大量污染物的排放，最终导致区域性空气污染的爆发，抑制中国的经济高质量发展。因此，提升能源资源环境效率应从以下方面入手。

首先，解决煤炭燃烧所带来的污染问题，提高煤炭的使用效率。转变当前粗放式的经济发展方式，提升能源效率水平，实现由粗放向集约模式的转变。对于煤炭企业，可以给予一定的设备补贴，并对煤炭企业建立绩效评价机制，对达标的企业给予奖励，对不达标的企业给予惩罚或限期整改，整改不合格的给予淘汰，淘汰燃烧使用率低下的燃煤锅炉，鼓励居民减少生活用煤的数量，比如煤球、蜂窝煤等。其次，加快能源结构的调整，加快清洁能源的发展。对于清洁能源企业给予技术或者资金支持，鼓励民间资本或外资开发可再生能源资源，对水电、生物发电、风能、太阳能、核能、地热能等清洁能源进行鼓励开发，比如政策优惠和税收优惠等，当然，也可以征收煤炭使用税，倒逼企业进行清洁能源的开发和利用。再次，加大机动车的污染治理。可以从生产、购买、使用各环节加强监督引导，比如生产环节给予税收优惠，鼓励企业进行环保汽车方面的研发和推广。购买环节可以通过免征购置税，鼓励企业和个人使用新能源汽车；排量不同的机动车应当给予不同的税率，排量越大，税率越高；反之，税率应该降低。在使用环节方面，鼓励使用清洁燃料替代高排放的汽油，并对油耗较高的机动车征收高油耗税，对于排放较低或者零排放的机动车免征税收。最后，提升能源资源环境效率，应减少传统"高污染、高排放、高能耗"的工业企业，通过政策导向，优化工业企业的内部结构，提高它们的产品附加值，通过政策的激励与监督模式相结合的手段，淘汰这些工业企业内部的高能耗设备，推广节能环保新技术，促使企业生产出合格达标的低碳产品。

10.2.4　实施差异化市场化的空气污染治理战略

　　根据第 4 章的研究结论，各地区平均节能潜力为 24.26%，各地区平均节水潜力为 39.16%，各地区平均空气污染减排潜力为 26.49%。可见，我国各省份对能源消耗、水资源消耗、空气污染的减排能力以及从业人员的投入具有较大的降低空间。各个省份节能减排空间差异较大，采取不同的节能减排战略措施，将环境约束尤其是空气污染治理以及其他传统环境污染物纳入地方性经济增长中来，改变地方政府以 GDP 为主要考核指标的政绩考核机制，对各地方政府治理空气污染产生长期的持续性的激励作用，达到空气污染治理和经济发展的均衡。

　　第 7 章研究认为，环境规制对空气污染约束下的环境效率的影响为负，其原因可能在于，政策的出台、执行以及落实具有一定的时滞性，并且政策在不同的区域可能具有不同的差异性，政策大多以行政命令式的污染末端治理为主，对环境及空气污染治理不够重视，持续性不强。因此，建立长期有效的节能减排机制应该成为未来工作的重点。"十二五"以来，《大气污染防治行动计划》的实施，使得全国 338 个地级及以上城市具备 PM$_{2.5}$ 等六项指标的监测能力；全国污染减排措施的实施，使得 2015 年的二氧化硫、化学需氧量、氮氧化物以及氨氮排放量较 2010 年下降了 18.0%、12.9%、18.6% 和 13.0%。"十三五"期间，全国 338 个地级及以上城市中有 202 个城市空气质量达标，相比 2016 年的 84 个达标城市增加幅度为 34.91%，平均优良天数比例为 87.0%，同比增长 5.0 个百分点。综合可知，空气污染治理政策措施的实施具有一定的滞后性，因此，要积极以环境政策为引导，充分发挥市场机制的主体作用，具体包括：第一，应尽可能地实现短期内命令型空气污染治理政策效果的最大化，行政命令可能具有"短平快"的特点，在短期内可能会暂时营造一种"政治性"蓝天，但要想实现长期的空气污染治理的成效，降低空气污染治理的成本，还需大力鼓励市场型的空气污染治理机制的出台，应加快短期行政命令向长期的市场化政策进行平稳转型。实施大气排污权交易制度，建立类似于碳交易类型的空气污染交易市场或者颗粒物交易市场，积极与国际市场进行对接。第二，不同区域面临的空气污染或节能减排空间会有所不同，应建立以区域或者行业层面为单位的节能减排目标交易机制，由地方非政府部门牵头成立节能减排交易机构，为大气污染物交易构建平台，让市场化充分发挥作用，以市场手段促进节能减排目标的实现。第三，尽快出台节能减排优惠政策，制定大气污染排放量目标，对达到目标者给予奖励；对达不到目标者给予惩罚或者使其被淘汰。建立国家、地方或行业、企业三位一体，宏观指导、中观过渡、微观执行的上下呼应、长期有效的节能减排机制。

10.2.5　提高空气污染治理技术的创新能力

第 7 章实证研究证实，技术创新与空气污染约束下的环境效率之间具有显著正相关性；第 9 章实证研究显示，当前的科技创新水平与空气污染约束下的全要素生产率之间呈现显著正相关关系，并且在数字经济促进全要素生产率的影响过程中发挥正向调节作用。可见，技术创新在改善空气污染的影响效果上发挥着积极的正向促进作用。这与科技创新发挥的条件、科技创新的投入产出比、区域科技的创新能力等是密不可分的。当然，科技创新能否发挥其最大效果，实现空气污染治理、环境效率与全要素生产率的提升，还需要结合中国现实的空气污染规律以及各地区的实际情况采取不同的具体措施。

　　首先，从技术创新的投入角度来看，2018 年，我国 R&D 经费支出为 19674.22 亿元，占 GDP 的比重为 2.16%。建议政府加大对技术创新的资金投入和扶持力度，一般来讲，科技项目规模相对庞大，其研发、示范项目、验证和配套工程都需要大量的资金投入，一方面需要政府财政的投入，比如设立空气污染治理的专项资金、进行多元化融资，另一方面需要依靠政府引导各个企业进行投资，以企业为主体吸引社会资金，运用金融手段拓宽资金来源渠道，使得技术创新有资金保障。其次，从技术创新的产出角度来看，2001～2018 年，地区专利申请授权数区域差异性比较明显，极差值为 332582 项。东、中、西部地区技术差距较大。东部发达地区应该为较为落后的中西部地区提供技术支持，缩小地区之间的技术差距，共同有效地治理空气污染，提升环境绩效。而我国的环境治理核心技术缺乏自主创新，与发达国家高额研发资金投入的自主研发相比，我国则倾向于技术溢出或者技术引进的形式，这些技术创新形式成本投入相对低廉，因此，应积极向发达国家学习，借鉴、引进和推广国外先进的空气污染治理技术，比如将废气中的颗粒物分离出来并加以捕集、回收技术、$PM_{2.5}$ 处理技术、脱硫脱硝以及低排放发动机技术等，尽可能缩小与发达国家空气污染治理技术上的差距。也可以在引进国外先进空气污染治理技术的基础上，形成自身的空气污染治理专用技术，可以在短期内提升国内的空气污染治理技术，用以减轻空气污染。最后，建立完善的技术转化政策体系。应建立健全空气污染治理技术转让、转化的法律制度，规范转让程序，建立成果转化评价机制，建立技术转化绩效评价机制。一方面，在大学科技园进行技术创新工作，加速高校科技成果转化率，实现技术的顺利转移；另一方面，建设高新科技开发区，与研究型大学密集地区相毗邻，使之成为高新技术企业的孵化器，实现科技成果的现实应用。

10.2.6　调整外资的准入门槛和投资方向

关于外商直接投资与空气污染的关系，第 7 章实证结果显示，外商直接投资对环境效率的估计系数为负，但未通过显著性检验，说明在一定程度上"污染避难所"假说在中国是成立的，但结果并不显著；第 9 章实证结果显示，外商直接投资对空气污染约束下的全要素生产率的系数为负，并且通过了 5% 水平的显著性检验。这一结果说明，外商直接投资并未提升全要素生产率，反而抑制了全要素生产率的提升，说明"污染避难所"假说在京津冀地区也是成立的。因此，综合来看，无论是在基于空气污染的环境效率静态角度，还是基于空气污染下的全要素生产率动态角度，外商直接投资均带来了显著的"污染避难所"效应。

调整外资的准入门槛和投资方向，将优质外资吸引到我国高质量发展的经济体系中来，而不是用于承接发达国家污染的避难所，这才是利用外资的最佳方式。首先，设置低碳标准，严格限制高污染、高能耗、高排放项目的准入，大力引进那些附加值较高、污染较低甚至零污染、排放较少甚至零排放的投资项目，鼓励外资进入节能环保领域，促进引资、引智与引技相结合，加快向低碳、零碳、绿色经济转型的进程。现阶段，我国或区域内转移承接的外资中涉及的高排放、高污染的行业比重较高，在下一个阶段，应加强对外资的甄别与引进，不能过于盲目，积极以低碳绿色发展为基本目标，落实新修订的外商投资产业目录，引进高端的高新技术制造业、低碳和新能源技术相关的产业，特别是具有现代技术含量的金融、物流、信息技术等外资进入。对于传统劳动、资本密集型、稀缺或不可再生矿产资源领域的投资予以限制。其次，对于外资企业也要设置严格的绩效评价制度。对于符合我国环保标准甚至高于我国环保标准的外资企业，可以给予适当的税收优惠；对于那些不符合我国环保标准的外资企业应严格控制准入；对于原来已经引进的外资企业应责令限期进行整改，整改不合格的应该给予高成本的惩罚。最后，在引起外资时，应进行全域的规划引进。东、中、西部地区经济发展程度不一，在引进外资时，不能只看经济效应，而忽视了环保效应，尤其是现阶段空气污染严重的中部地区，在引进外资时，应将空气污染比如 $PM_{2.5}$ 这项指标纳入外资的评价分析之中，杜绝空气污染的"污染避难所"效应。因此，在优化外资时，应提高对外资准入的质量标准，调整外资的准入门槛和投资方向，更好地利用外资，让外资更好地为中国的经济高质量发展服务，实现空气污染治理和经济发展的双赢。

10.2.7　将公众健康纳入环境经济政策制定的框架

第 8 章的实证研究结果证实环境效率视角下空气污染与公众健康之间存在显著的负向相关关系。空气污染越严重，环境效率水平越低，公众健康水平越低；空气污染越轻，环境效率水平越高，公众健康水平越高。公众健康是空气污染等环境污染造成的最基本、最直接的问题，不仅是社会问题，更是政策问题。将公众健康问题纳入环境政策的制定中来，是建立在与健康有关的权利和义务基础之上的，有助于保障公众健康水平和加强各级政府决策者的问责。根据该研究结论，治理空气污染，提升环境效率，促进经济高质量发展，保障公众健康水平需要从以下方面着手。

首先，治理空气污染，提升环境效率水平是保障公众健康的关键。治理空气污染提升环境效率与全要素生产率是一项长期、复杂的系统工程，需要从各个方面综合考虑，加强技术创新，制定相关空气污染治理政策，在经济新常态下调整以高能耗制造业为主的产业结构向高技术、高加工度、高附加值为主的高级产业结构过渡，发展清洁能源淘汰落后产能等，各方面齐头并进，彻底有效治理空气污染，提升环境效率与全要素生产率，促进公众健康水平的提升。其次，提升财政支出中卫生经费的支出，大力建设城镇及农村健身设施，从基础设施方面给予居民锻炼身体的基本保障，培养卫生技术人员，对城镇居民及农村居民进行健康方面的培训和宣传保障居民健康，有效降低由空气污染所引致的呼吸道疾病的发生。再次，加快城市化进程，提高城市集聚水平，提升公众健康水平。城市化水平的提升，有利于提升人口密度，有效整合资源，提升资源的配置利用效率，使得医疗设施和基础条件的受众率提升，避免公众因得不到及时准确的诊断而耽误治疗的最佳时机。最后，提升烟草类产品税率，减少各级地方政府对烟草行业的关注与扶持，达到减少和控制吸烟的目的，另外，禁止公共场合吸烟，通过媒体宣传，加强烟草制品上的健康警告等形式引导公众减少吸烟，引导公众减少烟草类产品的消费支出，从而加强公众对吸烟有害健康的认识，远离烟草，提升公众健康水平。

10.2.8　发挥数字经济优势有效治理空气污染

第 9 章实证结果显示，"研究样本期间，数字经济的系数显著为正，数字经济提升了中国各省份的全要素生产率"。数字经济对空气污染约束下的全要素生产率具有显著正向影响，并且通过科技创新对全要素生产率产生间接影响。数字经济作为一种融合性经济，以数据为核心，渗透于各个生产环节，改变了传统的生产要素的投入，减少了资源错配，提升了资源配置效率和全要素生产率，并且具有"低污染、低消耗"的绿色发展特点，因此，根据该研究结论，积极发挥数字经济优势，有效治理空气污染，提升全要素生产率应从以下方面着手。

第一，积极发展数字经济基础设施。结合目前的数字经济发展态势及差异，应尽快完善数字经济设施的基础建设，加快 5G 网络基站、千兆固网、大数据中心、车联网、区块链服务、卫星互联网、人工智能、工业互联网等基础设施的建设进度，缩减各个省份的数字鸿沟，同时也应实施差异化的数字经济发展战略。东部地区发挥人力、资本等资源优势，保持活力；中部地区应引进税收补贴、税收优惠等政策引导数字经济的创新投入，为数字经济提供基础保障；西部地区应发挥制度优势，加强对东部、中部地区的创新成果的承接能力。据此为加快落实中西部地区数字经济的快速发展奠定基础，为整个数字经济的大环境提供基础的发展动力。第二，加快产业数字化的建设进度。积极利用数字经济的优势，将数字经济产业与传统的"高污染、高能耗、高排放"产业相结合，以新的技术促进传统污染行业的更新换代，通过数字化使得资源能源得到更合理更高效的使用与配置，降低成本，提升整体的资源能源利用效率，减少污染物的排放。同时，引导各地区积极发展数字经济在第三产业和高新技术产业中的应用，促进创新性强、附加值高、污染少甚至无污染的产业迅速崛起，以数字经济推动产业的转型升级，促进产业结构的高级化与合理化，实现降低能源资源消耗，减少排放污染，提升全要素生产率的目的。第三，立足技术创新这一渠道，探索数字经济驱动全要素生产率提升的多维路径，充分发挥数字经济的作用。数字经济通过科技创新影响全要素生产率的提升，因此，各地方政府应加大数字科技创新方面的资金投入，促进"产学研"的发展，提升科技成果转化率；同时应注意匹配相应的数字人才，提高创新型人才的培养质量，促进新产品、新工艺和新技术的开发应用，充分释放技术创新的巨大潜力，利用数字技术实现生产要素的高速流动，提升全要素生产率。

10.3　研究不足与展望

效率评价本身是一个多学科交叉、相互渗透并且理论性和实践性相结合的重大课题，本书只是针对其中的一个重要片段进行了研究，虽然在研究内容、方法和视角上有一定程度的突破，但鉴于本人理论修养尚浅，又碍于篇幅和精力的限制，有些方面仍需要在以后的工作学习中进行细致、深入的探索和研究。

（1）投入产出指标的选取。对于投入指标的变量选取，本书选取了劳动、资本、能源消耗以及水资源消耗量，而各省份生产生活中还消耗了大量的土地资源，今后还可以增加土地资源约束下的效率及生产率研究。而非期望产出变量指标的选取，由于本书研究的主要对象是空气污染，仅考虑了空气污染的主要成分 $PM_{2.5}$，而并未考虑"三废"、二氧化硫、化学需氧量等其他传统污染指标的约束，在今后的研究中，可以针对各个不同环境污染产出约束下的环境效率进行比较研究，同时可以具体考察各种污染物的减排潜力。

（2）研究层面的局限。由于数据采集的局限性，本书研究仅从省际区域宏观层面探究了空气污染约束下的环境效率，空气污染浓度是否可以转化为排放量从而从行业产业中观层面以及具体的企业层面进行钻研，这也是下一步重点研究计划。

（3）环境规制政策影响环境效率的因素选取、数字经济影响全要素生产率的因素选取，它们均是以线性关系为基础的，还可以进一步挖掘其他可能影响我国省际环境效率的控制变量以及考量非线性模型下技术效率的影响因素的研究。

（4）对于环境效率视角下空气污染与公众健康之间关联程度的控制变量可以进一步探究与挖掘。

（5）对于空气污染治理政策的优化方面只是根据本书所选定的分析框架和研究方法而得出的实际建议对策，可能还可以采用更多的定量研究方法进行试验和探索。

参 考 文 献

［1］安建业，马占新，田雨珍．一种带有偏好锥的广义区间数 DEA 模型及其应用［J］．系统工程，2021，39（5）：124－133.

［2］卞亦文．基于 DEA 理论的环境效率评价方法研究［D］．合肥：中国科学技术大学，2006.

［3］常桂秋，潘小川，谢学琴，等．北京市大气污染与城区居民死亡率关系的时间序列分析［J］．卫生研究，2003，32（6）：565－568.

［4］陈安平．收入高会更健康吗？——来自中国的新证据［J］．财贸经济，2011（1）：26－33.

［5］陈浩，刘培，余东升，彭书舟．科技创新投入对环境全要素生产率的影响机制［J］．中国环境科学，2020，40（4）：1834－1846.

［6］陈黎明，王颖，田建芳．中国省域能源—经济—环境系统协调性实证研究［J］．财经理论与实践，2015（1）：105－110.

［7］陈诗一．节能减排与中国工业的双赢发展：2009～2049［J］．经济研究，2010（3）：129－143.

［8］陈诗一．新常态下的环境问题与中国经济转型发展［J］．中共中央党校学报，2016（2）：94－99.

［9］陈硕，陈婷．空气质量与公共健康：以火电厂二氧化硫排放为例［J］．经济研究，2014，49（8）：158－169.

［10］陈晓，陈亚琼，侯海燕，等．天津地区空气污染与围生儿死亡和出生缺陷的关系［J］．国际妇产科学杂志，2012，39（3）：308－310.

［11］陈玉桥. 省域环境效率空间视角分析 ［J］. 南方经济，2013（10）：64 – 76.

［12］成达建，薛声家. 基于交叉效率新计算方法的区间效率值排序 ［J］. 中国管理科学，2017，25（7）：191 – 196.

［13］程丹润，李静. 环境约束下的中国省区效率差异研究：1990 ~ 2006 ［J］. 财贸研究，2009（1）：13 – 17.

［14］戴海夏，宋伟民，高翔. 上海市 A 城区大气 PM_{10}、$PM_{2.5}$ 污染与居民日死亡数的相关分析 ［J］. 卫生研究，2004，33（3）：293 – 297.

［15］刁贝娣，丁镭，成金华. 不同类型城市的 $PM_{2.5}$ 健康风险及影响因素差异 ［J］. 中国人口·资源与环境，2021，31（8）：90 – 100.

［16］丁志帆. 数字经济驱动经济高质量发展的机制研究：一个理论分析框架 ［J］. 现代经济探讨，2020（1）：85 – 92.

［17］东童童，李欣，刘乃全. 空间视角下工业集聚对空气污染的影响——理论与经验研究 ［J］. 经济管理，2015（9）：29 – 41.

［18］范合君，吴婷. 中国数字化程度测度与指标体系构建 ［J］. 首都经济贸易大学学报，2020，22（4）：3 – 12.

［19］费威，刘心，杨晨. 基于 MFA 和 DEA 的区域经济环境效率评价——以辽宁省为例 ［J］. 生态学报，2015，35（11）：3797 – 3807.

［20］郭家堂，骆品亮，骆品亮. 互联网对中国全要素生产率有促进作用吗？［J］. 管理世界，2016（10）：34 – 49.

［21］郭均鹏，吴育华. 区间数据包络分析的主客观求解 ［J］. 天津工业大学学报，2004，23（3）：77 – 79.

［22］郭四代，仝梦，郭杰，韩玥. 基于三阶段 DEA 模型的省际真实环境效率测度与影响因素分析 ［J］. 中国人口·资源与环境，2018，28（3）：106 – 116.

［23］郭子雪，王增超. 改进的三参数区间 DEA 交叉效率评价方法 ［J］. 河北大学学报（自然科学版），2018，38（4）：337 – 345.

[24] 韩先锋，宋文飞，李勃昕．互联网能成为中国区域创新效率提升的新动能吗 [J]．中国工业经济，2019（7）：119－136.

[25] 何枫，马栋栋，徐晓宁．空气污染约束下中国省际区间环境效率研究——基于 SBM-Undesirable 区间模型的面板数据分析 [J]．干旱区资源与环境，2016，30（12）：28－33.

[26] 何枫，马栋栋，祝丽云．空气污染约束下中国环境效率测度及影响因素研究——基于 SBM-Undesirable 的省际面板数据 [J]．研究与发展管理，2016，28（5）：34－43.

[27] 何枫，马栋栋．空气污染与工业化发展的关联研究——中国74个城市的实证研究 [J]．软科学，2015，29（6）：110－114.

[28] 何丽芸，顾相虹，徐瑞芳，等．主要大气污染物对青浦区居民心脑血管疾病发病率的影响 [J]．环境与职业医学，2014，31（12）：921－923.

[29] 何为，刘昌义，郭树龙．天津大气环境效率及影响因素实证分析 [J]．干旱区资源与环境，2016，30（1）：31－35.

[30] 何维达，温家隆，张满银．数字经济发展对中国绿色生态效率的影响研究——基于双向固定效应模型 [J]．经济问题，2022（1）：1－9.

[31] 胡鞍钢，郑京海，高宇宁，等．考虑环境因素的省级技术效率排名（1999~2005）[J]．经济学（季刊），2008，7（3）：933－960.

[32] 胡鞍钢，郑云峰，高宇宁．中国高耗能行业真实全要素生产率研究（1995~2010）——基于投入产出的视角 [J]．中国工业经济，2015（5）：44－56.

[33] 黄杰．中国能源环境效率的空间关联网络结构及其影响因素 [J]．资源科学，2018，40（4）：759－772.

[34] 黄寿峰，环境规制、影子经济与空气污染——动态半参数分析 [J]．经济学动态，2016（11）：33－44.

[35] 黄永春，石秋平．中国区域环境效率与环境全要素的研究——基于包含 R&D 投入的 SBM 模型的分析 [J]．中国人口·资源与环境，

2015，25（12）：25 – 34.

　　［36］焦兵，孙君厚．丝绸之路经济带工业环境效率的动态评价及影响因素研究［J］．统计与信息论坛，2015（11）：44 – 48.

　　［37］荆文君，孙宝文．数字经济促进经济高质量发展：一个理论分析框架［J］．经济学家，2019（2）：66 – 73.

　　［38］阚海东，陈秉衡，陈长虹．上海市能源提高效率和优化结构对居民健康影响的评价［J］．上海环境科学，2002，21（9）：520 – 524.

　　［39］康雨．贸易开放程度对空气污染的影响分析——基于中国省级面板数据的空间计量研究［J］．经济科学，2016（1）：114 – 125.

　　［40］蓝以信，王旭，王应明．区间型产出下的 DEA-Malmquist 生产率指数及其应用研究［J］．系统科学与数学，2017，37（6）：1494 – 1508.

　　［41］蓝以信，温槟檐，王应明．基于公共权重的区间 DEA 效率评价及其排序方法研究［J］．运筹学学报，2021，25（4）：58 – 68.

　　［42］雷明，虞晓雯．资本跨期效应下中国区域能源 – 经济 – 环境效率研究［J］．经济理论与经济管理，2013（11）：5 – 17.

　　［43］李博，秦欢，孙威．产业转型升级与绿色全要素生产率提升的互动关系——基于中国 116 个地级资源型城市的实证研究［J］．自然资源学报，2022，37（1）：186 – 199.

　　［44］李海东，汪斌，熊贝贝，等．基于改进的 ISBM-DEA 模型的区域环境效率实证研究［J］．系统工程，2012，30（7）：86 – 93.

　　［45］李静．基于 SBM 模型的环境效率评价［J］．合肥工业大学学报（自然科学版），2008，31（5）：771 – 775.

　　［46］李静．中国区域环境效率的差异与影响因素研究［J］．南方经济，2009（12）：24 – 35.

　　［47］李力，唐登莉，孔英，等．Fdi 对城市空气污染影响的空间计量研究——以珠三角地区为例［J］．管理评论，2016，28（6）：11 – 24.

［48］李向前，李东，黄莉．中国省域国民健康生产效率差异与影响因素研究［J］．统计与信息论坛，2013，28（8）：52－58.

［49］李永立，吴冲．考虑非期望产出弱可处置性的随机 DEA 模型［J］．管理科学学报，2014，17（9）：17－28.

［50］李志亮，陈世权，吴今培．基于模糊数变换的 DEA 模型与应用［J］．模糊系统与数学，2005，18（4）：64－71.

［51］李宗显，杨千帆．数字经济如何影响中国经济高质量发展？［J］．现代经济探讨，2021（7）：10－19.

［52］梁樑，吴杰．数据包络分析（DEA）的交叉效率研究进展与展望［J］．中国科学技术大学学报，2013，43（11）：941－947.

［53］林伯强，杜克锐．要素市场扭曲对能源效率的影响［J］．经济研究，2013（9）：125－136.

［54］林伯强，李江龙．环境治理约束下的中国能源结构转变——基于煤炭和二氧化碳峰值的分析［J］．中国社会科学，2015（9）：84－107.

［55］林伯强，刘泓汛．对外贸易是否有利于提高能源环境效率——以中国工业行业为例［J］．经济研究，2015（9）：127－141.

［56］林江彪，王亚娟，张小红，刘小鹏．黄河流域城市资源环境效率时空特征及影响因素［J］．自然资源学报，2021，36（1）：208－222.

［57］刘飞宇，赵爱清．外商直接投资对城市环境污染的效应检验——基于我国 285 个城市面板数据的实证研究［J］．国际贸易问题，2016（5）：130－141.

［58］刘鸿燕，姚倩文．绿色全要素生产率的测度与应用：一个文献综述［J］．产业组织评论，2020，14（3）：174－195.

［59］刘金培，陈佩佩，陈华友，等．基于交叉效率 DEA 和随机模拟的区间语言偏好关系排序方法［J］．系统工程理论与实践，2018，38（4）：950－959.

［60］刘世锦，刘培林，何建武．我国未来生产率提升潜力与经济

增长前景 [J]. 管理世界, 2015 (3): 1-5.

[61] 刘思明, 张世瑾, 朱惠东. 国家创新驱动力测度及其经济高质量发展效应研究 [J]. 数量经济技术经济研究, 2019, 36 (4): 4-24.

[62] 刘修岩, 董会敏. 出口贸易加重还是缓解中国的空气污染——基于 $PM_{2.5}$ 和 SO_2 数据的实证检验 [J]. 财贸研究, 2017 (1): 76-84.

[63] 刘颖, 张淼, 潘博. 新常态经济下 FDI 对全要素生产率的影响——基于中国省际面板数据的实证分析 [J]. 东北财经大学学报, 2018 (3): 79-88.

[64] 刘泽云, 胡文斌. 贫困农村地区小学教育普及情况分析——以云南省为例 [J]. 北京大学教育评论, 2012, 10 (3): 124-135.

[65] 卢洪友, 祁毓. 环境质量, 公共服务与国民健康——基于跨国 (地区) 数据的分析 [J]. 财经研究, 2013, 39 (6): 106-118.

[66] 陆志鹏, 王洁方, 刘思峰, 等. 区间 DEA 模型求解算法及其在项目投资效率评价中的应用 [J]. 中国管理科学, 2009, 17 (4): 165-169.

[67] 吕晓剑, 邓秋玮. 山东省大气环境效率时空分异与影响因素分析——基于超效率 SBM 模型和 GML 指数 [J]. 生态经济, 2020, 36 (12): 193-199.

[68] 马栋栋. 空气污染治理政策能否改善全要素生产率? [J]. 经济经纬, 2021, 38 (6): 84-92.

[69] 马丽梅, 刘生龙, 张晓. 能源结构、交通模式与空气污染——基于空间计量模型的研究 [J]. 财贸经济, 2016, 37 (1): 147-160.

[70] 马丽梅, 张晓. 中国空气污染的空间效应及经济、能源结构影响 [J]. 中国工业经济, 2014a, (4): 19-31.

[71] 马丽梅, 张晓. 区域大气污染空间效应及产业结构影响 [J]. 中国人口资源与环境, 2014b, 24 (7): 157-164.

[72] 毛毅, 冯根福. 教育对健康的影响效应及传导机制研究 [J]. 人口与经济, 2011 (3): 87-93.

［73］苗艳青，陈文晶. 空气污染和健康需求：Grossan 模型的应用
［J］. 世界经济，2010（6）：140 – 160.

［74］苗艳青. 空气污染对人体健康的影响：基于健康生产函数方
法的研究［J］. 中国人口资源与环境，2008，18（5）：205 – 209.

［75］潘文砚，王宗军. 中国大城市环境效率实证研究［J］. 城市
问题，2014（1）：9 – 13.

［76］庞娟，靳书默，朱沛宇. 外部网络关系对绿色技术创新的影
响——促进或抑制［J］. 科技进步与对策，2019，36（10）：1 – 10.

［77］朴胜任. 省际环境效率俱乐部收敛及动态演进分析［J］. 管
理评论，2020，32（8）：52 – 62，105.

［78］钱争鸣，刘晓晨. 中国绿色经济效率的区域差异与影响因素
分析［J］. 中国人口·资源与环境，2013，23（7）：104 – 109.

［79］乔晓楠，段小刚. 总量控制，区际排污指标分配与经济绩效
［J］. 经济研究，2012（10）：121 – 133.

［80］秦蒙，刘修岩，仝怡婷. 蔓延的城市空间是否加重了空气污
染——来自中国 $PM_{2.5}$ 数据的经验分析［J］. 财贸经济，2016，37（11）：
146 – 160.

［81］曲卫华，颜志军. 环境污染、经济增长与医疗卫生服务对公
共健康的影响分析——基于中国省际面板数据的研究［J］. 中国管理科
学，2015，23（7）：166 – 176.

［82］容建波，严力蛟，黄绍荣，等. 碳排放约束下中国西部地区
环境效率评价［J］. 应用生态学报，2015，26（6）：1821 – 1830.

［83］单豪杰. 中国资本存量 K 的再估算：1952 ~ 2006 年［J］. 数
量经济技术经济研究，2008，25（10）：17 – 31.

［84］邵汉华，杨俊，廖尝君. 环境约束下的中国城市增长效率实
证研究［J］. 系统工程，2015，33（6）：77 – 83.

［85］邵帅，李欣，曹建华，杨莉莉. 中国空气污染治理的经济政
策选择——基于空间溢出效应的视角［J］. 经济研究，2016（9）：73 –
88.

[86] 宋桂香, 江莉莉, 陈国海, 等. 上海市大气气态污染物与居民每日死亡关系的时间序列研究 [J]. 环境与健康杂志, 2006, 23 (5): 390 - 393.

[87] 宋马林, 王舒鸿, 邱兴业. 一种考虑整数约束的环境效率评价 MOISBMSE 模型 [J]. 管理科学学报, 2014, 17 (11): 69 - 78.

[88] 宋马林, 张琳玲, 宋峰. 中国入世以来的对外贸易与环境效率——基于分省面板数据的统计分析 [J]. 中国软科学, 2012 (8): 130 - 142.

[89] 孙猛, 李晓巍. 空气污染与公共健康: 基于省际面板数据的实证研究 [J]. 人口学刊, 2017, 39 (5): 5 - 13.

[90] 童玉芬, 王莹莹. 中国城市人口与空气污染: 相互作用机制路径分析 [J]. 北京社会科学, 2014 (5): 4 - 10.

[91] 汪克亮, 杨宝臣, 杨力. 考虑环境效应的中国省际全要素能源效率研究 [J]. 管理科学, 2010, 23 (6): 100 - 111.

[92] 王兵, 吴延瑞, 颜鹏飞. 中国区域环境效率与环境全要素生产率增长 [J]. 经济研究, 2010 (5): 95 - 109.

[93] 王兵, 张技辉, 张华. 环境约束下中国省际全要素能源效率实证研究 [J]. 经济评论, 2011 (4): 31 - 43.

[94] 王波, 张群. 环境约束下不同生产效率模型研究 [J]. 系统工程理论与实践, 2002, 22 (1): 1 - 8.

[95] 王德文, 王美艳, 陈兰. 中国工业的结构调整, 效率与劳动配置 [J]. 经济研究, 2004, 4 (4): 41 - 49.

[96] 王锋, 冯根福. 基于 DEA 窗口模型的中国省际能源与环境效率评估 [J]. 中国工业经济, 2013 (7): 56 - 68.

[97] 王俊, 昌忠泽. 中国宏观健康生产函数: 理论与实证 [J]. 南开经济研究, 2007 (2): 20 - 42.

[98] 王立平, 陈俊. 中国雾霾污染的社会经济影响因素——基于空间面板数据 EBA 模型实证研究 [J]. 环境科学学报, 2016, 36 (10): 3833 - 3839.

[99] 王连芬，戴裕杰．中国各省环境效率及环境效率幻觉分析 [J]．中国人口·资源与环境，2017，27（2）：69-74.

[100] 王临池，姚玉刚，陆艳，等．苏州市居民心脏病死亡与大气颗粒物污染的关系 [J]．中国慢性病预防与控制，2015，23（12）：888-891.

[101] 王群伟，周德群．中国全要素能源效率变动的实证研究 [J]．系统工程，2008，26（7）：74-80.

[102] 王小鲁，樊纲．中国地区差距的变动趋势和影响因素 [J]．经济研究，2004（1）：33-44.

[103] 王燕侠，牛静萍，丁国武，等．空气污染对中小学生呼吸系统健康状况影响 [J]．中国公共卫生，2007，23（6）：666-668.

[104] 王玉泽，罗能生．空气污染、健康折旧与医疗成本——基于生理、心理及社会适应能力三重视角的研究 [J]．经济研究，2020，55（12）：80-97.

[105] 王兆华，丰超．中国区域全要素能源效率及其影响因素分析——基于2003~2010年的省际面板数据 [J]．系统工程理论与实践，2015，35（6）：1361-1372.

[106] 王志平，陶长琪，沈鹏熠．基于生态足迹的区域绿色技术效率及其影响因素研究 [J]．中国人口·资源与环境，2014，24（1）：35-40.

[107] 魏一鸣，米志付，张皓．气候变化综合评估模型研究新进展 [J]．系统工程理论与实践，2013，33（8）：1905-1915.

[108] 吴琦，武春友．基于DEA的能源效率评价模型研究 [J]．管理科学，2009，22（1）：103-112.

[109] 吴文宗．空气污染治理对陕西经济增长质量的影响研究 [D]．西安：西安理工大学，2021.

[110] 吴旭晓．节能减排压力下能源环境效率区域差异及其影响机制研究 [J]．生态经济，2018，34（1）：49-56，127.

[111] 徐颖科，刘海庆．我国农村居民健康影响因素实证分析——

基于健康生产函数 [J]. 山西财经大学学报, 2011 (1): 1 - 8.

[112] 许皓, 孙燕红, 华中生. 基于整体效率的区间 DEA 方法研究 [J]. 中国管理科学, 2010, 18 (2): 102 - 107.

[113] 杨海兵, 葛明, 洪梅, 等. 苏州市恶性肿瘤日死亡率与大气主要污染物的关系 [J]. 环境与职业医学, 2010, 27 (6): 353 - 355.

[114] 杨慧梅, 江璐. 数字经济, 空间效应与全要素生产率 [J]. 统计研究, 2021, 38 (4): 3 - 15.

[115] 杨杰, 宋马林. 可持续发展视阈下我国区域环境效率研究——基于 Super-SBM 与面板数据模型 [J]. 商业经济与管理, 2011 (9): 57 - 62.

[116] 杨俊, 邵汉华, 胡军. 中国环境效率评价及其影响因素实证研究 [J]. 中国人口·资源与环境, 2010, 20 (2): 49 - 55.

[117] 杨敏娟, 潘小川. 北京市大气污染与居民心脑血管疾病死亡的时间序列分析 [J]. 环境与健康杂志, 2008, 25 (4): 294 - 297.

[118] 杨青山, 张郁, 李雅军. 基于 DEA 的东北地区城市群环境效率评价 [J]. 经济地理, 2012, 32 (9): 51 - 55.

[119] 余泳泽, 刘冉, 杨晓章. 我国产业结构升级对全要素生产率的影响研究 [J]. 产经评论, 2016, 7 (4): 45 - 58.

[120] 袁鹏, 程施. 中国工业环境效率的库兹涅茨曲线检验 [J]. 中国工业经济, 2011 (2): 79 - 88.

[121] 原毅军, 郭丽丽, 任焕焕. 基于复合污染指数的省级环境效率测算 [J]. 中国人口·资源与环境, 2011, 21 (10): 167 - 172.

[122] 苑清敏, 申婷婷, 邱静. 中国三大城市群环境效率差异及其影响因素 [J]. 城市问题, 2015 (7): 10 - 18.

[123] 岳良文, 武春友, 张米尔. 绿色增长视角下的全要素能源效率评价方法研究 [J]. 当代经济管理, 2014 (10): 24 - 31.

[124] 曾贤刚. 中国区域环境效率及其影响因素 [J]. 经济理论与经济管理, 2011 (10): 103 - 110.

[125] 张江雪, 蔡宁, 杨陈. 环境规制对中国工业绿色增长指数的

影响 [J]. 中国人口·资源与环境, 2015, 25 (1): 24 – 31.

[126] 张军, 施少华, 陈诗一. 中国的工业改革与效率变化——方法、数据、文献和现有的结果 [J]. 经济学 (季刊), 2003 (4): 1 – 38.

[127] 张宁, 胡鞍钢, 郑京海. 应用 DEA 方法评测中国各地区健康生产效率 [J]. 经济研究, 2006 (7): 92 – 105.

[128] 张庆芝. 循环经济下的中国钢铁企业技术效率及影响因素研究 [D]. 北京: 北京科技大学, 2012.

[129] 张跃, 刘莉, 黄帅金. 区域一体化促进了城市群经济高质量发展吗? ——基于长三角城市经济协调会的准自然实验 [J]. 科学学研究, 2021, 39 (1): 63 – 72.

[130] 周杰琦, 汪同三. 外商投资、环境监管与环境效率——理论拓展与来自中国的经验证据 [J]. 产业经济研究, 2017 (4): 67 – 79.

[131] 周俊, 秦俏寒. 经济开放度对中国技术效率的影响——基于省际面板数据的实证研究 [J]. 财贸研究, 2017 (1): 26 – 36.

[132] 周五七, 聂鸣. 基于节能减排的中国省级工业技术效率研究 [J]. 中国人口·资源与环境, 2013, 23 (1): 25 – 32.

[133] 朱德米, 赵海滨. 环境约束下中国能源环境效率区域差异性分析 [J]. 南京社会科学, 2016 (4): 15 – 23.

[134] Ackerberg D, Caves K, Frazer G. Structural identification of production functions [J]. *MPRA Paper*, 2006.

[135] Aigner D, Lovell CA K, Schmidt P. Formulation and estimation of stochas frontier production function models [J]. *Journal of Econometrics*, 1977, 6 (1): 21 – 37.

[136] Alolyan, I. A new method for comparing closed intervals [J]. *The Australian Journal of Mathematical Analysis and Applications*, 2011, 8 (1): 1 – 6.

[137] Andersen, P., Petersen, N. C. A procedure for ranking efficient units in data envelopment analysis [J]. *Management Science*, 1993, 39

（10）：1261－1264.

［138］Arrow, K., Chenery, H. B., Minhas, B. S., Solow, R. M. Capital labor subsitution and economic efficiency ［J］. *Review of Economics and Statistics*, 1961, 43（3）：225－250.

［139］Athanassopoulos, A. D., Thanassoulis, E. Separating market efficiency from profitability and its implications for planning ［J］. *Journal of the Operational Research Society*, 1995, 46（1）：20－34.

［140］Atkinson, R. W., Kang, S., Anderson, H. R., Mills, I. C., Walton, H. A. Epidemiological time series studies of $PM_{2.5}$ and daily mortality and hospital admissions: A systematic review and meta-analysis ［J］. *Thorax*, 2014, 69（4）：660－665.

［141］Azizi, H. The interval efficiency based on the optimistic and pessimistic points of view ［J］. *Applied Mathematical Modelling*, 2011, 35（5）：2384－2393.

［142］Banker, R. D., Charnes, A., Cooper, W. W. Some models for estimating technical and scale inefficiencies in data envelopment analysis ［J］. *Management Science*, 1984, 30（9）：1078－1092.

［143］Battelle Memorial Institute and CIESIN. Global annual average $PM_{2.5}$ grids from MODIS and MISR Aerosol Optical Depth（AOD）, 1998－2018. 2021－07－16. http：//sedac. ciesin. columbia. edu/data/set/sdei-global-annual-avg-pm2－5-modis-misr-seawifs-aod-1998－2018/data-download.

［144］Baue P W. Recent developmes in the econometric estimation of frontiers ［J］. *Journal of Econometrics*, 1990, 46（1）：39－56.

［145］Bell, M. L., Davis, D. L. Reassessment of the lethal London fog of 1952: Novel indicators of acute and chronic consequences of acute exposure to air pollution ［J］. *Environmental Health Perspectives*, 2001, 109（Suppl 3）：389－394.

［146］Berg, S. A., Førsund, F. R., Jansen, E. S. Malmquist indices of productivity growth during the deregulation of Norwegian banking, 1980－

1989 [J]. *The Scandinavian Journal of Economics*, 1992, 94 (3): S211 – S228.

[147] Brunekreef, B. , Holgate, S. T. Air pollution and health [J]. *The Lancet*, 2002, 360 (9341): 1233 – 1242.

[148] Charnes, A. , Cooper, W. W. Programming with linear fractional functionals [J]. *Naval Research Logistics Quarterly*, 1962, 9 (3 – 4): 181 – 186.

[149] Charnes, A. , Cooper, W. W. , Golany, B. , Seiford, L. , Stutz, J. Foundations of data envelopment analysis for Pareto-Koopmans efficient empirical production functions. [J]. *Journal of Econometrics*, 1985, 30 (1): 91 – 107.

[150] Chen, S. Environmental Pollution Emissions, Regional Productivity Growth and Ecological Economic Development in China [J]. *China Economic Review*, 2014, 35 (9): 171 – 182.

[151] Chen, Y. , Ebenstein, A. , Greenstone, M. , Li, H. Evidence on the impact of sustained exposure to air pollution on life expectancy from China's Huai River policy [J]. *Proceedings of the National Academy of Sciences*, 2013, 110 (32): 12936 – 12941.

[152] Chen, Y. , Jin, G. Z. , Kumar, N. , Shi, G. Gaming in air pollution data? Lessons from China [J]. *The BE Journal of Economic Analysis & Policy*, 2012, 12 (3): 1 – 43.

[153] Cheng, S. , Liu, W. , Lu, K. Economic Growth Effect and Optimal Carbon Emissions under China's Carbon Emissions Reduc-tion Policy: A Time Substitution DEA Approach [J]. *Sustainability*, 2018, 10 (5): 1543.

[154] Cherchye, L. , Moesen, W. , Rogge, N. , Van Puyenbroeck, T. Constructing composite indicators with imprecise data: A proposal [J]. *Expert Systems with Applications*, 2011, 38 (9): 10940 – 10949.

[155] Chung, Y. H. , Färe, R. , Grosskopf, S. Productivity and unde-

sirable outputs: A directional distance function approach [J]. *Journal of Environmental Management*, 1997, 51 (3): 229 – 240.

[156] Cochrane, A. L., St Leger, A. S., Moore, F. Health service "input" and mortality "output" in developed countries [J]. *Journal of Epidemiology and Community Health*, 1978, 32 (3): 200 – 205.

[157] Cohen, A. The Burden of Disease attributable to Ambient Air Pollution: Estimates from the GBD 2010 project [J]. *Presentation at Air Pollution and Health Impacts Workshop.* Beijing, 2013.

[158] Cooper, W. W., Park, K. S., Yu, G. IDEA and AR-IDEA: Models for dealing with imprecise data in DEA [J]. *Management Science*, 1999, 45 (4): 597 – 607.

[159] Crémieux, P. Y., Ouellette, P., Pilon, C. Health care spending as determinants of health outcomes [J]. *Health Economics*, 1999, 8 (7): 627 – 639.

[160] Cropper, M. L. Measuring the benefits from reduced morbidity [J]. *The American Economic Review*, 1981, 71 (2): 235 – 240.

[161] de Oliveira, B. F. A., Ignotti, E., Artaxo, P., Do Nascimento Saldiva, P. H., Junger, W. L., Hacon, S. Risk assessment of $PM_{2.5}$ to child residents in Brazilian Amazon region with biofuel production [J]. *Environmental Health*, 2012, 11 (1): 64 – 74.

[162] Despotis, D. K., Smirlis, Y. G. Data envelopment analysis with imprecise data [J]. European *Journal of Operational Research*, 2002, 140 (1): 24 – 36.

[163] Entani, T., Maeda, Y., Tanaka, H. Dual models of interval DEA and its extension to interval data [J]. *European Journal of Operational Research*, 2002, 136 (1): 32 – 45.

[164] Entani, T., Tanaka, H. Improvement of efficiency intervals based on DEA by adjusting inputs and outputs [J]. *European Journal of Operational Research*, 2006, 172 (3): 1004 – 1017.

［165］ EPA, U. S. The Benefits and Costs of the Clean Air Act from 1990 to 2020 ［R］. US Environmental Protection Agency Office of Air and Radiation Washington, D. C. , USA, 2011.

［166］ Eskeland, G. S. , Harrison, A. E. Moving to greener pastures? Multinationals and the pollution haven hypothesis ［J］. *Journal of development economics*, 2003, 70 (1): 1 – 23.

［167］ Färe, R. , Grosskopf, S. A nonparametric cost approach to scale efficiency ［J］. *The Scandinavian Journal of Economics*, 1985, 594 – 604.

［168］ Färe, R. , Grosskopf, S. Productivity and intermediate products: A frontier approach ［J］. *Economics Letters*, 1996, 50 (1): 65 – 70.

［169］ Färe, R. , Grosskopf, S. Modeling undesirable factors in efficiency evaluation: Comment ［J］. *European Journal of Operational Research*, 2004, 157 (1): 242 – 245.

［170］ Färe, R. , Grosskopf, S. , Lovell, C. K. , Pasurka, C. Multilateral productivity comparisons when some outputs are undesirable: A nonparametric approach ［J］. *The Review of Economics and Statistics*, 1989, 71 (1): 90 – 98.

［171］ Farrell, M. J. The measurement of productive efficiency ［J］. *Journal of the Royal Statistical Society*, 1957, 120 (3): 253 – 290.

［172］ Frost, I. F. The Manchester operation: With special reference to its development and the principles involved in its technic ［J］. *American Journal of Surgery*, 1941, 51 (2): 311 – 319.

［173］ Fuchs, V. R. The future of health economics ［J］. *Journal of Health Economics*, 2000, 19 (2): 141 – 157.

［174］ Fukuyama, H. , Weber, W. L. A slacks-based inefficiency measure for a two-stage system with bad outputs ［J］. *Omega*, 2010, 38 (5): 398 – 409.

［175］ Gerdtham, U. , Søgaard, J. , Andersson, F. , Jönsson, B. An econometric analysis of health care expenditure: A cross-section study of the

OECD countries [J]. *Journal of Health Economics*, 1992, 11 (1): 63 – 84.

[176] Golany, B., Roll, Y. An application procedure for DEA [J]. *Omega*, 1989, 17 (3): 237 – 250.

[177] Graunt, J. *Natural and political observations made upon the bills of mortality* (No. 2) [M]. The Johns Hopkins Press, 1939.

[178] Grossman, G. M., Krueger, A. B. Economic growth and the environment [J]. *Quarterly Journal of Economics*, 1995, 110 (2): 353 – 378.

[179] Grossman, M. *The demand for health: A theoretical and empirical investigation* [M]. NBER Books, 1972.

[180] Grossman, M., & Kaestner, R. The social benefits of education [D]. Ann Arbor, University of Michigan, 1997.

[181] Han, L., Zhou, W., Li, W., & Li, L. Impact of urbanization level on urban air quality: A case of fine particles ($PM_{2.5}$) in Chinese cities [J]. *Environmental Pollution*, 2014, 194 (1): 163 – 170.

[182] Haynes, K. E., Ratick, S., Cummings-Saxton, J. Pollution prevention frontiers: A data envelopment simulation [J]. *Environmental Program Valuation: a Primer*, 1998, 13 (1): 270 – 290.

[183] He, F., Xu, X., Chen, R., & Zhang, N. Sensitivity and stability analysis in DEA with bounded uncertainty [J]. *Optimization Letters*, 2016, 10 (4): 737 – 752.

[184] He, F., Xu, X., Zhu, L. Data Perturbations for All DMUs in DEA with Interval Uncertainty [C]. Paper presented at the IT Convergence and Security (ICITCS), 2014 International Conference on, 2014, 1 – 6.

[185] Hou, J., An, Y., Song, H., Chen, J. The impact of haze pollution on regional eco-economic treatment efficiency in China: An environmental regulation perspective [J]. *International Journal of Environmental Research and Public Health*, 2019, 16 (21): 4059.

[186] Hu, B. Q. , Wang, S. A novel approach in uncertain programming part I: New arithmetic and order relation for interval numbers [J]. *Journal of Industrial and Management Optimization*, 2006, 2 (4): 351 – 371.

[187] Huang, D. , Xu, J. , Zhang, S. Valuing the health risks of particulate air pollution in the Pearl River Delta, China [J]. *Environmental Science & Policy*, 2012, 15 (1): 38 – 47.

[188] Jahanshahloo, G. R. Corrigendum to "A cross-efficiency model based on super-efficiency for ranking units through TOPSIS approach and its extension to interval case" [J]. *Mathematical & Computer Modelling*, 2011, 53 (9): 1946 – 1955.

[189] Jahanshahloo, G. R. , Lotfi, F. H. , Davoodi, A. R. Extension of TOPSIS for decision-making problems with interval data: Interval efficiency [J]. *Mathematical and Computer Modelling*, 2009, 49 (5): 1137 – 1142.

[190] Jahanshahloo, G. R. , Lotfi, F. H. , Malkhalifeh, M. R. , Namin, M. A. A generalized model for data envelopment analysis with interval data [J]. *Applied Mathematical Modelling*, 2009, 33 (33): 3237 – 3244.

[191] Jahanshahloo, G. R. , Lotfi, F. H. , Rezaie, V. , Khanmohammadi, M. Ranking DMUs by ideal points with interval data in DEA [J]. *Applied Mathematical Modelling*, 2011, 35 (1): 218 – 229.

[192] Jahanshahloo, G. R. , Vencheh, A. H. , Foroughi, A. A. , Matin, R. K. Inputs/outputs estimation in DEA when some factors are undesirable [J]. *Applied Mathematics and Computation*, 2004, 156 (1): 19 – 32.

[193] Kaneko, S. , Managi, S. Environmental productivity in China [J]. *Economics Bulletin*, 2004, 17 (2): 1 – 10.

[194] Kao, C. Interval efficiency measures in data envelopment analysis with imprecise data [J]. *European Journal of Operational Research*, 2006, 174 (2): 1087 – 1099.

［195］Karmakar, S. , Bhunia, A. K. A comparative study of different order relations of intervals ［J］. *Reliable Computing*, 2012, 16 (1): 38 – 72.

［196］Katsouyanni, K. , Touloumi, G. , Samoli, E. , Gryparis, A. , Le Tertre, A. , Monopolis, Y. , et al. Confounding and effect modification in the short-term effects of ambient particles on total mortality: Results from 29 European cities within the APHEA2 project ［J］. *Epidemiology*, 2001, 12 (5): 521 – 531.

［197］Khalili-Damghani, K. , Tavana, M. , Haji-Saami, E. A data envelopment analysis model with interval data and undesirable output for combined cycle power plant performance assessment ［J］. *Expert Systems with Applications*, 2015, 42 (2): 760 – 773.

［198］Kim, S. , Park, C. , Park, K. An application of data envelopment analysis in telephone officesevaluation with partial data ［J］. *Computers & Operations Research*, 1999, 26 (1): 59 – 72.

［199］Koopmans, Charles, T. *Activity analysis of production and allocation* ［M］. JOHN Wiley & SONS, INC. , New York, 1951.

［200］Kortelainen, M. Dynamic environmental performance analysis: A Malmquist index approach ［J］. *Ecological Economics*, 2008, 64 (4): 701 – 715.

［201］Kumbhakar S C, Lovell C A K. *Stochastic frontier analysis* ［M］. Cambridge: Cambridge University Press, 2000.

［202］Kundu, S. Min-transitivity of fuzzy leftness relationship and its application to decision making ［J］. *Fuzzy Sets and Systems*, 1997, 86 (3): 357 – 367.

［203］Künzli, N. , Jerrett, M. , Mack, W. J. , Beckerman, B. , La-Bree, L. , Gilliland, F. , et al. Ambient air pollution and atherosclerosis in Los Angeles ［J］. *Environmental Health Perspectives*, 2005, 113 (2): 201 – 206.

[204] Leibenstein, H. Allocative efficiency vs. "X-efficiency" [J]. *The American Economic Review*, 1966, 56 (3): 392 –415.

[205] Lind, J. A treatise of the scurvy. In three parts. Containing an inquiry into the nature, causes and cure, of that disease. Together with a critical and chronological view of what has been published on the subject [J]. *Bulletin of the World Health Organization the International Journal of Public Health*, 2004, 82 (1): 13 –22.

[206] Lovell, C. K., Pastor, J. T., Turner, J. A. Measuring macroeconomic performance in the OECD: A comparison of European and non-European countries [J]. *European Journal of Operational Research*, 1995, 87 (3): 507 –518.

[207] Lu, F., Xu, D., Cheng, Y., Dong, S., Guo, C., Jiang, X., et al. Systematic review and meta-analysis of the adverse health effects of ambient $PM_{2.5}$ and PM_{10} pollution in the Chinese population [J]. *Environmental research*, 2015, 136 (1): 196 –204.

[208] Ma D. D., He F., Li G. F., Deng G. Does haze pollution affect public health in China from the perspective of environmental efficiency? [J]. *Environment, Development and Sustainability*, 2021, 23 (11): 16343 –16357.

[209] Ma D. D., Li G. F., He F. Exploring $PM_{2.5}$ Environmental Efficiency and Its Influencing Factors in China [J]. *International Journal of Environmental Research and Public Health*, 2021, 22 (18): 12218.

[210] Meeusen W, Broeck J. Efficiency estimation from Cobb-Douglas production functions with composed error [J]. *International Economic Review*, 1977, 18 (2): 435 –444.

[211] Moore, R. E. Methods and applications of interval analysis [D]. University of Wisconsin, Madison, Wisconsin, 1979.

[212] Moore, R., Lodwick, W. Interval analysis and fuzzy set theory [J]. *Fuzzy Sets and Systems*, 2003, 135 (1): 5 –9.

［213］ Niemiałtowski, M. G. , Toka, F. N. , Malicka, E. , Gieryńska, Spohr, D. F. I. , Schollenberger, A. Controlling orthopoxvirus infections—200 years after Jenner's revolutionary immunization ［J］. *Archivum Immunologiae et Therapiae Experimentalis*, 1996, 44 (5 – 6): 373 – 378.

［214］ Pan, H. , Zhang, H. , Zhang, X. China's provincial industrial energy efficiency and its determinants ［J］. *Mathematical & Computer Modelling*, 2013, 58 (5 – 6): 1032 – 1039.

［215］ Peel, J. L. , Tolbert, P. E. , Klein, M. , Metzger, K. B. , Flanders, W. D. , Todd, K. , et al. Ambient air pollution and respiratory emergency department visits ［J］. *Epidemiology*, 2005, 16 (2): 164 – 174.

［216］ Pervin, T. , Gerdtham, U. , Lyttkens, C. H. Societal costs of air pollution-related health hazards: A review of methods and results ［J］. *Cost Effectiveness and Resource Allocation*, 2008, 6 (1): 6 – 19.

［217］ Pope III, C. A. , Burnett, R. T. , Thun, M. J. , Calle, E. E. , Krewski, D. , Ito, K. , et al. Lung cancer, cardiopulmonary mortality, and long-term exposure to fine particulate air pollution ［J］. *Jama*, 2002, 287 (9): 1132 – 1141.

［218］ Ratcliffe, H. *Observations on the rate of mortality and sickness existing among friendly societies* ［M］. Printed by Edward Benham, 1862.

［219］ Samet, J. M. , Dominici, F. , Curriero, F. C. , Coursac, I. , Zeger, S. L. Fine particulate air pollution and mortality in 20 US cities, 1987 – 1994 ［J］. *New England Gournal of Medicine*, 2000, 343 (24): 1742 – 1749.

［220］ Schaltegger, S. , Sturm, A. Ökologische Rationalität: Ansatzpunkte zur Ausgestaltung von ökologieorientierten Managementinstrumenten ［J］. *Die Unternehmung*, 1990, 44 (4): 273 – 290.

［221］ Scheel, H. Undesirable outputs in efficiency valuations ［J］.

European Journal of Operational Research, 2001, 132 (2): 400 – 410.

[222] Seiford, L. M., Thrall, R. M. Recent developments in DEA: The mathematical programming approach to frontier analysis [J]. *Journal of Econometrics*, 1990, 46 (1): 7 – 38.

[223] Services, U. D. O. H. The health consequences of involuntary exposure to tobacco smoke: A report of the Surgeon General [R]. Atlanta, GA: US Department of Health and Human Services, Centers for Disease Control and Prevention, Coordinating Center for Health Promotion, National Center for Chronic Disease Prevention and Health Promotion, Office on Smoking and Health, 2006: 709.

[224] Smirlis, Y. G., Maragos, E. K., Despotis, D. K. Data envelopment analysis with missing values: An interval DEA approach [J]. *Applied Mathematics and Computation*, 2006, 177 (1): 1 – 10.

[225] Solow R. M. Technical Change and the Aggregate Production Function [J]. *The Review of Economics and Statistics*, 1957, 39 (3): 312 – 320.

[226] Song, M., Song, Y., An, Q., Yu, H. Review of environmental efficiency and its influencing factors in China: 1998 – 2009 [J]. *Renewable and Sustainable Energy Reviews*, 2013, 20 (4): 8 – 14.

[227] Sueyoshi, T., Yuan, Y. China's regional sustainability and diversified resource allocation: DEA environmental assessment on economic development and air pollution [J]. *Energy Economics*, 2015, 49 (8): 239 – 256.

[228] Tone, K. A slacks-based measure of efficiency in data envelopment analysis [J]. *European Journal of Operational Research*, 2001, 130 (3): 498 – 509.

[229] Tone, K. Dealing with undesirable outputs in DEA: A slacks-based measure (SBM) approach [C]. Presentation at NAPW III. Toronto, 2004: 44 – 45.

［230］ Van Donkelaar, A. , Martin, R. V. , Brauer, M. , Hsu, N. C. , Kahn, R. A. , Levy, R. C. , & Winker, D. M. Globalestimates of fine particulate matter using a combined geophysical statistical method with information from satellites, models, and monitors ［J］. *Environmental Science & Technology*, 2016, 50 (7): 3762 –3772.

［231］ Vencheh, A. H. , Matin, R. K. , Kajani, M. T. Undesirable factors in efficiency measurement ［J］. *Applied Mathematics and Computation*, 2005, 163 (2): 547 –552.

［232］ Wang, C. X. , Zhang, B. , Jian-Guo, L. I. A note on the additive data envelopment analysis model ［J］. *Journal of the Operational Research Society*, 1997, 48 (4): 446 –448.

［233］ Wang, H. , Dwyer-Lindgren, L. , Lofgren, K. T. , Rajaratnam, J. K. , Marcus, J. R. , Levin-Rector, A. , et al. Age-specific and sex-specific mortality in 187 countries, 1970 – 2010: A systematic analysis for the Global Burden of Disease Study 2010 ［J］. *The Lancet*, 2013, 380 (9859): 2071 –2094.

［234］ Wang, K. , Wei, Y. , Zhang, X. A comparative analysis of China's regional energy and emission performance: Which is the better way to deal with undesirable outputs? ［J］. *Energy Policy*, 2012, 46 (7): 574 –584.

［235］ Wang, K. , Yu, S. , Zhang, W. China's regional energy and environmental efficiency: A DEA window analysis based dynamic evaluation ［J］. *Mathematical and Computer Modelling*, 2013, 58 (5): 1117 –1127.

［236］ Wang, Y. M. , Greatbanks, R. , Yang, J. B. Interval efficiency assessment using data envelopment analysis ［J］. *Fuzzy Sets & Systems*, 2005, 153 (3): 347 –370.

［237］ Watanabe, M. , Tanaka, K. Efficiency analysis of Chinese industry: A directional distance function approach ［J］. *Energy Policy*, 2007, 35 (12): 6323 –6331.

[238] WBCSD. Eco-efficient leadership for improved economic and environmental performance [R]. Geneva, 1996.

[239] Wey K. G. *Umweltpolitik in Deutschland: Kuerze Geschichte des Umweltschutzes in Deutsch land seit* 1990 [M]. Opladen: Westdeutscher Verlag, 1982.

[240] Wilson, W. E. , Suh, H. H. Fine particles and coarse particles: Concentration relationships relevant to epidemiologic studies [J]. *Journal of the Air & Waste Management Association*, 1997, 47 (12): 1238 – 1249.

[241] World Bank. Cost of Pollution in China: Economic Estimates of Physical Damages [R]. 2007.

[242] Xing, Y. , Kolstad, C. D. Do lax environmental regulations attract foreign investment? [J]. *Environmental and Resource Economics*, 2002, 21 (1): 1 – 22.

[243] Xu, S. , Li, Y. , Tao, Y. , Wang, Y. , Li, Y. Regional differences in the spatial characteristics and dynamic convergence of environmental efficiency in China [J]. *Sustainability*, 2020, 12 (13): 7423.

[244] Yaisawarng, S. , Klein, J. D. The effects of sulfur dioxide controls on productivity change in the US electric power industry [J]. *The Review of Economics and Statistics*, 1994, 76 (3): 447 – 460.

[245] Yang, C. , Peng, X. , Huang, W. , Chen, R. , Xu, Z. , Chen, B. , et al. A time-stratified case-crossover study of fine particulate matter air pollution and mortality in Guangzhou, China [J]. *International Archives of Occupational and Environmental Health*, 2012, 85 (5): 579 – 585.

[246] Young, R. C. The algebra of many-valued quantities [J]. *Mathematische Annalen*, 1931, 104 (1): 260 – 290.

[247] Yu, M. Measuring the efficiency and return to scale status of multi-mode bus transit—Evidence from Taiwan's bus system [J]. *Applied*

Economics Letters, 2008, 15 (8): 647 – 653.

［248］Zaim, O. Measuring environmental performance of state manufacturing through changes in pollution intensities: A DEA framework ［J］. *Ecological Economics*, 2004, 48 (1): 37 – 47.

［249］Zaim, O. , Taskin, F. A Kuznets Curve in Environmental Efficiency: An Application on OECD Countries ［J］. *Environmental & Resource Economics*, 2000, 17 (1): 21 – 36.

［250］Zha, Y. , Song, A. , Xu, C. , Yang, H. Dealing with missing data based on data envelopment analysis and halo effect ［J］. *Applied Mathematical Modelling*, 2013, 37 (9): 6135 – 6145.

［251］Zhang, X. , Yuanfang, L. I. , Wenjia, W. U. Evaluation of Urban Resource and Environmental Efficiency in China Based on the DEA Model ［J］. *Journal of Resources & Ecology*, 2014, 5 (1): 11 – 19.

［252］Zhu, J. Imprecise data envelopment analysis (IDEA): A review and improvement with an application ［J］. *European Journal of Operational Research*, 2003, 144 (3): 513 – 529.

［253］Zhu, J. , Chen, Y. Assessing textile factory performance ［J］. *Journal of System Science and System Engineering*, 1993, 2 (1): 119 – 133.

［254］Zhu, W. ; Zhu, Y. ; Yu, Y. China's regional environmental efficiency evaluation: A dynamic analysis with biennial Malmquist productivity index based on common weights ［J］. *Environmental Science and Pollution Research*, 2020, 27 (11): 39726 – 39741.

［255］Zhuang, X. , Wang, Y. , He, H. , Liu, J. , Wang, X. , & Zhu, T. , et al. Haze insights and mitigation in china: An overview ［J］. *Journal of Environmental Sciences*, 2014, 26 (1): 2 – 12.

［256］Zofío, J. L. , Prieto, A. M. Environmental efficiency and regulatory standards: The case of CO_2 emissions from OECD industries ［J］. *Resource and Energy Economics*, 2001, 23 (1): 63 – 83.

后 记

空气污染作为现阶段中国各界最为关注的环境问题之一，已严重影响了人民群众的身体和心理健康状况。我国为了经济发展付出了高昂的环境代价，透支了未来经济发展的潜力，并最终将提高经济发展的成本。一般来说，想方设法地提升经济效率是实现经济绿色、可持续和高质量发展的重要途径之一。因此，采用新的方法从新的视角准确测算并全面掌握空气污染治理下中国环境效率和全要素生产率具有一定的理论和现实意义，不仅可以推动学科、理论之间的融合，增强相关理论的现实解释力，也可以为政府管理部门优化环境经济政策提供决策参考。

本书得到了国家社会科学基金青年项目（23CJY054）、教育部人文社会科学研究项目（20YJCZH118）、河南省哲学社会科学规划项目（2019CZH008）、河南省高等学校重点科研项目资助计划（19A790003）、河南省教育厅人文社会科学研究项目（2024－ZZJH－153；2022－ZZJH－279）、河南财经政法大学信和·黄廷方青年学者资助计划等基金资助的大力支持，在此表示感谢。

感谢河南农业大学李贵芳副教授，以及北京科技大学何枫教授、何维达教授、黄晓霞教授、胡枫教授、张庆芝博士、徐晓宁博士、祝丽云博士、李航博士、杨超博士、王建建博士、雷勋、郭琳、王欢等教师和学生在本书写作与数据收集过程中给予的指导和帮助。

同时，也要感谢经济科学出版社张燕编辑为本书出版所做的细致工作。

本书在完成过程中参阅了众多学者的研究成果和相关文献，在此向所有文献的作者表示衷心的感谢！

河南财经政法大学　马栋栋

2023 年 9 月